Elke Ulrike Hagel

Die Alte vom Berg

Roman

Inhalt

Drei Monate zuvor …

„… *in guten wie in schlechten Tagen, bis dass der Tod uns scheidet*! Hast du das vergessen?“ schrie sie ihm wütend und verzweifelt ins Gesicht. Sie zitterte am ganzen Leib und spürte wieder diese alles verbrennende Hitze in sich aufsteigen – wie so oft in den letzten Monaten.

Mit hängenden Schultern stand er vor ihr; wie ein geprügelter Hund. Traurig und müde blickte er sie an, schüttelte hilflos den Kopf, drehte sich um und verschwand im Schlafzimmer. Sie hörte ihn in den Schränken hantieren. *Wieso spricht er nicht mit mir? Ich will Antworten – endlich Antworten auf all die quälenden Fragen, die mich Tag und Nacht verfolgen!* Sie schlich ihm hinterher. *Was hat er vor?* Die Schlafzimmertür war nur angelehnt. Langsam hob sie ihre rechte Hand und schob mit leichtem Druck die Tür nach innen auf. Ihr erster Blick fiel auf ihr Ehebett in der rechten Zimmerhälfte, auf dem mehrere Koffer und Taschen verteilt waren. Dazwischen lagen verstreut Hemden, Wäsche und T-Shirts. Ihr zweiter Blick galt ihm, der links von ihr vor dem geöffneten Schrank stand und seine Anzüge herausnahm. Als er sie in der Tür stehen sah, hielt er kurz inne, senkte dann aber schnell den Kopf und trug die Kleidungsstücke zum Bett. Dort sortierte er sorgfältig alles, was er sich bereits zurechtgelegt hatte und fing an, Stück für Stück in einem der Koffer zu verstauen.

„Was machst du da?“, fragte sie ihn leise. Ihre Angst vor dem, was jetzt kommen würde, schnürte ihr langsam die Kehle zu.

„Liebes, das siehst du doch! … Frag nicht mehr … bitte!“ Sein Tonfall war sanft und liebevoll, er passte so gar nicht zu der momentanen Situation.

Sie wusste genau was er da tat, aber sie wollte und konnte es nicht glauben. Ihr Gefühl verbot ihr, die Situation als real zu betrachten.

„Manuel, bitte … bitte tu mir das nicht an. Ich brauche dich doch … gerade jetzt!“, flehte sie verzweifelt. Und um ihrer Not noch mehr Ausdruck zu verleihen, setzte sie noch hinzu: „Ich werde sterben an all dem!“

„Olivia hör auf damit! Wir haben so viele Tage und Nächte diskutiert, gestritten und zusammen geweint. Ich kann nicht mehr. Ich ertrage auch deine Verzweiflung und Verbitterung nicht mehr. Niemand von uns beiden hatte Schuld an dem, was geschah. Hör endlich auf mit deinen Drohungen und deiner Selbstzerstörung. Damit machst du sie nicht mehr lebendig.“ Seine Stimme zitterte und seine sonst so bekannte Selbstbeherrschung hatte sehr gelitten in all den Monaten. Nach einem tiefen Atemzug fügte er hinzu: „Es ist besser so. Ich muss eine Zeit für mich sein, und auch du solltest mal zur Ruhe kommen. Zusammen drehen wir uns im Kreis.“

Wie hypnotisiert starrte sie in das Zimmer. *Für mich sein*, hallte es in ihrem Kopf nach. *Zur Ruhe kommen.* Plötzlich wurde sie ganz ruhig und fragte: „Wo gehst du hin und wie lange wirst du fort sein?“

„Ich weiß es noch nicht – weder das eine, noch das andere. Und um ehrlich zu sein, will ich auch nicht, dass du meinen Aufenthaltsort kennst. Gib uns Zeit. Ein paar Wochen oder Monate. Ich melde mich bei dir.“ Während er dies sagte, klappte er seine Koffer zu und trug einen nach dem anderen an ihr vorbei in den Flur hinaus. Er griff nach seiner braunen Lederjacke an der Garderobe, überprüfte, ob er seine Schlüssel und sein Handy in der Tasche hatte und öffnete die Wohnungstür. Dort drehte er sich nochmals zu ihr um und wieder hatte er diesen traurigen Ausdruck in seinen dunklen Augen. „Die Auflösung deiner Boutique habe ich veranlasst. Unser Anwalt hat alle Vollmachten von mir erhalten. Du kommst gerade so aus den Verträgen raus, und auch um die Verlustrechnung kümmere ich mich. Allerdings kann ich dir dadurch monatlich nicht sehr viel überweisen. Wie du ja weißt, gingen unsere ganzen Rücklagen drauf. Auch ich muss beruflich erst wieder auf die Beine kommen."

Ja, sie wusste all das. Sie wusste auch, dass er sich um alles gekümmert hatte. Die Beerdigung, die Gerichtsverhandlung, Anwälte, die Schließung ihrer kleinen Boutique, die sie erst ein Jahr vorher eröffnet hatte. Und auch um ihre ärztliche Betreuung hatte er sich gesorgt. *Aber du hast nicht so viel gelitten wie ich!*, schrie sie in Gedanken. Tränen stiegen ihr in die Augen. Er machte einen kurzen Schritt auf sie zu, so als wolle er sie noch einmal in die Arme schließen. Doch dann zögerte er, drehte sich um, schnappte hastig sein Gepäck und schloss vorsichtig die Wohnungstür hinter sich.

Von nun an war Olivia allein. Zum ersten Mal in ihrem Leben.

Die Reise

1

Nun, ein Vierteljahr später, saß sie gedankenverloren hinterm Steuer ihres alten Campingbusses. Sie hatte keine Ahnung, wie lange sie schon so durch die Gegend fuhr. In ihrem Kopf drehte sich alles und ihre Unaufmerksamkeit machte ihr deutlich, dass es besser wäre, eine Rast einzulegen. Es spielte keine Rolle, wo sie sich befand – sie hatte sowieso kein Ziel, das sie ansteuerte. *Ja, ich bin ziellos, im wahrsten Sinne des Wortes. Ich habe keinen Plan, was und wohin ich will. Wozu auch?*

In ihrem Kopf spulten sich immer wieder die Ereignisse der letzten Wochen ab. Als Manuel vor drei Monaten die Wohnung verlassen hatte, stand sie vollkommen leer und verlassen im Flur. Sie konnte nichts mehr denken und was noch viel schlimmer war, sie konnte nicht einmal mehr etwas fühlen. Ihre Angst, der Schmerz und die Verzweiflung waren wie ausgelöscht. In diesem Augenblick war nur noch dieses schwarze Loch in ihr, das in eine unendliche Tiefe führte, wie ein Brunnen ohne Boden. Wenn ein Gedanke auftauchen wollte, verhallte er in ihr wie ein Echo, auf das niemand je antworten würde. Erschöpft und müde schlurfte sie ins Schlafzimmer und ließ sich kraftlos auf ihr Ehebett fallen, dessen eine Hälfte von nun an unbenutzt bleiben würde. Bevor sie noch einen Gedanken daran verschwenden konnte, fielen ihr die Augenlider wie schweres Blei herab und sie sank in einen unruhigen Schlaf.

Nach zwölf Stunden wachte sie schweißgebadet in ihren Kleidern auf. Verwirrt über ihren Zustand und unwissend, um welchen Tag es sich handelte, versuchte sie sich zu sammeln und ging erst einmal ins Badezimmer. Es war hell draußen und gleißendes Sonnenlicht fiel durch das große Dachfenster herein. Ein Blick in den Spiegel führte ihr ihren desolaten Zustand in erschreckender Deutlichkeit vor Augen. Blass und zerfurcht war ihre Haut, emotionslos ihre Augen. In diesem Augenblick hatte sie eine Entscheidung getroffen, die erste seit Monaten: sie musste fort von hier!

Nachdem ihr Anwalt alle rechtlichen Angelegenheiten bezüglich ihrer Boutique geregelt hatte, verkaufte sie ihren Schmuck, ihren PC und ihren Kleinwagen, ging zum nächsten Autohändler und legte sich einen alten Campingbus zu. Ausgestattet mit dem Nötigsten bereitete sie ihre längere Abwesenheit vor. Sie wusste nicht, wann sie zurückkommen würde, daher ließ sie einen Brief an Manuel zurück, indem sie ihm mitteilte, dass sie für eine Weile fort war. So schnell würde er sowieso nicht hier auftauchen, aber falls doch … Sie stellte die Wasserleitungen in ihrer gemeinsamen Wohnung ab, kündigte die Tageszeitung, leerte den Kühlschrank und verließ mit einem Koffer ihr Zuhause.

Das war nun knapp drei Wochen her und seitdem fuhr sie ziellos durch die Lande. Halb Deutschland hatte sie durchquert, von Nord nach Süd, und hier und da Rast eingelegt. Seit einer Stunde hatte sie die Alpen vor sich, und je näher sie ihnen kam, desto gewaltiger und mächtiger wirkten sie. Einmal war sie schon in dieser Gegend gewesen, damals, am Anfang ihrer Beziehung mit Manuel. Sie hatten ihr erstes gemeinsames Silvester in einer gemütlichen Skihütte verbracht. Es war die romantischste und schönste Zeit ihres Lebens.

Sie sah ihn vor sich, wie er sich im Schein des flackernden Kaminfeuers langsam vor ihr niederkniete. Ein zärtliches Lächeln umspielte seinen Mund und er hatte doch tatsächlich Tränen in den Augenwinkeln. Allein diese Erinnerung rührte sie in gleichem Maße an wie damals vor sechzen Jahren. Sie war gerade zwanzig geworden und fühlte sich sehr erwachsen, denn immerhin war er zehn Jahre älter als sie und ein umschwärmter, aufstrebender Rechtsanwalt. Umständlich zog er ein kleines Etui aus seiner Hosentasche und griff nach ihrer rechten Hand. „Liebes, du bist die, die ich gesucht habe und ich geb dich nicht mehr her. Auch wenn wir erst ein paar Monate ein Paar sind, so bin ich mir sicher, dass ich mit dir alt werden will." Ihr Herz klopfte bis zum Hals und sie glaubte vor Freude zerspringen zu müssen. Mit aller Kraft zwang sie sich zur Beherrschung und wartete ab. Nach einer langen Pause holte Manuel tief Luft und stellte die Frage aller Fragen: „Willst du meine Frau sein, in guten wie in schlechten Tagen, bis dass der Tod uns scheidet?" Da hielt es sie nicht mehr in dem alten Sessel und sie fiel ihm, lachend und weinend zugleich, um den Hals. „Ja, ja, ja, … ich will!", rief sie unter Tränen.

Im Frühjahr, als die Natur in zartem Grün erwachte und die ersten Tulpen blühten, gaben sie sich ganz offiziell und vor Zeugen ihr Ja-Wort. Sie feierten im kleinen Kreis, wobei von ihrer Familie nur Tante Luise, die ältere Schwester ihrer Mutter, eingeladen war.

Ihren Vater kannte sie nicht und mit ihrer Mutter hatte sie vor Kurzem gebrochen. Jahrelang hatte Olivia ihre Mutter gedrängt, ihr etwas über ihren Vater zu erzählen, doch sie winkte stets nur verbittert ab und schwieg eisern. Erst vor ein paar Wochen sprach sie mit Tante Luise über die ganze Geschichte. Sie erzählte ihr nur, dass Olivias Eltern sich sehr jung kennengelernt hatten und ihre Mutter Sofie bereits kurz darauf mit siebzehn Jahren schwanger geworden war. Olivias Großvater drängte auf einen Schwangerschaftsabbruch, „er könne mit der Schande nicht leben". Er war Fabrikant und sehr angesehen in der kleinen norddeutschen Stadt, in der sie damals lebten. Unter dem massiven Druck ihrer Eltern gab Sofie nach und ging mit einer Freundin zu einer geheimen Adresse, die ihr Vater ihr besorgt hatte, und ließ den Eingriff über sich ergehen. Und obwohl er auch die Trennung von ihrem Freund verlangte, traf sie sich weiterhin heimlich mit ihm. Ein paar Monate später wurde sie erneut schwanger und ihr Vater warf sie aus dem Haus. Zunächst wohnte sie bei Luise und traf sich immer noch mit ihrer großen Liebe, Olivias Vater. Allerdings gab es da ein großes Problem: Er war amerikanischer Soldat, damals in Deutschland stationiert, und er würde noch vor der Geburt seines Kindes in die Staaten zurück müssen. Der Abschied war dramatisch und tränenreich. Sofie konnte ihrem Geliebten nicht folgen, da der Flug ihrer Ansicht nach ein zu großes Risiko für die Schwangerschaft bedeutet hätte. Und so blieb sie gebrochen und weinend zurück. Nach der Geburt schickte sie ihm noch ein paar Fotos von Olivia, und er versprach, sie nachzuholen, sobald es ihm möglich sei. Sofie hielt dem gesellschaftlichen Druck damals als Alleinerziehende nicht stand. Sie wusste, ihr Vater würde sie wieder in die Familie aufnehmen, wenn sie einen anständigen Mann heiraten und somit der Schande ein Ende machen würde. Er hatte ihr auch schon den passenden Ehemann präsentiert: einen Mitarbeiter aus seiner Firma, ein fleißiger, rechtschaffener Mann, zwar schon in reiferen Jahren, jedoch immer noch unverheiratet. Dieser würde sich glücklich schätzen, die Tochter des Chefs heiraten zu dürfen, trotz unehelichen Kindes. Sofie willigte schließlich ein – sie sah für sich und ihr Kind keinen anderen Ausweg mehr.

Olivia fragte Tante Luise, ob sie noch mehr über ihren Vater wüsste. „Ja", antwortete diese, „aber nicht sehr viel. Ich weiß noch, dass er Alfredo hieß und von mexikanischen Einwanderern abstammte. Er war nicht viel älter als deine Mutter. Ich habe ihn zweimal gesehen. Groß, ein dunkler Typ – sehr gutaussehend!", setzte sie lächelnd hinzu. „Du siehst ihm ähnlich. Außerdem wollte *er*, dass du Olivia heißen sollst – wie seine Mutter!" Als sie all das hörte, zog es Olivia das Herz zusammen. *Und diesen Mann hat meine Mutter mir ein Leben lang vorenthalten. Das vergesse ich ihr nie!* Zu diesem Zeitpunkt konnte und wollte sie nicht die vielen Parallelen im Leben ihrer Mutter und ihres eigenen Lebens sehen.

Langsam kehrte ihre Aufmerksamkeit wieder in die Gegenwart zurück. Und wieder fiel ihr Blick auf die traumhafte Berglandschaft vor ihr. Zum ersten Mal seit langer Zeit hatte sie das Gefühl, dass sie angekommen war. Hier würde sie ein wenig Ruhe finden. Trotz eines heißen Sommers, der gerade zu Ende ging, lag auf den Gipfeln Schnee. In den Tälern stand die Natur noch in sattem Grün und in der nun einbrechenden Dämmerung war es ungewöhnlich warm für Anfang September. Sie beschloss von der Autobahn runterzufahren und sich ein ruhiges Plätzchen in der hügeligen Voralpenlandschaft zum Übernachten zu suchen. Inzwischen genoss sie die Einsamkeit und Ruhe auf ihrer Reise. Anfangs glaubte sie, wahnsinnig zu werden. Niemanden zum Reden oder Anlehnen zu haben, war für sie bis dato unvorstellbar. In den letzten Wochen hatte sie jedoch gemerkt, wie sie ihre Gedanken und Gefühle ordnen konnte. Altes und Verdrängtes stiegen ihr langsam wieder ins Bewusstsein, wie Magma aus dem Erdinneren. Es brodelte in ihr und sie spürte die Wut und Verzweiflung in sich aufsteigen, die sich in den vergangenen Monaten in ihr angestaut hatten. Kein Wunder, nach alldem was geschehen ist!

Sie fand eine kleine Lichtung abseits der Landstraße, in die sie abbog. Ein Bächlein schlängelte sich am Waldrand entlang und leises Plätschern empfing sie, als sie aus ihrem Campingbus stieg. Sie streckte sich und atmete tief die klare Abendluft ein. Die Sonne begann langsam in letzten Strahlen ihren Rückzug vor der Nacht anzutreten. Sie stand schon dicht über den Berggipfeln und in wenigen Minuten würde sie diesen Tag für sich beendet haben. Olivia schlüpfte aus ihren Sandalen, um den moosigen Untergrund am Bachlauf unter ihren Füßen zu spüren. Das weiche, kühle Grün schmeichelte sanft ihren Fußsohlen und sie genoss dieses wohlige Gefühl. Als Kind des Nordens war sie die Dünen und die Wellen der Nordsee gewohnt. Oft war sie dort mit ihrer Mutter spazierengegangen. Überhaupt hatte ihre Mutter nach dem Tod ihres Mannes viel mit ihr unternommen. Im Lauf der Jahre war Olivia mehr eine Freundin für Sofie geworden, als eine Tochter. Sofie hatte nie sehr viele Freunde gehabt und so klammerte sie sich an ihr einziges Kind. Die Ehe mit Hermann war kinderlos geblieben; wohl auch besser so. Hermann trug seine Frau zeitlebens auf Händen, doch Sofie konnte seine Liebe nicht erwidern.

Bis zu ihrem vierzehnten Lebensjahr lebte Olivia in der Annahme, Hermann sei ihr leiblicher Vater. Doch immer öfter hörte sie von anderen Kindern in der Schule, dass sie wohl ein Findelkind sei, denn ihrem Vater sähe sie doch kein bisschen ähnlich. Eines Tages kam sie weinend nach Hause und erzählte es ihrem Vater. Er nahm sie in den Arm und versuchte, sie zu trösten. Dann sah er ihr tief in die Augen und sagte stockend: „Meine Kleine, jetzt musst du sehr tapfer sein. … Es stimmt, ich bin nicht dein richtiger Vater und es ist an der Zeit, dass du dies erfährst." Für Olivia waren diese Worte wie ein Schlag ins Gesicht. Geschockt riss sie sich los und rannte aus dem Haus. Ziellos lief sie an diesem Nachmittag durch den Park und später an den Strand hinab. Erst am Abend kehrte sie heim und sah ihre Mutter mit versteinertem Gesicht am Esstisch sitzen. Hermann saß ihr gegenüber und blickte traurig vor sich hin. Als Olivia an den Tisch trat, erhob sich ihre Mutter steif von ihrem Stuhl und sagte mit kalter Stimme: „Es stimmt wohl, dass Hermann nicht dein leiblicher Vater ist. Wegen mir hättest du es nie erfahren müssen, denn es spielt keine Rolle. Er hat für dich gesorgt wie ein richtiger Vater und somit ist er es auch. Mehr werde ich dazu nicht sagen." Sie drehte sich um und ging in die Küche. Damit war das Thema abgehakt. Doch den Vertrauensbruch konnte Olivia ihrer Mutter bis heute nicht verzeihen. Als Hermann ein Jahr später an einem Herzinfarkt starb, tat ihr Sofie dennoch leid und sie brachte es auch die kommenden Jahre nicht übers Herz, ihre Mutter alleinzulassen. Erst als sie Manuel kennenlernte, zog sie sich ganz von ihr zurück. Bis heute hatte sie jeglichen Kontakt zu Sofie abgelehnt, obwohl Tante Luise immer wieder versuchte, sie umzustimmen. Sie war es auch, die sie über Sofie auf dem Laufenden hielt. Während der letzten sechzehn Jahre kam sie immer wieder zu Besuch und stand auch in den vergangenen schweren Monaten als Stütze an ihrer Seite. Sie war Olivia näher, als ihre eigene Mutter.

Behutsam stakste sie durch das kühlende Wasser des Baches und spürte jetzt erst, dass ihr die Tränen über die Wangen liefen. *Was ist nur aus mir und meinem Leben geworden? Jetzt stehe ich genauso alleine da wie meine Mutter.* Sie bückte sich und schob langsam ihre Hände ins

Wasser. Nachdenklich schöpfte sie sich das Nass ins Gesicht und ließ dabei ihre Handflächen eine Weile auf ihren brennenden Augen ruhen. *Schluss mit der Gefühlsduselei. Es wird Zeit, dass ich etwas in den Magen bekomme.* Entschlossen stand sie auf und ging zurück zum Campingbus. In ihrem kleinen Kühlschrank suchte sie nach Käse und Milch, schnappte sich eine Scheibe Brot und die frischen Weintrauben, die sie heute Mittag erst gekauft hatte, und legte alles auf eine Decke, die sie vor dem Bus auf die Wiese ausgebreitet hatte. Die Sonne war bereits untergegangen und die Nacht war hereingebrochen. Nach ihrem Mahl streckte sie sich müde aus, blickte hoch zum Nachthimmel und sah die ersten Sterne aufblitzen. Wie immer, wenn sie die leuchtenden Punkte dort oben sah, dachte sie an ihren kleinen Sonnenschein: Leni. *Ich weiß, dass du dort oben bist, meine Kleine. Du bist einer von diesen Sternen.*

Wie sie so in der Dunkelheit lag, kamen die Erinnerungen zurück. Zehn Monate waren seit Lenis Tod vergangen. Die schlimmste Zeit ihres Lebens. Leni war ein Wunschkind gewesen und sie und Manuel hatten zehn Jahre auf sie warten müssen. Alles hatten sie probiert und waren von Arzt zu Arzt gepilgert, um endlich ein Kind zu bekommen. Selbst Wunderheiler hatten sie aufgesucht. Doch all das hatte nichts genutzt, bis dann schließlich das Hoffen und Bangen ein Ende nahm. Im Sommer war sie sich dann sicher gewesen: sie würden endlich Eltern werden! Im Frühjahr darauf, kurz vor ihrem Hochzeitstag in der Zeit der Tulpenblüte, kam Leni zur Welt. Ein größeres Glück hatte es nie zuvor für sie gegeben. Vier Jahre lang hielt dieses Glück an, bis zu jenem verhängnisvollen Morgen Ende November. Wie jeden Tag wollte sie Leni in den Kindergarten bringen, den sie seit einem halben Jahr besuchte. Anschließend würde sie wie immer in ihre geliebte Boutique ganz in der Nähe gehen und die neue Kleiderlieferung sortieren. Erst vor einigen Monaten hatte sie sich diesen Traum erfüllt: ein eigenes Geschäft für junge Mode. Manuel hatte sie mit ganzer Kraft unterstützt. Der Zufall wollte es, dass der Kinderhort und ihre Boutique nahe genug beieinander lagen, um alles zu Fuß zu erreichen. Leni war wie immer munter an diesem Morgen und hüpfte voller Freude im Treppenhaus die Stufen hinunter. Sie liebte ihren Hort und freute sich, wieder mit ihren Freunden spielen zu können. Olivia kam ihr kaum hinterher und bevor sie ihre Tochter an der Hand nehmen konnte, hatte die schon die Haustür geöffnet und war laut singend hinaus in den Nebel gelaufen. Olivia hörte nur noch ein kurzes, lautes Reifenquietschen und einen dumpfen Schlag – in diesem Moment hatte all das Glück sein schreckliches Ende genommen.

Immer wieder holten sie seitdem die furchtbaren Bilder ein, und jedes Mal aufs Neue blieb ihr Herz kurz stehen, wenn ihr der Anblick ihrer tot auf der Straße liegenden Tochter in Erinnerung kam. Die Zeit danach verbrachte sie wie in Trance. Manuel hatte sich um alles gekümmert. Sie wusste nicht, ob und wie sehr er litt. Von seinem Schmerz bekam sie nichts mit; sie war zu sehr mit ihrem eigenen beschäftigt. Nach der Beerdigung hatte sie versucht, sich das Leben zu nehmen; ihr Mann fand sie im letzten Augenblick. Die Ärzte in der Klinik gaben sich alle Mühe, ihren Lebensmut wieder wachzurütteln. Doch all das half nichts. Sie war und blieb in ihrer eigenen Welt des Schmerzes. Die frühere Olivia war mit ihrer geliebten Tochter gestorben.

Seit sie mit ihrem Bus unterwegs war, hatte sie den Eindruck, wieder zu sich zu kommen. Wie nach einem langen, tiefen Schlaf spürte sie langsam wieder Leben in ihrem Körper. Doch das Gefühl der Leere in ihrem Herzen blieb.

Gedankenverloren starrte sie in den Nachthimmel hinauf und ließ die letzten Bilder in ihrem Kopf vorüberziehen. *Meine kleine Maus, du musst jetzt schlafen. Mami ist auch müde. Träum süß.* Sie schloss die Augen und fiel gleich darauf in einen tiefen, traumlosen Schlaf.

2

Im ersten schwachen Licht des nächsten Morgens erwachte Olivia. Sie fühlte sich erholt und entspannt. Ihr Kopf war klar wie der junge Tag. Es war frisch geworden in der Nacht. Sie schnappte sich ihr Waschzeug und ging zum Bach. Vorsichtig schaute sie sich um, ob jemand in der Nähe war. Als sie weit und breit niemanden erblickte, zog sie sich aus, setzte sich in das kalte Wasser und schöpfte mit ihren Händen zum Trinken daraus. Sie genoss das kühle Nasse auf ihren Lippen und trank gierig noch ein paar Schluck. Nach einer kurzen Morgentoilette verstaute sie alles wieder ordentlich im Bus und setzte sich hinters Steuer. Das Frühstück fiel aus – wie so oft. Heute wollte sie unbedingt in die Berge hinauffahren und nach einer einsamen Berghütte Ausschau halten, ähnlich der, in welcher ihr Manuel den Heiratsantrag gemacht hatte. Langsam fuhr sie los und genoss den Morgen.

Zunächst war ihr nicht bewusst, wie gut gelaunt sie war – bis ihr der ungewohnte Zustand auffiel. Beinahe hatte sie ein schlechtes Gewissen, nach so langer Zeit der Trauer wieder lächeln zu können. Es kam ihr vor wie Verrat an Leni. Doch kaum hatte sie diesen Gedanken zu Ende gedacht, sah sie das fröhliche Gesicht ihrer Tochter vor sich. *Toll, Mami. So gefällst du mir viel besser!*, hörte Olivia ihre Kleine rufen. Eine wohlige Wärme zog sich von ihrem Herzen aus durch den ganzen Körper und sie spürte, wie es ihr die Tränen in die Augen trieb – doch diesmal waren es Tränen der Rührung und Freude. Mit diesem guten Gefühl fuhr sie die Landstraße entlang und näherte sich im Laufe des Vormittags den ersten Ausläufern der Alpen.

In einem kleinen, gemütlichen Landgasthof legte sie gegen Mittag eine Rast ein. Die deftige Hausmannskost, die hier serviert wurde, regte ihren Appetit an, und sie aß mehr als in den letzten drei Tagen zusammen.

„Wollens no an Schnaps hinterher, gute Frau?", fragte die dralle Wirtin freundlich.

Beim Klang des süddeutschen Dialekts musste Olivia schmunzeln. „Nein, danke. Lieb von Ihnen, aber ich muss noch fahren."

„Jo wo möchtens denn no hin heut?"

Olivia musste sich sehr beherrschen, um nicht loszulachen. „Ich will heute noch in die Berge hinauffahren. Aber um ehrlich zu sein, habe ich kein konkretes Ziel. Könnten sie mir eine gemütliche Unterkunft empfehlen?"

Die Wirtin dachte angestrengt nach. „Hm, lassens mi mol überlegn. Jo, do wüsst ich schon was. Aber des is schwer zu finden. Ham sie a Landkarte dabei?"

„Nein, eine Landkarte hab ich nicht. Aber ich bin sicher, dass ich es finden werde, wenn Sie mir den Weg beschreiben", antwortete Olivia fröhlich.

Die Wirtin gab sich alle Mühe, ihr in einigermaßen verständlichem Hochdeutsch den Weg zu einer Berghütte zu erklären. Und Olivia gab sich alle Mühe sie zu verstehen. Zum Schluss mussten sie beide lachen und der üppige Busen der Wirtin hüpfte in dem engen Dirndl auf und ab.

Beim Bezahlen erhielt Olivia noch einen Ring Schwarzwurst: „A Geschenk des Hauses für unterwegs“, meinte die gute Frau fröhlich und drückte Olivia herzhaft beide Hände zum Abschied.

Olivia bedankte sich mehrmals und versprach, auf dem Rückweg auf jeden Fall wieder in ihrem Gasthof Rast zu machen.

Beim Hinausgehen versuchte sie sich nochmals die Strecke zur Berghütte einzuprägen. *Es wird schon nicht so kompliziert sein*, dachte sie zuversichtlich.

Inzwischen war es schon früher Nachmittag geworden. Die Zeit im Gasthof war wie im Flug vergangen. *Jetzt muss ich mich aber aufmachen, sonst erreiche ich die Hütte nicht mehr vor Einbruch der Dunkelheit.* Prüfend schaute sie sich in ihrem Fahrzeug um, ob sie alles beieinander hatte. Auch der Tank war noch ausreichend gefüllt. Alles in Ordnung, es konnte losgehen. Vorsichtig bog sie auf die Hauptstraße des kleinen Ortes ein und fuhr in die von der Wirtin angegebene Richtung. Immer wieder musste sie über die herzliche Frau schmunzeln. Für ein Nordlicht ist es gar nicht so einfach, diesen süddeutschen Dialekt zu verstehen. Aber für ihre Ohren hörte er sich äußerst liebenswert an. Auch die überschwängliche Gastfreundschaft imponierte ihr. Es tat ihrem wunden Herzen gut, so viel Wärme zu spüren. Überhaupt war dies ein besonderer Tag für sie: schon lange hatte sie nicht mehr solch dauerhaften Frieden in sich gespürt.

Sie blickte auf die majestätischen Berggipfel, die nun unmittelbar vor ihr aufragten. In einigen hundert Metern Höhe sah sie vereinzelte Bergalmen, die von der Nachmittagssonne in warmes Licht gehüllt waren. Die ein oder andere dunkle Wolke schob sich immer mal wieder vor das helle Strahlen der Sonne. Irgendwann hatte sie gelesen, dass sich das Wetter in den Bergen schlagartig ändern könne und es urplötzlich zu schweren Unwettern käme. Dennoch sorgte sie sich nicht unnötig, denn der Himmel sah trotz vereinzelter Wolken recht freundlich aus. Gemütlich fuhr sie die schmale Bergstraße hinauf. Die Serpentinen wurden immer enger und sie konzentrierte sich auf die spitzen Kurven und den spärlichen Gegenverkehr. Olivia erinnerte sich, dass die Wirtin eine Abzweigung beschrieben hatte, von der aus es zu der Berghütte ging. Es sei ein schmaler Waldweg, der nach links abgehen würde – *oder war es nach rechts? Ja, ich glaube, sie sagte, ich muss nach rechts in den Weg abbiegen und nach ungefähr 500 Metern käme die Lichtung mit der Schutzhütte*, überlegte sie. Die Hütte sei immer geöffnet für Bergwanderer, die Unterschlupf bei schlechtem Wetter oder wegen Ermüdung suchten. Aufmerksam achtete sie auf den Straßenrand, um die Abzweigung nicht zu verpassen. Seit einigen Kilometern war ihr kein Auto mehr begegnet und beinahe fühlte sie sich allein auf diesem Berg. In der letzten halben Stunde hatte sich zudem der Himmel mehr und mehr bewölkt. Inzwischen fand kaum mehr ein Sonnenstrahl eine Lücke durch die dichte Wolkendecke. Es sah nach Regen aus. *Na ja, bis es soweit ist, bin ich längst an der Hütte*, beruhigte sie sich. Plötzlich kam sie an eine Weggabelung. *Davon hatte die Wirtin aber nichts gesagt*, dachte Olivia. *Wohin denn jetzt? Links sieht es recht düster aus. Also dann rechts rum.* Entschieden lenkte sie ihr schwerfälliges Fahrzeug nach rechts. Nach einiger Zeit schien sich der Wald zu teilen. Rechter Hand befand sich ein Hochwald und links erkannte sie eine dichtstehende Naturverjüngung von Fichten und einigen wenigen Laubbäumen. Das Unterholz sah undurchdringlich aus, fast schon unheimlich. *Jetzt müsste aber langsam die Lichtung kommen, verdammt noch mal. Es wird schon dunkel und ich hab keine Lust, im Wald zu übernachten.* Ihr Fluchen half wenig, denn je weiter sie fuhr, desto mehr verlor sie die Orientierung. Zwischenzeitlich war sie noch ein-, vielleicht auch zweimal abgebogen und versuchte verzweifelt, zurück zur Bergstraße zu finden. Der Weg, auf dem sie sich befand, sah nicht sehr befahren aus; hohe Gräser und Farne wucherten zwischen den Fahrrinnen und zudem glaubte sie auch, das ein oder andere Tier im Halbdunkel vorbeihuschen zu sehen. Zu allem Übel klatschten die ersten Regentropfen auf ihre Windschutzscheibe und auch die Bäume begannen sich leicht im Wind zu wiegen. *Jetzt reicht's mir aber! Ist hier denn das Ende der Welt? Das kann doch nicht wahr sein, dass ich mich in diesem bescheuerten Wald verirre. So ein Mist!* Seit nunmehr dreißig Minuten fuhr sie schon kreuz und quer durch die fremde Umgebung und sie hatte den Eindruck, dass sie sich immer mehr von jeglicher Zivilisation entfernt hatte. Inzwischen war es schon stockdunkel geworden und der Regen hatte stark zugenommen. Er prasselte mit großen Tropfen zwischen den Bäumen hindurch und schien sich zu einem regelrechten Wolkenbruch auswachsen zu wollen. Ein kurzes Aufleuchten am schwarzen Nachthimmel und kurz darauf ein Grollen. *Na prima … ein Gewitter! Das fehlte mir gerade noch.* So langsam war sie mit ihrer Beherrschung am Ende. Ganz leise schlich sich ein schlimmer Gedanke in ihren Kopf: *Ist das etwa die Strafe dafür, dass es mir heute so gut ging?* Sie glaubte nicht wirklich daran, aber dennoch verursachte es ihr ein leichtes Krampfen im Bauch. Manchmal kam es ihr wie Verrat an Leni vor, wenn sie für kurze Momente ihr Schicksal vergaß und fröhlich war.

Plötzlich begann ihr Bus leicht zu ruckeln; ganz kurz nur, doch gerade so, dass es Olivia bemerkt hatte. Sie hielt erschrocken den Atem an. Da … das nächste Ruckeln … stärker als das vorige … dann flackerte das Scheinwerferlicht. Schließlich endete das Ganze mit einem dumpfen Schlag unter der Motorhaube. Stille! … Kein Laut – bis auf das monotone Prasseln des Regens auf dem Fahrzeugblech – und vor allem war es stockfinster! Wie angewurzelt saß Olivia hinter dem Steuer und starrte ungläubig in die Nacht hinaus. Fassungslos schüttelte sie ihre dunkle Mähne und zwinkerte mit den Augen, als wolle sie aus einem Traum erwachen. Überzeugt davon, das Ganze sei nur ein Irrtum, drehte sie hektisch am Starter und drückte gleichzeitig Kupplung und Gaspedal durch. Nichts! Nicht mal ein kurzes Rattern oder Gurgeln – nur ein ernüchterndes Klick. Olivia begann heftig zu atmen, leichter Schwindel und Hitze stiegen in ihr auf; diese Gefühle kannte sie zu gut: Panik! Sie zwang sich zur Ruhe, holte tief Luft. *Nichts zu machen. Ich stecke fest!* Mit fahriger Hand tastete sie im Dunkeln nach dem Handschuhfach auf der rechten Seite. *Mensch, hier muss doch irgendwo eine Taschenlampe liegen. Ich bin mir sicher, ich hab sie mitgenommen.* Und tatsächlich fühlte sie einen länglichen, metallenen Gegenstand mit einem kleinen Schalter an der Seite. Da war sie, eine zierliche Stabtaschenlampe! Bangend, die Batterien könnten leer sein, schob sie vorsichtig den Schalter vor. Ein Lichtstrahl erhellte das Armaturenbrett. Sie kurbelte das Seitenfenster hinunter – *Gott sei dank hat diese alte Karre keine elektrischen Fensterheber!* – und leuchtete in die Dunkelheit hinaus. Doch außer Bäumen war nichts zu sehen. Das Gewitter hatte unterdessen aufgehört. Eine Weile saß sie nur da und überlegte krampfhaft, was sie tun könne. *Und ich Greenhorn hab mein Handy zu Hause gelassen, damit ich auf meiner Reise meine Ruhe habe. Na die hab ich ja jetzt! Auf Hilfe warten hat keinen Sinn. Bis hier jemand vorbeikommt, bin ich verschimmelt! Ich muss raus hier und schauen, ob in der Nähe irgendwo diese verdammte Hütte ist.* Sie versuchte, die Beherrschung zu bewahren. Noch nie war sie bei Nacht durch den Wald gelaufen, schon gar nicht in einer völlig fremden Umgebung. Bisher hatte sie derartige Abenteuer immer gemieden, da sie schon als Kind Angst im Dunkeln hatte. Es half nichts, sie musste das Fahrzeug stehen lassen und Hilfe suchen, denn bliebe sie die Nacht über im Fahrzeug, würde ihre Angst dadurch nicht weniger werden.

Im hinteren Teil des Busses suchte sie im Schein der Taschenlampe ein paar Sachen zusammen, die sie unterwegs vielleicht brauchen könnte. Ein Regencape, ihre wasserfesten Wanderschuhe, ein Schweizer Taschenmesser, ein wenig Obst und Käse und ihre Thermoskanne mit Tee. Schnell zog sie sich noch ihr Regencape über und verstaute ihre restlichen Utensilien in ihrem Rucksack. Brieftasche und Fahrzeugpapiere schob sie in ein Seitenfach – und vorsichtshalber auch noch ihre Zahnbürste; man konnte ja nie wissen! Sie schaute sich noch ein letztes Mal im Fahrzeuginneren um, zog den Schlüssel ab, stieg aus und verschloss gewissenhaft die Türen. Der Regen schlug ihr ins Gesicht. Sie zog die Kapuze weiter herab. Langsam und vorsichtig folgte sie dem inzwischen aufgeweichten Waldweg. Unter ihren robusten Profilschuhen spürte sie den Matsch und achtete genau darauf, wohin sie im Schein der Lampe ihren nächsten Schritt setzte. *Ich komme mir vor, wie in einem schlechten Krimi.*

In der Monotonie des Gehens begannen ihre Gedanken wieder ein Eigenleben zu führen. Abermals schweiften sie ab in die Vergangenheit. Die qualvollen Monate, die Gespräche mit den Therapeuten, welche ihr in ihrer Hilflosigkeit zum Schluss nur noch Psychopharmaka verschrieben, die wachen und tränenreichen Nächte, die sie nur mit Schlaftabletten unterbrechen konnte, und letztlich die nicht enden wollenden Diskussionen mit Manuel, die nie ein Ergebnis fanden. *Manuel!* Erst jetzt bemerkte sie, dass sie während der ganzen Reise kaum an ihn gedacht hatte. Sie war so mit sich selbst beschäftigt, dass er keinen Platz in ihren Grübeleien fand. Wie es ihm wohl gerade erging? Dachte er auch an sie oder war er schon mit einem Neubeginn in seinem Leben beschäftigt? Was wäre, wenn er sich schon mit einer anderen trösten würde? Könnte sie ihm das verdenken, bei allem, was auch er in den letzten Monaten ertragen musste? Sie spürte diese nagende Eifersucht in ihrer Brust; ein ständiges Streitthema während ihrer Ehe. Wobei er ihr kaum einen Anlass dazu geliefert hatte. Sie war sogar überzeugt davon, dass er sie nie betrogen hatte, doch konnte sie ihren Argwohn nicht unter Kontrolle bringen. Erstmals bekam sie Zweifel, ob sie ihm nach Lenis Tod nicht zuviel zugemutet hatte. *Hat er nicht alles für mich getan? War er nicht die ganzen Wochen und Monate an meiner Seite und hat mich getröstet und umsorgt? Hab ich ihn je gefragt, wie es in ihm aussieht? Er musste doch auch getrauert haben und tut es vielleicht immer noch?* Bestürzt erkannte sie, wie wenig sie das alles gekümmert hatte und sie es ihm jetzt nicht mitteilen konnte.

In diesem Augenblick stolperte sie und fiel auf den matschigen Waldweg. Fluchend rappelte sie sich auf und stellte entsetzt fest, wie ihr langsam die Nässe durch ihre Jeans drang. *Na super! Ich hole mir noch den Tod in dieser verteufelten Wildnis.* Während sie ihren Rucksack und ihre Taschenlampe einsammelte, fiel ihr Blick auf ein schwaches Licht, das in einiger Entfernung durch die Bäume schimmerte. Ungläubig starrte sie auf das sanfte Strahlen. *Hab ich jetzt schon Phantasien oder ist dort drüben ein Haus?* Schnell suchte sie am Wegrand nach einer Abzweigung, die in die Richtung des Lichtscheins führte. Doch kein anderer Weg war zu entdecken. Kurz entschlossen verließ sie den Hauptweg und stakste durch das Unterholz. Immer wieder blieb sie an auf dem Boden verschlungenen Brombeerzweigen hängen und kam ins Straucheln, doch die Hoffnung auf eine warme Unterkunft ließ sie weitergehen. Ihr Herz schlug bis zum Hals vor Anstrengung und Aufregung. Das Haus schien weiter entfernt zu sein, als sie es vermutet hatte. Nach einiger Zeit lichtete sich plötzlich das Gestrüpp und sie fand sich zwischen den letzten Baumreihen an einer kleinen Lichtung wieder. Mittendrin stand eine kleine Hütte. Trotz der Dunkelheit konnte sie die windschiefen Umrisse erkennen und sah in einem winzigen Fenster das sanfte Flackern eines Feuers. Mit vor Erschöpfung und Angst zitternden Knien ging sie langsam auf die Hütte zu. Immer wieder schaute sie sich nach allen Seiten um, ob jemand in der Nähe war und sie womöglich angreifen würde. Schließlich musste sie wie ein Landstreicher oder Verbrecher wirken, schmutzig und durchnässt. Kurz vor ihrem Ziel warf sie einen scheuen Blick durch das kleine Fenster neben der Eingangstür. Im schwachen Schein eines Kaminfeuers sah sie einen robusten Holztisch, an dem jemand mit gebeugtem Rücken saß. Sollte sie einfach klopfen, mit dem Risiko, sich einer Gefahr auszusetzen oder lieber in der Nähe auf den Morgen warten? Die Kälte, die ihr langsam an den nassen Beinen hochkroch, ließ ihr keine Wahl; sie nahm allen Mut zusammen und klopfte zaghaft an die Holztür. Statt Stuhlrücken und Schritten, wie sie es erwartet hätte, hörte sie nur eine kräftige Frauenstimme, die freundlich rief:

„Komm nur herein, Kind."

Wie bitte?, dachte Olivia erstaunt. *Bin ich jetzt bei Hänsel und Gretel gelandet?* Zögernd drückte sie die Klinke herunter und öffnete die Tür einen Spalt weit.

„Entschuldigen Sie, ich bin offensichtlich nicht die, die Sie erwarten. Aber ich habe mich verirrt", rief sie in den Raum hinein.

„Oh doch, ich hab dich erwartet, Kindchen. Komm nur, bevor die Kälte und Nässe ins Zimmer dringen", antwortete die Frau am Tisch.

Sie hatte sich auf ihrem Stuhl zur Tür hingewandt und nun konnte Olivia die grauen Haare und die weichen Züge einer älteren Frau erkennen. Sie sah beinah zerbrechlich aus mit ihrer zierlichen Statur und dem gebeugten Rücken. Doch es gab irgendetwas an dieser Gestalt, was Olivia stutzig machte. Irgendetwas passte nicht. *Wieso sagt sie, sie würde mich erwarten? Ist sie verwirrt? Oh je, das fehlte noch: zwei Frauen treffen im Wald bei Nacht aufeinander, die eine verwirrt und die andere verloren in der Dunkelheit. Klasse Story!*

Olivia machte einen Schritt ins Rauminnere und schloss leise die Tür hinter sich.

„Uiii, du siehst aber ziemlich zerschunden aus. Komm erst mal ans Feuer und leg die nassen Kleider ab. Ich bring dir einen warmen Tee", sagte die fremde Frau, während sie unvermittelt aufstand und zu einem Kessel am Kamin ging. Olivia starrte ihr verblüfft nach. Am Tisch hatte sie noch gebrechlich und gebeugt gewirkt, bewegte sich nun jedoch aufrecht und kraftvoll. Noch bevor sie weitergrübeln konnte, schälte sie sich aus ihren klammen Kleidern heraus und hängte jedes einzelne Stück über eine Querstange am Kamin. Die Unbekannte reichte ihr eine dicke Wolldecke, nachdem sie aus dem Kessel eine dampfende Flüssigkeit in eine bereitstehende Tasse eingeschenkt hatte.

„Hier, Kind, wickle dich darin ein und setz dich. Der Tee wird dir gut tun. Aber trink vorsichtig, er ist sehr heiß", redete die Fremde mütterlich auf sie ein.

Olivia befolgte willig die Anweisungen und machte es sich auf dem einfachen Stuhl am Feuer bequem. Die nach frischen Blumen duftende Decke schloss sich weich um ihren Körper und nachdem sie beide Hände frei hatte, umfasste sie die heiße Tasse. Sofort strömte die Wärme durch ihre Finger und ein angenehmes Kribbeln zog ihre Unterarme hinauf. Sie kam sich vor wie in einem Traum. Vorsichtig nippte sie an dem Kräutertee. Wohltuend floss er in kleinen Schlucken ihre Kehle hinab und breitete seine beruhigende Wirkung sogleich in ihrem ganzen Bauch aus. Wie benebelt blickte sie sich in dem kleinen, aber gemütlichen Raum um. Er war schlicht und einfach eingerichtet. Der große, wuchtige Tisch stand mitten im Zimmer umstellt von vier Holzstühlen. Der sanfte Schein des Kaminfeuers und einer kleinen Gaslampe strahlten ein dämmriges Licht aus. Ihre Augen hatten sich inzwischen an das Halbdunkel gewöhnt und so erkannte sie eine Küchenzeile an der linken Wand; auch diese war aus Holz gezimmert und wirkte robust und praktisch. Zwei Hängeschränke hingen darüber an der Wand. Der untere Teil bestand aus einem offenen Regalsystem und sie sah allerlei Hausrat darin aufgereiht. Die Töpfe, Schüsseln, Teller, Tassen und ein Besteckkasten waren ordentlich verteilt. Über der Keramikspüle befand sich ein weiteres Fenster. Es war doppelt so groß, wie das neben der Eingangstür. Luftige, weiße Gardinen umrahmten es, welche mit breiten Bändern zur Seite gebunden waren, so dass tagsüber genug Licht hereinfallen konnte. Zwischen Küchenzeile und Kamin hingen mehrere getrocknete Kräutersträuße von der Decke herab und verbreiteten ihren kräftigen Duft. Rechts neben der Eingangstür stand eine schwere Kommode mit Türen und Schubladen, darauf verteilt lagen eine Taschenlampe, eine Wollmütze und ein zusammengerolltes dünnes Seil. Eine Petroleumlampe stand daneben und wartete auf den nächsten Gebrauch. Auf der linken Seite des Eingangs waren ein paar Haken in die Wand geschlagen, um als Garderobe ihren Dienst zu tun. Eine dunkle Jacke, ein Mantel und eine Schürze hatten dort ihren Platz bereits gefunden. In die rechte Zimmerwand war ein drittes Fenster eingelassen, mit den gleichen weißen Gardinen umrahmt, wie über der Spüle. Neben und unter dem Fenster waren Regale angebracht. Darin standen ordentlich aufgereiht eine größere Anzahl an Büchern. Als ihr Blick wieder zum Kamin wanderte, stellte sie erstaunt fest, dass es daneben noch eine Tür gab. Die war ihr gar nicht aufgefallen, als sie ihre Kleider abgelegt hatte, obwohl sie direkt davorgestanden haben musste. Langsam spürte sie die Schwere in ihren Gliedern und die große Erschöpfung ihrer anstrengenden Reise. Jetzt erst bemerkte sie die Fremde wieder. Still und in sich gekehrt saß sie am Tisch und schien in ein Gebet versunken zu sein. Sie strahlte eine derart große Ruhe und Gelassenheit aus, dass Olivia glaubte, die Ströme an warmen Wellen körperlich spüren zu können. Bevor sie noch weiter darüber nachdenken konnte, fielen ihr langsam die Augenlider herab und mit letzter Kraft stellte sie ihre Tasse auf den Tisch, bevor sie ihr aus den Händen gleiten konnte. Sie sackte langsam in sich zusammen und fiel in einen tiefen Schlaf.

3

Etwas Kaltes und Feuchtes berührte ihr Gesicht. Ganz zart und vorsichtig zwar, aber doch so, dass Olivia die leichte Berührung aus einem unruhigen Schlaf weckte. Bis ihr klar wurde, dass dieses Kalte nicht zu ihrem Traum gehörte, dauerte es noch einen Moment, doch dann schlug sie ruckartig ihre Augen auf. Unmittelbar vor ihrer Nasenspitze erblickte sie eine schwarze Schnauze, etwas dahinter lagen die dunklen Augen und all das umrahmt von einem hellbeigen Fell. Die halb aufstehenden Ohren waren an der Spitze geknickt und spielten interessiert hin und her, unschlüssig, was ihr Besitzer von dieser Situation halten sollte.

„Oh, wer bist du denn?" fragte Olivia erfreut. Sie liebte Hunde seit ihrer Kindheit und hätte immer gern selbst einen gehabt.

Der halbhohe Hund legte neugierig den Kopf zur Seite, scheinbar überrascht, dass dieser Mensch auf dem Bett reden konnte.

Wie? Wo bin ich denn hier eigentlich? Und wie komme ich in dieses Bett? Erst jetzt kam Olivia richtig zu sich und schaute sich erstaunt in der kleinen Kammer um. Ihr Kopf brummte, und ein nassgeschwitztes Baumwollhemd klebte ihr am Leib. Langsam stieg die Erinnerung an die vergangene Nacht wieder in ihr auf. Ihr liegengebliebener Bus, ihre verzweifelte Suche im Wald und letztlich die Hütte mit einer fremden Frau, die sie so liebevoll aufgenommen und umsorgt hatte. Olivia schlug das dicke Federbett zurück und setzte sich vorsichtig auf. Gedankenverloren streichelte sie den fröhlich wedelnden Hund neben sich, der keinerlei Anzeichen machte, von ihrer Seite zu weichen. Das Zimmer war klein und spartanisch eingerichtet, aber es strahlte eine wohlige Gemütlichkeit aus. Helles Sonnenlicht fiel durch das Fenster über ihrem Lager und verströmte seine Wärme. Sie versuchte aufzustehen, fiel aber sofort zurück auf ihr Bett. Alles in ihrem Körper schmerzte. Der zutrauliche Hund beobachtete sie aufmerksam und drehte sich wie vom Blitz getroffen um, sprang an der Zimmertür hoch und drückte gekonnt mit seinen Pfoten die Klinke herab. Die Tür sprang auf, er schlüpfte hindurch und rannte in den angrenzenden Raum. Sie hörte das Klackern seiner Krallen auf den Holzdielen und noch einmal dieses Geräusch einer ruckartig heruntergedrückten Türklinke. Dann war Stille. Olivia beugte sich nach vorn, stützte ihre Ellbogen auf die Knie und rieb mit ihren Handflächen über ihre heißen Augen. Vor der Hütte vernahm sie eine leise freundliche Stimme, zutrauliches Reden und kurz darauf Schritte im Nebenzimmer. Schon sprang aufgeregt wedelnd der Hund herein und setzte sich neben ihr Bett, als wolle er sagen: „Ich hab Hilfe geholt. Jetzt wird alles gut."

Die zierliche Gestalt ihrer Gastgeberin erschien auf der Türschwelle. Und da war es wieder, dieser Friede und die Ruhe, die von ihr ausgingen und wie eine Woge auf Olivia überschwappten.

„Guten Morgen, Kindchen. Oder besser guten Tag. Es ist schon um die Mittagszeit, aber ich wollte dich nicht wecken. Du hast den Schlaf gebraucht", sprach sie in freundlichem Ton.

Zum ersten Mal sah Olivia die Fremde in aller Klarheit. Das silberne Haar war zu einem Knoten im Nacken gebunden. Ein paar Strähnen hingen heraus. Das Gesicht war mit feinen Falten überzogen, welche auf ein hohes Alter schließen ließen. Ihre Haut war sonnengebräunt. Um die vollen, einst wohl sinnlichen Lippen zogen sich wie ein Strahlenkranz feine Linien. Ihre Nase war kräftig und leicht gebogen, nicht zu groß, sondern eher aristokratisch und edel. Am faszinierendsten waren aber die hellen Augen, die klar und wach unter den feinen Wimpern hervorschauten. Im Sonnenlicht leuchteten sie silbern mit einem sanften grünen Schimmer. Auf den Betrachter hätten sie kühl wirken müssen, taten es aber nicht. Im Gegenteil: sie hatten etwas Tiefes, Vertrauenswürdiges, beinahe Hypnotisches. In ihren Augenwinkeln sammelten sich unzählige

Lachfältchen, die dem gesamten Gesicht eine fröhliche Ausstrahlung verliehen. Trotz ihres offensichtlich fortgeschrittenen Alters und der zierlichen, kleinen Statur wirkte sie dynamisch und stark, und es schien, als hätten ihre Augen die frühere Schönheit und Jugendlichkeit nicht vergessen. Jetzt erst fiel Olivia dieser Widerspruch auf, den sie schon am Vorabend wahrgenommen hatte. *Sie muss alt sein, sehr alt sogar. Aber diese Augen! Sie sehen aus, wie die einer jungen, selbstbewussten Frau. Eigenartig.*

„Guten Tag. Ja, ich habe den Schlaf wohl tatsächlich gebraucht. Vielen Dank für alles, was Sie für mich getan haben. Es tut mir leid, dass ich Ihnen solche Umstände bereitet habe“, antwortete Olivia mit ehrlichem Bedauern.

„Entschuldige dich nicht. Es ist wie es ist. Und wenn ich dich so anschau, dann geht es dir nicht wirklich gut. Ich bringe dir gleich einen Tee. Der wird dir gut tun. Leg dich wieder hin und decke dich zu. Knöpfchen bleibt so lange bei dir. So wie sie schaut, weicht sie dir nicht von der Seite.“ Mit einem zärtlichen Blick auf ihren Hund verließ sie den Raum.

Während Olivia den wohlschmeckenden Tee trank, trug die Fremde eine Schüssel mit Wasser, ein Handtuch und ein frisches halblanges Hemd herein.

„Wir müssen dich erst mal mit kaltem Wasser abreiben, damit der Schweiß der vergangenen Träume und das Fieber deinen Körper verlässt und deine Haut wieder atmen kann. – Übrigens, ich bin Anni“, mit diesen Worten stellte sie die Schale auf dem Nachttischchen ab und breitete das große Handtuch über dem Stuhl neben dem Bett aus. Das Hemd legte sie sorgfältig auf die schmale Kommode neben der Tür.

„Danke Anni, ich heiße Olivia. Aber Sie müssen mich nicht waschen. Sie haben schon so viel für mich getan.

Das kann ich doch auch selbst tun", erklärte sie beschämt.

Anni hatte schon die Bettdecke zurückgeschlagen und ihr beim Aufrichten geholfen. Da erst merkte Olivia wieder diese bleierne Schwere. Sie hätte tatsächlich nicht die Kraft gehabt, auch nur einen Arm zu heben. Vorsichtig zog ihr Anni das Nachthemd über den Kopf. Darunter war sie nackt; und nun erst fragte sie sich, wie sie eigentlich in dieses Bett gekommen war. Sie konnte sich nicht daran erinnern, von dem Stuhl in der Stube in diese Kammer gegangen zu sein. Verwirrt runzelte Olivia die Stirn:

„Sagen Sie, Anni, wie bin ich denn gestern Nacht in dieses Bett gekommen?"

Anni ließ sich in ihrem Tun nicht unterbrechen. Konzentriert rieb sie mit einem Schwamm Olivias Körper ab. Die kalte Nässe auf ihrer Haut hinterließ ein Kribbeln und trotz einem leichten Frösteln tat es ihr gut.

„Grüble nicht so viel, Kindchen. Dreh dich lieber auf den Bauch, damit ich auch deinen Rücken kräftig rubbeln kann. Dein Lebensgeist hat lange geschlafen, den versuch ich aufzuwecken." Der Ton in Annis Stimme hatte etwas Ernstes und Olivia glaubte eine gewisse Zweideutigkeit daraus zu hören.

Schwerfällig drehte sie sich auf den Bauch und genoss das kräftige Reiben des Schwammes. Bei den kreisenden, monotonen Bewegungen überkam sie Müdigkeit und fast wäre sie wieder eingeschlafen. Da hörte sie Annis Stimme.

„Gleich darfst du dich wieder ausruhen. Ich mach dir nur noch ein paar heiße Brust- und Wadenwickel mit meinem Kräutersud, um das Fieber aus dem Körper zu treiben. Du wirst sehen, Olivia, dann geht es dir bald besser." Zum ersten Mal hatte sie ihren Namen ausgesprochen und aus ihrem Mund klang er so vertraut, als würden sie sich schon immer kennen.

Die Fürsorge und Mütterlichkeit, mit der Anni sie bedachte, löste in Olivia ein tiefes, fast vergessenes Gefühl von Heimat und Geborgenheit aus. Wie ein Kind ließ sie sich in Annis Obhut fallen und spürte plötzlich eine tiefe, stille Trauer in sich. Langsam stiegen Tränen in ihre Augen und mit einem schweren Seufzer verschaffte sie sich Befreiung von dem Druck in ihrer Brust. Anni drehte sie auf den Rücken und breitete das große, duftende Handtuch über Olivias nackten Körper aus. Sie beugte sich über Olivias Gesicht, nahm dieses in ihre alten, aber kräftigen Hände und drückte sanft auf ihre Wangen. Sie sagte kein Wort, sondern blickte ihr tief in die Augen. Fast kam es Olivia vor, als würde sich die silbergrüne Farbe darin in ein warmes, dunkles Grün verwandeln. Sie kam nicht mehr dazu, darüber nachzudenken, denn der Schlaf übermannte sie ein weiteres Mal.

Rötliches Abendlicht fiel durchs Fenster direkt auf ihr Bett. Vorsichtig blinzelnd suchte sie Orientierung. Schon war Knöpfchen an ihrer Seite und leckte ihr sanft mit ihrer roten Zunge über die Hand. Sie musste neben ihrem Bett gelegen haben, denn die Kammertür war verschlossen. Olivia lächelte das zutrauliche Tier liebevoll an und begann es hinter den Ohren zu kraulen. Die Hündin drückte ihren Kopf in ihre Hand und brummelte wohlig.

„Braves Hundchen. So ein liebes Knöpfchen", sprach Olivia mit tiefer Stimme. Die Hündin antwortete mit einem freudigen Schwanzwedeln.

„Dann werd' ich mal versuchen aufzustehen. Ich glaube die Schmerzen und das Fieber haben sich gelegt", sprach sie laut vor sich hin.

Langsam setzte sie sich auf und stellte erneut erstaunt fest, dass sie ein frisches Nachthemd trug. *Wie macht sie das bloß? Wie kann sie mir ein frisches Hemd anziehen, ohne dass ich es bemerke? Ich bin doch fast doppelt so schwer wie sie.* Unter der Zudecke fand sie ein paar feuchte Handtücher. *Das müssen die Wickel gewesen sein. Auch die hat sie mir angelegt und ich hab's nicht mitbekommen … Schon eine sonderbare Frau.* Über den Stuhl gelegt fand sie einen Morgenmantel. Sie griff danach und legte ihn sich um. Ihre Bewegungen waren noch langsam. Leichter Schwindel überkam sie, aber sie fühlte sich stark genug, um aufzustehen. Auf einer Kommode lagen frische Kleider für sie, etwas groß vielleicht, doch war es gut zu wissen, dass sie etwas zum Anziehen hatte. Sie würde sie später anprobieren.

„So, Knöpfchen, jetzt wollen wir mal nachsehen, wo dein Frauchen ist." Noch einmal streichelte sie der munteren Hündin über den Kopf. Zuerst schaute sie sich im Nebenzimmer um. Es war, wie sie es vermutet hatte: dies war die Stube, in der sie gestern mit ihrer Decke am Kamin saß. *War das erst gestern gewesen?* An der Wand mit den Bücherregalen stand eine Liege. Hier musste Anni die letzte Nacht geschlafen haben. Olivia war beschämt, als ihr klar wurde, dass Anni ihr Bett an sie abgetreten hatte.

Da öffnete sich die Eingangstür und Anni trat in die warme Stube. Sie wirkte keineswegs überrascht, als sie Olivia in ihrem Morgenmantel dastehen sah.

„Na, Kindchen, du siehst ja schon viel besser aus, als heute morgen. Hast du noch Fieber?"

„Nein, ich glaube nicht. Es geht mir tatsächlich schon besser, dank Ihrer guten Pflege." Es sollte wie ein kleines Dankeschön klingen, aber Anni achtete gar nicht darauf.

Sie hob einen abgezogenen Hasen in die Höhe und fragte lächelnd: „Hast du Hunger? Ich hab zwar kein Huhn, sonst hätte ich dir eine kräftige Hühnerbrühe gemacht, aber ich denke ein guter Hasenbraten tut's auch. Es dauert allerdings noch ein Weilchen, bis er fertig ist, aber so lange kannst du mir ja von deinem Abenteuer berichten."

Kaum hatte Olivia den Hasen entdeckt, meldete sich ihr Magen. Sie war tatsächlich hungrig. Seit dem Mittagessen in dem Gasthof hatte sie nichts mehr zu sich genommen. *Eine Tasse Kaffee wäre jetzt auch nicht schlecht*, dachte Olivia. Kaum hatte sie den Gedanken ausgedacht, da meinte Anni schmunzelnd:

„Ich mach dir eine Tasse starken Kaffee, damit dein Kreislauf ein wenig in die Gänge kommt."

„Können Sie Gedanken lesen? Genau das habe ich gerade gedacht", rief Olivia erstaunt aus.

Anni lächelte nur und murmelte ein „So so" vor sich hin. Sie legte den Hasen auf die Arbeitsplatte neben der Spüle und begann mit Gewürzen und Töpfen zu hantieren.

„Setz dich, Kindchen. Und bevor du mir deine Geschichte erzählst, will ich dir noch sagen, dass es hier oben kein *Sie* gibt."

Folgsam wie ein kleines Kind setzte Olivia sich an den Tisch. Anni stellte eine dampfende Tasse Kaffee mit einem Schuss Milch vor sie auf die Tischplatte und widmete sich wieder ihrem Hasen, den sie gerade im Ofen verschwinden ließ. Olivia betrachtete irritiert ihre Tasse. *Wie kann sie wissen, dass ich meinen Kaffee mit Milch trinke? Das geht doch nicht mehr mit rechten Dingen zu. Fehlt nur noch, dass kein Zucker drin ist.* Sie mochte keinen gesüßten Kaffee. Ein vorsichtiger Schluck an dem duftenden Getränk bestätigte ihre Vermutung. Verblüfft schüttelte sie den Kopf.

Doch bevor sie Anni darauf ansprechen konnte, ergriff diese das Wort. „Was hat dich denn in diesen Wald verschlagen? Und noch dazu bei Nacht und Regen? Das hätte bös ausgehen können. Hier hat sich schon manch einer verirrt."

Nach kurzem Zögern, wie viel sie der Alten erzählen sollte, begann Olivia ihre Geschichte mit ihrer Fahrt durch die Lande. Die Vorgeschichte und die Ereignisse der vergangenen Monate ließ sie vorsichtshalber weg, so gut kannte sie Anni nun doch nicht und wollte sie auch nicht mit ihrem Kummer belasten. Als sie über den Moment berichtete, in dem ihr Bus den Geist aufgegeben hatte, runzelte Anni nachdenklich die Stirn.

„Wie lange warst du denn da schon im Wald unterwegs, als er stehen blieb?"

„Ich weiß es nicht genau. Ich hatte die Orientierung verloren", antwortete Olivia. Und nach kurzem Überlegen: „Etwa eine halbe Stunde."

„Und wie lange bist du dann noch zu Fuß durch den Wald gelaufen?"

„Hm, auch das kann ich nur schwer sagen. Es war kalt und nass und ich war in Gedanken. Es mag eine Stunde, vielleicht auch länger gewesen sein."

Anni schaute nachdenklich auf die Salatblätter, die sie gerade in einer Schüssel voller Wasser wusch. „Du wirst dein Fahrzeug wohl nicht wiederfinden. Diese Gegend hier ist fast unberührt. Eines der letzten Gebiete in den Alpen, die noch nicht vom Tourismus überschwemmt wurden. Nur ganz selten kommt hier jemand hoch. Die Wälder werden zwar bejagt, aber selbst den Förster bekomm ich kaum zu Gesicht."

Olivia hatte ihr mit angehaltenem Atem zugehört. Sie konnte doch nicht einfach ihren Bus liegenlassen. Wie sollte sie dann je wieder von hier wegkommen? Dass Anni kein Telefon hatte, war offensichtlich; hier gab es ja nicht mal Strom. Panik ergriff sie und zwischen Bangen und Hoffen fragte sie:

„Aber du kennst doch bestimmt einen Weg hinab ins Tal. Ich kann nicht einfach hier bleiben – ich muss weiter!"

„Tja, meine Liebe, tut mir leid für dich. Aber ich war schon lange Zeit nicht mehr im Tal und selbst wenn ich den alten Weg noch finden würde, könnte ich dich nicht begleiten. Er wäre zu anstrengend für mich. Abgesehen davon würdest du dich alleine sicherlich wieder verirren."

Olivias Herz klopfte nervös und viel zu schnell. Sie überlegte krampfhaft, was sie tun könnte. Auf keinen Fall würde sie einfach nur dasitzen und nichts unternehmen. Es musste doch einen Weg geben. Erneut startete sie einen Versuch.

„Du brauchst doch sicherlich auch immer wieder etwas aus dem Tal. Das Petroleum für deine Lampen, Seife und andere Gebrauchsgegenstände. Woher bekommst du all das?"

„Ja, du hast Recht. Einmal im Monat kommt jemand hoch und bringt mir mit, was ich ihm das vorige Mal aufgetragen habe."

Olivia schöpfte Hoffnung. „Und wann kommt dieser Jemand wieder hierher?"

„Er war erst vor drei Tagen da gewesen und wenn es das Wetter zulässt, kommt er in vier Wochen nochmals. Da haben wir aber schon Oktober und es könnte sein, dass es schon den ersten Schnee gibt. Bevor der richtige Winter einsetzt, muss er mir noch Vorräte für drei bis vier Monate bringen, da es dann zu gefährlich wäre, hier hoch zu kommen." Anni hatte all das in völlig ruhigem Ton erklärt, so als sei es die natürlichste Sache der Welt. Nebenbei hatte sie schon Teller und Besteck auf den Tisch gestellt.

Lange Zeit saß Olivia grübelnd da und bemerkte nicht, wie die Zeit verging. Der Duft nach Braten und Kräutern holte sie aus ihren Gedanken zurück. Sie hörte ihren eigenen Magen hungrig knurren. Zwischenzeitlich hatte Anni den frischen Blattsalat angerichtet, das heiße Wasser von den Kartoffeln in die Spüle abgegossen und Töpfe und Schüsseln auf den Tisch gestellt.

Olivia war viel zu sehr mit ihrer verzwickten Situation beschäftigt, um all das zu bemerken. *Wie komm ich hier bloß weg? Ich kann nicht vier Wochen hier oben hocken und nichts tun!*

Wiederum antwortete Anni auf ihre Gedankengänge: „Du scheinst mir vor irgendetwas auf der Flucht zu sein, Kindchen. Vielleicht tut es dir ja ganz gut, mal ein wenig Abstand zu allem zu bekommen. Mach dir keinen Kopf. In ein paar Wochen kannst du wieder zurück und du wirst sehen, die Zeit vergeht schneller, als dir lieb ist. ... So, und nun genießen wir unser Essen. Einverstanden?" Resolut und keine Widerrede akzeptierend beendete sie die Diskussion.

Sie holte den würzig duftenden Hasenbraten aus dem Ofen und stellte die Pfanne auf den Tisch. Gekonnt zerlegte sie den Braten und platzierte ein großes Stück Fleisch auf Olivias Teller. Nun war der Hunger doch stärker als die Grübeleien und Olivia langte kräftig zu. Sie konnte sich nicht erinnern, wann ihr Gaumen derart verwöhnt wurde. Überrascht stellte sie fest, dass sie sich mehr und mehr entspannte. Knöpfchen lag still unter dem Tisch, in froher Erwartung auf ihr Abendessen. Immer wieder rollte sie ihren Blick nach oben zu Anni und hoffte inständig, dass diese ihr noch einen Happen übrig ließ. Als es endlich soweit war und die Alte den Tisch abräumte, stellte sich die Hündin freudig wedelnd neben die Eingangstür.

Anni lächelte verständnisvoll: „Knöpfchen weiß, dass sie jetzt von den Resten was abbekommt und natürlich ist auch ein Hasenbraten etwas Besonderes für sie. Du kannst ihr gleich ihren Napf vor die Tür stellen. Und wenn du willst, lauf ein paar Schritte ums Haus, damit du etwas Bewegung und frische Luft bekommst. Es ist ein milder Abend."

Olivia nahm den Fressnapf entgegen und ging vor die Hütte. Knöpfchen folgte ihr ungeduldig, wusste aber offensichtlich, dass Hochspringen streng verboten war. Olivia stellte ihr Fressen neben den Eingang und freute sich über Knöpfchens Appetit. Bedächtig schaute sie sich auf der Lichtung um. Es war schon beinahe dunkel, doch der klare Abendhimmel gab noch genügend Licht, um die Umgebung zu erkennen. Etwa siebzig Meter von der Hütte entfernt begann der Hochwald. Von dort musste sie gestern Nacht hergekommen sein. Er sah düster und einschüchternd aus mit seinen mächtigen Bäumen und der dahinter beginnenden Finsternis. Sie schaute sich langsam um und stellte fest, dass sich der Waldrand in etwa gleicher Entfernung um die ganze Hütte zog. Rechter Hand begann ein Holzzaun. Neugierig ging sie hinüber und entdeckte einen kleinen Garten. In ordentlichen Bahnen waren verschiedene Gemüse und Salate angepflanzt. Auch ein kleines Blumenbeet befand sich am hinteren Ende der gepflegten Anlage. Olivia war nicht sehr bewandert in Gartenpflege und Pflanzenkunde, doch war selbst für sie eine sorgsame und liebevolle Hand in all dem zu erkennen. Sie umrundete den Zaun und befand sich nun auf der Rückseite der Hütte. Hier war eine kleine Scheune angebaut, wahrscheinlich für die Gartengeräte, Vorräte und anderen Krimskrams. Vor der Scheune stand ein mächtiger Holzblock, in dem eine Axt steckte. *Wer hackt hier wohl das Feuerholz? Anni doch sicherlich nicht. Vielleicht ihr Lieferant, der einmal im Monat zu ihr kommt.* Unter einem kleinen Vordach an der Hütte war fein säuberlich das gehackte Holz aufgestapelt.

Gemächlich schlenderte sie um die nächste Ecke. Da entdeckte sie endlich, was sie gesucht hatte: ein kleines Häuschen für eine Person. Sogar das obligatorische Herz war in die Tür geschnitzt. Schon eine ganze Weile verspürte sie ein dringendes Bedürfnis. Vorsichtig öffnete sie die knarrende Pforte und blinzelte in das Halbdunkel. *Oh Gott, ein Plumpsklo! Dass es so was noch gibt!* Eine halb abgebrannte Kerze stand auf einem kleinen Regal neben dem Sitz. Eine Rolle Papier und eine sauber zusammengefaltete Decke lagen auf der Ablage gegenüber. Olivia musste schmunzeln: *Wohl für besonders kalte Winternächte.* Als sie die Tür von innen verschließen wollte, stellte sie fest, dass es keinen Riegel gab. *Na ja, hier kommt wohl auch sonst kaum einer vorbei, der einen stören könnte.* Sie hob den Deckel der Toilette und beeilte sich, schnell ihrem Bedürfnis nachzugeben. Neben dem kleinen Häuschen fand sich eine große Regentonne und daneben ein Tisch mit einem Krug und einer Schüssel mit Seife darin. Ein sauberes Handtuch hing ordentlich an einem Haken an der Wand. Sie schöpfte mit dem Porzellankrug Wasser aus der Tonne und goss es in die Schüssel. Anschließend fischte sie nach der Seife und begann, Gesicht, Hals und Arme zu waschen. Sie hatte das Gefühl, als würde sich all der Schmutz der vergangenen Monate lösen. Nachdem sie sich erfrischt und sauber fühlte, nahm sie die Schüssel, entfernte sich ein paar Schritte und entleerte sie an einem Holunderbusch. Mit dem restlichen Wasser im Krug spülte sie die Schale aus und stellte alles an seinen Platz zurück. Gemächlich schlenderte sie zurück zum Hütteneingang. Von Knöpfchen war weit und breit nichts zu sehen, aber sie kannte sich hier bestimmt gut genug aus, um nicht verloren zu gehen. Mit einem zufriedenen Lächeln betrat sie die Stube.

4

Die Alte war gerade dabei, das bereits gespülte Geschirr in den Küchenschrank einzuräumen.

„Oh, entschuldige. Ich hätte dir helfen sollen. Und nun bist du schon fertig mit allem“, sagte Olivia beschämt.

Anni winkte ab und deutete auf einen der Stühle am Tisch. „Setz dich und lass uns noch ein wenig reden. … Hast du draußen alles gefunden, was du gesucht hast?“ Olivia konnte sich ein Schmunzeln nicht verkneifen und nickte eifrig.

„Tee?“

„Einen, von dem ich wieder einschlafe?“ fragte Olivia.

„Du bist nicht vom Tee eingeschlafen, Kindchen. Da ist kein Schlafmittel drin gewesen, falls du das angenommen hast. Du warst einfach nur erschöpft.“

Dankbar nahm Olivia die Teetasse entgegen, und auch Anni schenkte sich aus einer gusseisernen Kanne das dampfende Getränk ein. Sie setzte sich gemächlich auf den schlichten Stuhl, nahm ein paar vorsichtige Schlucke und schaute Olivia nachdenklich über den Tassenrand hinweg an. *Ihre Augen sind unglaublich, als ob sie in mich hineinschauen könnten. Beinahe unheimlich, wenn sie nicht diese Wärme in sich tragen würden.* Während sie so dasaßen, spürte Olivia immer stärkeren Druck in ihrer Brust. Ihre Entspannung und Gelassenheit waren plötzlich verflogen. Unter Annis prüfendem Blick hatte sie das Gefühl, sie müsste ihr alles anvertrauen, worüber sie niemals zuvor mit jemandem gesprochen hatte. Unruhig rutschte Olivia auf ihrem Stuhl hin und her. Was passierte da mit ihr? Hatte diese merkwürdige Frau hypnotische Fähigkeiten? *Quatsch, ich kann ja einfach den Mund halten, wenn ich nicht reden will. Wäre doch gelacht, wenn ich nicht auch so tiefsinnig schweigen könnte. Mal sehen, wer von uns es länger aushält!* Mit neuer Selbstsicherheit rutschte sie nun in ihrem Stuhl leicht nach vorn, lehnte sich gelassen zurück und legte sogar ihre Füße auf den neben ihr stehenden Hocker. Die Alte blickte amüsiert vor sich hin; ein leichtes Lächeln umspielte ihren runzligen Mund. *Was grinst die denn jetzt so komisch? Doch nicht etwa wegen mir? Lacht die mich gerade aus oder an?* Olivias Selbstbewusstsein bekam nun doch die ersten Risse. Sie wusste nicht genau, was es war, aber etwas an der Alten wirkte beinahe bedrohlich. *Sie wird ja hoffentlich keine Hexe sein?… Blödsinn, Olivia, nun bleib aber auf dem Boden!*, rief sie sich in Gedanken zur Vernunft. Schon mischte sich eine zweite Stimme in ihren Kopf: *Und was ist, wenn doch? Es soll doch solche Leute geben, die magische Kräfte haben. Wie bei den Voodoos, die kleine Nadeln in Puppen stecken und Krankheiten und sogar den Tod bei ihren Feinden auslösen können Und wer weiß, ob sie nicht doch was in meinen Tee getan hat. So eine Art Wahrheitsdroge. Man hat ja immer wieder mal von so Sachen gelesen.*

In diesem Moment lachte Anni schallend los. Das laute, kehlige Gelächter erfüllte die ganze Stube und war sicherlich noch vor der Hütte weithin zu hören. Es dröhnte fast in Olivias Ohren, die fassungslos auf die Alte starrte. Ihr Kopf bog sich weit nach hinten, so dass Olivia befürchtete, Anni könnte samt ihrem Stuhl umkippen. Nun löste sich sogar noch der Haarknoten in ihrem Nacken und die ersten Strähnen hüpften im Rhythmus ihres bebenden Körpers. Das schallende Gelächter wandelte sich langsam in atemloses Gicksen und Olivia glaubte schon, sie müsse helfend eingreifen, um einen Erstickungsanfall zu vermeiden. Gleichzeitig spürte sie aber auch Wut und ihre Wangen färbten sich verdächtig rot. Ihre Beherrschung ließ deutlich nach und sie hielt verkrampft den Atem an. Um ihre Fassung war es nun endgültig geschehen.

„Nun ist es aber genug, Anni. Hab ich was auf der Nase oder bin ich so eine Witzfigur, dass du dich über mich lustig machen musst?“ Olivia kochte vor Zorn und ballte angriffslustig ihre Fäuste.

Die Alte schnappte atemlos nach Luft und erst nach ein paar tiefen Atemzügen kam sie so zur Ruhe, dass sie zum Sprechen in der Lage war: „Oh, Kindchen, … was ärgerst du dich so? Wäre es nicht viel schöner gewesen, wir hätten uns gemeinsam die Seele aus dem Leib gelacht?“

„Nicht, wenn ich den Eindruck habe, dass über *mich* gelacht wird!“, entgegnete Olivia brüsk.

„Nun ja, um ehrlich zu sein, hattest du auch gerade eine eher witzige Figur abgegeben, als du so mit dir gekämpft hast. Du hättet dich mal sehen sollen … dein stoischer Gesichtsausdruck. Gegen was oder wen hast du dich denn so gewappnet?“ Anni versuchte einen erneuten Lachanfall zu unterdrücken.

Olivia fühlte sich ertappt. „Wieso *gewappnet*? Ich hab's mir bequem gemacht und meinen Tee getrunken. … Was willst du?“

Annis Kichern hatte schlagartig aufgehört und sie schaute Olivia nun tief in die Augen.

„Was willst *du?*“, fragte die Alte nun in drängendem Ton zurück.

Olivia war auf diese Gegenfrage nicht gefasst und zuckte kurz zurück, als wäre sie geschlagen worden. Sie suchte verzweifelt nach einem verbalen Gegenschlag. In ihrem Kopf herrschte gähnende Leere. Resigniert ließ sie ihre Schultern sinken, als würde sie nach einem anstrengenden Kampf endlich einsehen, dass sie verloren hatte. *Was willst du?*, hallte es in ihr nach. *Was war das für eine furchtbare Frage?*

„Ich weiß es nicht mehr“, gab sie nun traurig und gebrochen zu. „Ich dachte, ich hätte es mal gewusst.“ Enttäuscht über diese Erkenntnis starrte sie auf die Tischplatte, als ob sie in deren Maserung Antworten finden könnte.

„Ja, Kindchen, du hast dich unterwegs verloren", entgegnete die Alte ernst.

Wieder spürte sie diese tiefe Betroffenheit, die Annis Worte in ihr auslösten. *Wann hab ich mich verloren und wer war ich vorher? Wo hatte all das seinen Anfang genommen? Hätte ich es verhindern können? … Und wer trug die Schuld daran?* Zusammengesunken kauerte sie auf ihrem Stuhl, die Beine inzwischen auf ihre Sitzfläche hochgezogen, die Arme verschränkt auf den Knien liegend. Filme aus der Vergangenheit liefen in ihr ab und lösten längst vergessene Erinnerungen und Gefühle in ihr aus. Ihre Augen brannten und ihr Mund zuckte verräterisch.

Leise stand die Alte auf, ging zur Tür, nahm eine Wollstola vom Garderobenhaken und schwang sich diese um die Schultern. „Ich schau mal nach Knöpfchen und geh noch eine Runde ums Haus. Wenn du was brauchst, dann komm und hol mich." Schon war sie durch die Tür verschwunden.

Die Stille, die Olivia nun umgab, schaffte Raum in ihr; Raum, vor dem sie sich lange Zeit gefürchtet hatte. Leere hatte sie schon oft in sich gefühlt, begleitet von Verzweiflung und Trauer, eine, die nichts Gutes für einen bereit hielt, die schmerzte und müde machte und einen einsam und verloren dastehen ließ.

Es gab aber wohl noch eine andere Leere, wie sie jetzt feststellte. Eine, die Platz für ein Erkennen machte und Klarheit schuf. Wie sie gerade auf all diese Gedanken kam, war ihr schleierhaft. Sie hatte selten philosophische Eingebungen. Diese Stille in ihr fühlte sich jungfräulich an, noch unbeschmutzt und frei von persönlichem Urteil.

Was willst du? Diesmal war es nicht die Stimme der Alten, die diese Frage in ihr stellte; sie war leise, kaum zu hören und unendlich sanft. *Was willst du und wer bist du wirklich?*, fragte die Stimme in ihr weiter. Olivia lauschte in sich hinein. Woher kam diese Stimme? Sie war ihr nicht wirklich fremd, konnte sich aber auch nicht bewusst erinnern, sie jemals gehört zu haben. Wieder Stille. Sie spürte nach, hielt den Atem an, holte tief Luft und ließ sie langsam durch ihren leicht geöffneten Mund herausströmen. *Suche nach dem Sinn!*, sagte die Stimme in ihren Gedanken zu ihr. *Welchen Sinn?*, fragte Olivia zurück. *Welchen Sinn meinst du? ... Der, warum ich hier bin? Oder der, weshalb Leni sterben musste?* Keine Antwort. ... Stille ... *Warum das Ganze? Was sollte das für einen Sinn haben? Warum bin ich überhaupt am Leben?*, rief sie verzweifelt in die Stille. Heftiges Atmen, beginnende Panik, dann plötzlich wieder Ruhe und in aller Klarheit stieg eine Antwort in ihr auf: *Das ist es: Suche nach dem Sinn!* Sie hatte das Gefühl, soeben auf etwas Wesentliches gestoßen zu sein, konnte aber nicht klar erkennen, was es war. Es schien ihr, als hätte sie eine unbekannte Tür in sich aufgestoßen. Unruhe machte sich breit; nicht unangenehm, eher neugierig, ein wenig ängstlich vielleicht, aber doch mit einer ungewissen Vorfreude verbunden.

Sie lief zur Tür, riss sie stürmisch auf und blickte sich aufgeregt suchend in der Dunkelheit nach Anni um. Olivia entdeckte sie am Gartenzaun. Knöpfchen saß neben ihr und sie streichelte der Hündin zärtlich über den Kopf. Dieses Bild von vertrauter Zweisamkeit rührte Olivias Herz. Ihre Eile war verschwunden. Langsam schritt sie auf die beiden zu und stellte sich schweigend daneben. Im Mondlicht konnte sie das Gesicht der Alten erkennen. Es wirkte weich und jung und Olivia nahm erneut diese Woge von Wärme und Geborgenheit wahr.

Sie atmete tief ein, bevor sie sprach. „Anni, weshalb bin ich hier? Nicht hier in diesem Wald, sondern hier auf dieser Welt? Was ist der Sinn meines Lebens?“

Die Alte hob langsam ihren Arm, legte ihre Hand auf Olivias Kopf und streichelte ihr ebenso zärtlich über die Haare, wie kurz zuvor bei Knöpfchen. Ein dankbares Lächeln zog sich über ihre Lippen. „Gut gemacht, Olivia!"
Zum zweiten Mal hatte Anni sie beim Namen genannt.

5

Der nächste Morgen gab schon einen Vorgeschmack auf den nahen Herbst. Annis Hütte lag etwa 500 Meter unterhalb der Baumgrenze. Darüber stieg nur noch der blanke Berg auf. Ganz oben lag Schnee. Das reine Weiß leuchtete in der Morgensonne, doch weiter unten lag noch alles im Schatten der Bergwelt. Leichter Nebel lag über der Lichtung und das Gras war feucht vom Tau. Olivia huschte schnell wieder in die Hütte. Nur mit Morgenmantel und ein paar Hausschlappen bekleidet, kam sie vom Toilettenhäuschen zurück. Sie war es nicht gewohnt, bei Kälte ihre Notdurft zu verrichten und so wartete sie damit immer, bis sie es kaum noch aushalten konnte, um möglichst schnell damit fertig zu werden.

Bibbernd stellte sie sich vor den Kamin, den Anni schon im Morgengrauen angeschürt hatte. Wo war die Alte eigentlich? Ihre Pritsche stand leer an der Wand und das Bettzeug lag ordentlich zusammengefaltet darauf. Auch Knöpfchen stand nicht wie gewohnt neben ihr, als sie aufwachte. Die Hündin hatte es sich zu eigen gemacht, Olivia beim zu Bett gehen noch einmal die Pfote auf den Unterarm zu legen und damit um ein letztes Ohrkraulen zu betteln. Ebenso stand sie morgens neben ihr, wenn Olivia die Augen aufschlug und blickte sie mit ihren wachen, treuen Hundeaugen erwartungsvoll an. Nach ein paar innigen Streicheleinheiten ließ sie Olivia dann aufstehen und ging ihr nicht mehr von der Seite. Heute jedoch war offensichtlich niemand zu Hause.

Sie beschloss, den Ofen anzufeuern und den Wasserkessel für den morgendlichen Kaffee aufzusetzen. Anschließend holte sie den Brotkorb aus einem Küchenschrank und trug ihn zusammen mit Butter und Honig zum Tisch. Das Geschirr nahm sie aus den Hängeschränken über der Spüle – all das war ihr schon so vertraut, als würde sie schon eine Ewigkeit hier leben. Zu Hause würde das Radio laute Musik plärren, die Zeitung läge bereit und warmer Kaffee stünde auf dem Tisch. Manuel ging immer schon sehr früh in seine Kanzlei und so hatte sie noch eine Stunde Zeit für sich. Aber womit hatte sie diese Zeit genutzt? Sie hatte es vergessen. Wohingegen die Stille hier oben nur vom Vogelgezwitscher unterbrochen wurde und ab und zu durch ein leises Knistern des Holzfeuers. Nichts lenkte ihre Sinne ab von dem, was sie gerade tat. Jeder Handgriff war ihr bewusster als früher. Damals hatte sie alles mechanisch und ohne großes Nachdenken erledigt, in Gedanken meist schon bei dem bevorstehenden Tag mit all seinen Erledigungen und Pflichten.

Aufmerksam ordnete sie alles auf dem Tisch an, rückte hier ein wenig und schob dort ein wenig nach, bis es in ihren Augen Wohlgefallen fand. *Fehlen nur noch Blumen*, überlegte sie. Sie schaute sich nach einer Vase um und fand sie auf dem Bücherregal. Mit einem kleinen Messer bewaffnet verließ sie die Hütte, um im Garten nebenan ein paar Astern zu pflücken. Kaum war sie damit fertig, hörte sie aufgeregtes Hundegebell. Erschrocken blickte sie zum gegenüberliegenden Waldrand und sah dort Anni auf einem kleinen Pfad heraus auf die Lichtung treten.

Knöpfchen hüpfte aufgeregt neben ihr her und ihr Frauchen sprach beruhigend auf sie ein. Beim Näherkommen erkannte Olivia, dass Anni eine schwere Last auf den Schultern trug. Sie lief leicht nach vorn gebeugt, was trotz ihres Alters sonst gar nicht ihre Art war.

Nur noch etwa zwanzig Meter von Olivia entfernt, rief sie ihr zu: „Komm her, Kindchen, du kannst mir helfen."

Olivia löste sich aus ihrer Verwunderung und eilte zu ihr.

„Meine Güte, du hast ja ein Reh auf dem Rücken!", rief sie erstaunt aus. „Wo hast du denn das her?"

„Na, was glaubst du denn, wie man zu einem Reh kommt? Entweder man kauft es beim Metzger oder man erlegt es. Und hast du hier irgendwo einen Metzger herumlaufen sehen?"

Erst als Olivia ihr half, das Reh vom Rücken zu heben, sah sie das Gewehr, welches Anni schräg geschultert hatte. Wie angewurzelt hielt sie inne und starrte auf die Waffe. „Anni, *du* gehst zur Jagd?"

„Ja meinst du, ich lebe hier oben von Luft und Liebe? Ich kann mich doch nicht nur von Gemüse und Wurzeln ernähren. Da würde ich die harten Winter wohl kaum überleben – und Knöpfchen auch nicht." Wie zur Bestätigung tätschelte sie Knöpfchens Haupt.

Das Waldtier war zwischen den Hinterläufen bereits aufgeschnitten und bis zum Rippenansatz zog sich die Öffnung des Leibes fort. Olivia schüttelte sich: „Igitt, das sieht ja schrecklich aus! Wie kannst du denn so was machen?"

Die Alte zog gelangweilt die Augenbrauen nach oben und verzog spöttisch den Mund. „Ja, gell, es ist einfacher sein Steak verpackt im Supermarkt zu kaufen, als sich damit auseinanderzusetzen, wo es wohl herkommt und dass es mal recht lebendig über die Wiesen gezogen ist. Wenn ihr zivilisierten Menschen einem Tier in die Augen blickt, dann ist es für euch ‚süß'. Aber wenn es auf eurem Teller liegt, dann ist es plötzlich ‚lecker'."

Olivia schwieg betreten. Sie musste ihr Recht geben, sie hatte darüber tatsächlich noch nie nachgedacht.

„Es gibt eine Redensart, Kindchen: ‚Du sollst nichts zu dir nehmen, was du nicht selbst anbauen oder töten könntest.' Im Übrigen: Hier, der Aufbruch. Das ist die Leber, das Herz und die Nieren. Unser Mittagessen. Es wird dir schmecken." Ihr Gewehr lehnte sie an die Hüttenwand, nahm das Reh an den Vorderläufen und zog es zur hinteren Scheune. Olivia und Knöpfchen folgten ihr gespannt – die eine nachdenklich, die andere freudig auf einen Leckerbissen hoffend. Die Alte öffnete die Scheune und zog das tote Tier hinein, dann ließ sie es sachte los und legte es beinahe ehrfürchtig auf dem Boden ab. Jeder Handgriff von ihr strahlte Liebe und Respekt vor dem Reh aus, das sie mit eigener Hand erlegt hatte. An der hinteren Scheunenwand waren in Mannshöhe zwei Haken angebracht. Darunter stand eine große Wanne. Sie nahm ein Messer aus ihrem Hüfthalfter und schlitze an den Hinterläufen zwischen Knochen und Sehne die Haut auf. Dann zog sie das Waldtier kraftvoll so weit nach oben, bis sie es mit den Öffnungen jeweils an einem Haken aufhängen konnte. Olivia stand fassungslos daneben – all das hatte etwas Ursprüngliches, Archaisches an sich. Für einen Moment sah sie sich in einem Dorf aus der Steinzeit von lauter Menschen umgeben. Frauen und Kinder mahlten mit einem Stein Weizenkörner auf einer Steinplatte zu Mehl, Männer zogen das erlegte Wild ab und andere hängten einen Balg zum Trocknen auf.

Olivia beobachtete jeden Handgriff, den Anni tat und fand mit der Zeit nichts Anstößiges mehr daran. Fast war es ganz selbstverständlich, was sich hier vor ihren Augen abspielte. Anni nahm den Krug mit frischem Wasser auf, den sie hereingetragen hatte und spülte das Tier innen aus. Offensichtlich hatte sie die Innereien schon kurz nach dem Erlegen aus dem aufgebrochenen Reh entfernt. Jeder Handgriff der Alten war routiniert und dennoch voller Sorgfalt und Achtung. Ein Umstand war für Olivia unbegreiflich: Woher nahm Anni die körperliche Kraft für all das? Trotz ihrer Drahtigkeit und Lebensstärke war sie sicherlich schon weit über die siebzig. Was war das Geheimnis ihrer mentalen und physischen Stärke? Dies war wieder einer jener Momente, in denen Olivia an eine übermenschliche Kraft in Anni glaubte. *Bei Gelegenheit muss ich sie danach fragen. Ich will wissen, wie sie das alles macht.*

Schweigend verließen sie den Schuppen. Die Alte wusch sich an der Waschstelle gründlich die Unterarme und Hände, schrubbte mit einer Bürste ihre Fingernägel, kontrollierte anschließend, ob alles an ihr gesäubert war und trocknete sich kräftig ab. Vor dem Hütteneingang hatte Olivia ihre im Garten gepflückten Astern abgelegt. Sie hob das Sträußchen auf, trug es in die Hütte und platzierte es in der bereits auf dem Tisch stehenden Vase, während Anni ihre Waffe und den Rucksack versorgte. Mit einem Lächeln betrachtete die Alte den gedeckten Tisch, blieb kurz neben ihrem Stuhl stehen, verharrte beinahe andächtig einen kurzen Moment, setzte sich dann langsam nieder und schloss die Augen. Interessiert beobachtete Olivia ihr Ritual. Auch sie überkam plötzlich das Bedürfnis die Augen zu schließen und diesen friedlichen Moment auf sich wirken zu lassen. Während sie so entspannt da saß und der Ruhe in sich nachspürte, überkam sie ein Gefühl tiefer Dankbarkeit und Freude. Instinktiv suchte sie nach Annis Hand auf der Tischfläche, fand sie nach kurzem

Tasten und umschloss sie mit leichtem Druck. Sie nahm die faltige, warme Haut ihrer Tischnachbarin wahr. Selbst in diesem ruhenden Zustand strahlte die kleine Hand Kraft und Zärtlichkeit gleichermaßen aus. Ein Kribbeln zog langsam durch ihre Fingerspitzen in die Handfläche, verstärkte sich dort bis zu einem dumpfen Pochen, floss weiter durch ihre Arme hinauf in den Oberkörper, sammelte sich im Brustbereich um den Solarplexus und entlud sich dort in einem hellen Blitz. Ein wahres Feuerwerk an gleißendem Licht breitete sich in Olivia aus und es war ihr, als würde sie explodieren. Unfähig sich zu bewegen, nahm sie kaum ihren Körper wahr, fühlte eine alles erfüllende Wärme in sich, glaubte in einem Feuerball zu stehen und war für einen Augenblick dieser Welt entrückt. Dann zog etwas in ihr, drängte aus ihr heraus, sie glaubte zu schweben, blickte auf sich selbst herab, auf den Tisch, die Stube, ihr Bewusstsein dehnte sich aus über die Hütte und die ganze Lichtung. Sie blickte auf die Berge herab, sah all das aus weiter Ferne und staunte über die Schönheit der Wälder und Seen, bis sie letztlich auf die leuchtend blaue Erdkugel niedersah und sich unendlich weit und frei fühlte. Ihr Bewusstsein umschloss alles und nahm es gleichzeitig in sich auf – und dieses Ganze schloss auch ihren Körper mit ein. Zeit und Raum flossen dahin und spielten keine Rolle mehr, ein Gestern und ein Morgen gab es nicht, nur dieses ewig grenzenlose Jetzt. Sie wollte weiter, viel weiter, wusste nicht wohin, spürte wieder einen Sog, drängte zurück in diese Welt, in ihren Körper, hörte aus weiter Ferne ihren Namen rufen: „Olivia. Komm.“, fühlte einen kräftigen Händedruck in ihrem Nacken und öffnete abrupt ihre Augen.

„Wie? … Was war das? … Anni!“, stammelte sie verwirrt.

Die Alte massierte ihren Hals und ihre Schultern, strich ihr über den Rücken und über den Kopf. Wie in Zeitlupe bewegte sie sich zu ihrem Stuhl zurück, setzte sich Olivia gegenüber und hatte wieder dieses helle strahlende Silbergrau in ihren Augen. „Ist gut, Kindchen. Du warst auf Reisen“, antwortete sie ernst.

Olivias Blick war noch nicht ganz geschärft, alles um sie herum war verzerrt. Sie blinzelte mehrmals. Nach und nach klärte sich ihre Umgebung, bekam Konturen und Tiefe. „Anni, ich war außerhalb meines Körpers. Ich hab sogar die Welt von oben gesehen, als säße ich auf einem Stern. Ach was, ich *war* dieser Stern und alles zusammen!“ Ihre Stimme bebte vor Erregung und Fassungslosigkeit. Sie atmete einige Male tief durch, versuchte sich zu beruhigen. Anni ließ ihr Zeit. Nach einer kurzen Pause erzählte Olivia weiter, ihren Blick auf einen imaginären Punkt in der Ferne gerichtet: „Es war so wunderschön! Ich fühlte mich so frei, so … .“, sie suchte nach dem passenden Wort, „so unbelastet und unbeschwert. Als wäre ich mit allem verschmolzen.“

Anni lächelte versonnen. „Ja, Olivia, du warst weit weg – und doch hier. Du hast erfahren, wie groß du wirklich bist. In Wahrheit bist du sogar noch viel, viel größer.“

Nachdenklich blickte Olivia in Annis altes, und doch so eigentümlich schönes Gesicht. „Ich wäre noch weiter, aber mich hat jemand zurückgerufen. Ich war traurig in diesem Moment und wollte nicht zurück. Es war so schön dort.“ Sie hielt inne, da ihr eine Frage auf den Lippen brannte. Sie nahm ihren ganzen Mut zusammen: „Hast du mich gerufen?“

„Ja, sonst wärst du mir *abhanden* gekommen. Ich denke, das war genug Abenteuer und Erfahrung für heute. Lass uns jetzt frühstücken, ich hab mächtigen Hunger.“

„Aber Anni, ich hab so viele Fragen. Muss ich mir Sorgen um meinen Geisteszustand machen? Erklärst du mir das alles? Ich kann jetzt keinen Bissen herunterbekommen.“

„Später. Wir werden noch viel Zeit haben zum Reden. Und um deinen Geisteszustand musst du dir zum ersten Mal im Leben *keine* Sorgen mehr machen!“, lachte die Alte und begann genüsslich ein Honigbrot zu schmieren und reichte es Olivia.

Vorsichtig biss Olivia in die Scheibe, kaute zunächst langsam und nachdenklich. Je mehr sich der Geschmack des Honigs und der frischen Butter in ihrem Mund entfaltete, desto mehr spürte sie, wie hungrig sie eigentlich war. Kaum hatte sie das erste Brot verschlungen, griff sie schon zum nächsten und verspeiste es mit großem Appetit.

6

Am Nachmittag machten sie sich zu einem Spaziergang auf. Olivia wollte mehr von der Umgebung kennenlernen. Anni nahm einen langen Stock mit sich, den sie bei jedem Schritt gemächlich aufsetzte und wieder nachzog. Knöpfchen war begeistert von der Abwechslung und sprang fröhlich voraus. Hier und da schnüffelte sie an einem Baumstumpf oder Erdhügel, löste sich und markierte besonders interessante Stellen. Ihre Rute streckte sie steil auf, wenn sie auf einer frischen Fährte war. Konzentriert folgte sie der unsichtbaren Spur, untermalte dies mit sanftem Wedeln und ließ schließlich davon ab, wenn sie feststellte, dass eine Verfolgung nicht lohnen würde. Wortlos gingen Anni und Olivia einen schmalen Waldpfad entlang. Er lag so versteckt, dass Olivia bezweifelte, ihn je alleine wiederfinden zu können. Noch immer wirkte ihr Erlebnis vom Morgen nach. Ständig schwirrten Erklärungsversuche durch ihren Kopf; Erklärungen für etwas, wofür es in ihrem Verständnis keine gab. Sie suchte nach Antworten auf ihre Fragen und hatte sich den ganzen Tag über beherrschen müssen, um Anni nicht damit zu nerven. Sie hatten gemeinsam die Hütte gereinigt und geschrubbt, die Schränke ausgeräumt und nach feuchtem Auswischen und trocknen lassen wieder eingeräumt, die Federbetten vor der Hütte über Holzständer zum Lüften in die Sonne gehängt, – „Das ist gut für die Daunen. In der Sonne gehen sie auf wie eine Blume und werden wieder flauschig“ – das Plumpsklo geleert (dabei hatte Olivia zunächst nur aus einigem Abstand zugesehen, bis Anni sie zum Mithelfen aufforderte), Wäsche mit einem alten Waschbrett geschrubbt und die Fenster geputzt, bis sie glänzten. Bei all der vielen Arbeit hatte Olivia kaum Zeit zum Grübeln und Fragen gehabt. Die Bewegung und Beschäftigung hatten ihr gut getan und sie fühlte sich gestärkt und guter Laune – wenn da nicht diese quälenden Fragen wären.

Nachdem sie schon ein ganzes Stück gewandert waren, drängte sich eine dieser Fragen einfach aus Olivia heraus: „Anni, bist du eine Magierin?“

Die Alte blieb abrupt stehen. „Eine Magierin? Wie kommst du denn da drauf? Weißt du überhaupt, was eine Magierin ist?“

„Nun, Magier sind Leute, die Gedanken von anderen lesen können, Gegenstände ohne zu berühren bewegen, mit Geistern reden und geheimnisvolle Kräfte besitzen“, antwortete Olivia überzeugt.

Anni lachte kurz auf. „Ja, so ähnlich sind diese Leute wohl. Du sprichst von Telepathie und Telekinese. Die einen sagen, dies sei möglich, die anderen sind der Meinung, das seien alles nur Tricks. Ich neige dazu, zu behaupten, dass es sich überwiegend auch um Tricks handelt. Zweifelsohne gibt es aber im Menschen und der Natur Kräfte, mit denen man aus wissenschaftlicher Sicht unerklärliche Dinge bewerkstelligen kann. Seit Jahrtausenden gibt es immer wieder Belege für Wunder und außergewöhnliche Ereignisse. Ich glaube sogar, dass in uns allen die Gabe steckt, Wunder zu vollbringen, wenn wir sie mit den richtigen Motiven anwenden. Das könntest du auch, wenn du das Wissen über Energie und Materie hättest und deine Gedanken kontrollieren könntest.“ Während sie sprach, wandte sie sich wieder dem Pfad zu und schritt gemächlich weiter.

„Ich kann sehr wohl meine Gedanken kontrollieren! Ich denke, was ich denken will“, empörte sich Olivia über Annis anmaßende Bemerkung.

Diese zog spöttisch eine Augenbraue nach oben – wie sie es immer tat, wenn sie einen nicht ernst nahm. „Bist du dir da sicher?“

„Ja, natürlich. Na zumindest meistens. Niemand befiehlt mir, so oder so zu denken. Das entscheide doch ganz alleine ich, oder nicht?“

„Da hast du wohl recht: niemand befiehlt dir, was du denken sollst. Und dennoch hab ich den Eindruck, dass dich deine Gedanken manchmal ganz schön quälen. Aber möglicherweise magst du ja quälende Grübeleien.“

„Aber Anni, jeder hat doch solche Sachen im Kopf. Zum Beispiel wenn man im Bett liegt und schlafen möchte, da kommen die Dinge doch einfach so. Da kann man doch nichts dagegen machen!“, erklärte Olivia selbstbewusst.

„Nun ja, auf die Menschen, die *du* bisher kanntest, mag das zutreffen. Aber um ehrlich zu sein, sehe ich wenig Sinn darin, sich mit dieser Art zu denken selbst zu quälen. Und wenn du denkst, was du denken willst, wieso stellst du es dann nicht einfach ab?“, stellte Anni die Gegenfrage.

Olivia überlegte. „Möglicherweise hab ich nicht über alle Dinge, die in meinem Kopf ablaufen, die Kontrolle, aber doch über das Meiste."

„Kindchen, ich glaube, das ist die größte Illusion der Menschheit. Üblicherweise denkt kein Mensch, was er denken will, sondern in ihm *wird gedacht.*"

„Was soll das heißen? Wer sollte denn sonst in mir denken außer ich selbst?"

„Dein Unterbewusstsein, deine Erinnerungen, verdrängte Erlebnisse, die ins bewusste Denken hochdrängen, weil sie nie verarbeitet wurden, all das spielt sich in deinem Kopf ab, ob du willst oder nicht. Und du spielst ständig und immer wieder die alte Leier von Enttäuschungen durch, von Menschen, die dir scheinbar Böses angetan haben, Ungerechtigkeiten und verpassten Situationen. Und das Ganze wird noch vermischt mit einer Prise Neid, einer Kelle voll Wut und einem Berg von bösen Vorahnungen, von dem, was wohl in Zukunft auf dich zukommen mag. Hab ich nicht recht?"

Olivia war sprachlos. *Sie hat recht. Genau so ist es!* Sie war erschüttert über die Erkenntnis, dass dies tatsächlich alles in ihr passierte, ohne dass sie je Einfluss hätte darauf nehmen können.

„Aber warum ist das so? Wieso kann ich nicht einfach nur sagen: Hört auf ihr bösen Gedanken. Ich will euch nicht?"

„Das könntest du schon, wenn du genug Disziplin in dir hättest, um deine Denkgewohnheiten zu ändern. Aber vor allem brauchst du sehr viel Mut, weil du auf dem Weg dahin zu aller erst *dir selbst* begegnest. Und dabei könntest du entdecken, wer oder was du bis heute warst und noch bist. Ich sage dir, das kann sehr unangenehm sein. Deshalb lassen es die meisten Menschen auch bleiben. Die wenigsten haben den Mut, sich selbst so zu betrachten, wie sie sind, mit all den hässlichen Seiten, die jeder in sich trägt. Da redet man sich doch lieber ein, dass die anderen schuldig sind, wenn etwas nicht so läuft, wie man es will."

„Aber es ist doch manchmal auch wirklich so, dass andere Schuld an der eigenen Misere trifft. Es gibt doch gewisse Umstände, für die man nichts kann. Die passieren einem doch einfach."

„Ja, Kindchen, wenn du denkst, dass es so ist, dann ist es auch so."

„Was willst du damit sagen?", fragte Olivia verunsichert.

„Damit will ich sagen, dass *du* ganz allein *deine* Welt mit *deinen* Gedanken erschaffst. Das ist die Macht der Gedanken."

Diese Aussage verschlug Olivia die Sprache. Das hatte ihr noch nie jemand gesagt. In ihr begann es rasend zu arbeiten. Sie versuchte krampfhaft zu erfassen, was sie soeben gehört hatte. Was wäre, wenn Anni recht hätte? Sie ahnte mehr, als dass sie verstand. Aber das allein reichte schon aus, um ihre Gehirnwindungen heiß laufen zu lassen.

„Aber Anni, passiert dir nie etwas Unangenehmes?"

„Manchmal schon – aber ziemlich selten", antwortete diese völlig gelassen.

„Aber wer will denn schon ernsthaft, dass ihm Unangenehmes widerfährt?", rief Olivia brüskiert aus.

„Wer will schon ernsthaft ständig quälende Gedanken in seinem Kopf rumspuken haben?", fragte Anni keck zurück.

„Aber das ist doch etwas völlig anderes. Dagegen kann ein normaler Mensch wie ich doch nichts tun."

„Dann sage ich es mal so: Ich behaupte, dass mir weit weniger Unangenehmes widerfährt als dir. Und wenn ich, was äußerst selten ist, doch mit etwas konfrontiert werde, was ich nicht sonderlich prickelnd finde, so versuche ich, die Situation erst einmal anzunehmen und schaue, was ich daraus lernen kann. Als Nächstes behaupte ich, dass ich wesentlich schneller eine Lösung finde, wie du", sagte Anni herausfordernd.

„Das glaub ich wohl. Du musst dich hier auf deinem einsamen Berg ja nicht mit anderen Menschen abgeben. Da kann man leicht so reden, wenn man nicht mit den alltäglichen Herausforderungen konfrontiert wird!", schimpfte Olivia erbost.

Anni schwieg.

So, das hat gesessen. Jetzt fällt ihr nix mehr drauf ein, dachte Olivia selbstherrlich. Doch trotz ihres scheinbaren Sieges fühlte sie sich nicht sonderlich wohl. Es wollte irgendwie keine Freude in ihr aufkommen. *Was macht sie denn mit mir? Wieso schweigt sie mich denn so an? ... Dann schweige ich eben auch. Dann werden wir ja sehen, wer den längeren Atem hat.*

Eine Weile ging das gut, bis sie an einen kleinen Bachlauf kamen, der von einem plätschernden Wasserfall aus dem Hang heraus genährt wurde.

„Oh, das ist ja ein schönes Plätzchen", rief Olivia freudig aus. Ihr Schweigegelübde hatte sie vergessen. „Hier könnte ich ja duschen. Ginge das?"

„Selbstverständlich. Es ist zwar schon etwas frisch, aber wenn wir uns dort auf die Steine setzen, kannst du anschließend in der Sonne trocknen. Ich hab auch noch ein kleines Handtuch in meinem Rucksack. Ich komme nämlich auch immer zum Baden hierher. Solange du beschäftigt bist, gehe ich ein paar Kräuter sammeln. Meine Vorräte gehen zur Neige und bevor der Winter kommt, muss ich sie noch auffüllen." Und schon war sie verschwunden.

Olivia machte sich daran ihre Kleider abzulegen. Vorsichtig hielt sie zuerst prüfend ihre Arme in den Wassersturz. „Huch, das ist aber kalt!", rief sie fröstelnd aus. Mutig stellte sie sich ganz in das kalte Nass hinein, schauerte kurz, drehte sich dann aber wohlig hin und her und rieb sich kräftig ab. Ihr Kreislauf kam ordentlich in Schwung und sie begann leise ein Liedchen zu trällern. Nach einigen Minuten stieg sie ans Ufer und setzte sich dort nackt auf die warmen Steine. Die Baumkronen hatten direkt über ihr genug Platz gelassen, um der Sonne einen Weg zu bahnen. Sie hob ihr Gesicht in die hellen Strahlen und schloss die Augen.

Zunächst saß sie entspannt und mit leerem Kopf einfach so da; dann kam ihr die Szene mit Anni wieder in den Sinn, als sie ihr vorwarf, dass sie in ihrer einsamen Hütte ja keine Herausforderungen zu meistern hätte. Das ungute Gefühl kam unmittelbar hinterher. Warum hatte sie Anni so angegriffen? War da etwas, was sie selbst nicht hören wollte? Und vor allem: hatte Anni tatsächlich keine Herausforderungen in ihrem Alltag? Sie kannte sie doch gar nicht. Sie wusste nichts über das Leben der Alten und auch nichts davon, woher sie kam und was diese in früheren Jahren erlebt hatte. Was veranlasste einen Menschen dazu, in dieser Abgeschiedenheit zu leben? Hatte sie sich womöglich auch irgendwann einmal aus Schmerz und Leid von der Welt zurückgezogen, so wie sie, Olivia, es jetzt gerade tat? Je länger sie darüber nachdachte, desto mehr fiel ihr ihre eigene Arroganz während der Diskussion mit Anni auf. Scham machte sich in ihr breit. *Ich muss mich unbedingt bei ihr entschuldigen. So ein Mist, da bin ich ganz schön ins Fettnäpfchen getreten.*

Sie musste wohl eingedöst sein, denn ohne dass sie es bemerkt hatte, stand Anni vor ihr und lächelte sie an. Ihr Korb war voller Kräuter.

„Hallo, Kindchen. Hast du es dir gut gehen lassen?“, fragte sie freundlich.

Olivia räkelte sich wohlig. Erst da fiel ihr auf, dass sie immer noch nackt auf dem Stein lag. Schnell griff sie zu ihren Kleidern, um sich anzuziehen.

Die Alte lachte laut auf. „Na na, du wirst dich doch nicht vor mir schämen? Wer hat dich denn im Fieber gewaschen, als du dich gesund geschlafen hast?"

Olivia nestelte verlegen an ihrer Hose. „Ist wohl ein Reflex gewesen. Entschuldige. Natürlich schäme ich mich nicht vor dir. ... Obwohl, eigentlich doch. Aber nicht wegen meiner Blöße", stammelte sie.

Anni hatte sich inzwischen am Ufer des Baches niedergelassen. Gemächlich zog sie Schuhe und Strümpfe aus und ließ ihre Füße ins Wasser baumeln. Zufrieden schaute sie einem Blatt nach, welches an der Oberfläche schwimmend dem Bachlauf folgte.

Als sie keinerlei Anstalten machte, Olivia zu fragen, was sie mit ihrer Bemerkung meinte, ergriff Olivia die Initiative und sprach einfach weiter: „Ich habe vorschnell geurteilt, als ich dich wegen deiner Zurückgezogenheit angegriffen habe. Das tut mir leid. Ich wollte nicht so aggressiv sein – ich weiß auch nicht, was mit mir los war."

Die Alte wandte ihren Blick ab von dem treibenden Blatt und sah Olivia tief in die Augen. Sie schien in sie einzutauchen und da leuchtete auch wieder dieses helle Silbergrau. Als würde man einen Hasen hypnotisieren, saß Olivia stocksteif da und konnte ihren Blick nicht abwenden.

„Ja, ich glaube dir, dass es dir leid tut. Aber ist es damit auch getan?", fragte die Alte mit tiefer Stimme.

„Äh, wie meinst du das? Was kann ich noch tun, damit du mir vergibst?", fragte Olivia überrascht zurück.

„Was willst du denn machen, wenn es dir noch mal passiert, dass du einen Menschen vorschnell be- und verurteilst? Willst du dich dann wieder einfach entschuldigen?"

Olivia war ratlos. Mit dieser Frage hatte sie wahrhaft nicht gerechnet. „Was sollte ich denn sonst tun, wenn es mal aus mir rausbricht. Ich hab das ja nicht absichtlich getan“, versuchte sie sich zu rechtfertigen.

„Sagten das auch diejenigen, die *dich* mit ihren unbedachten Äußerungen verletzt haben? Dann würde ich gerne wissen, wie du darauf reagierst, wenn sie sich beim zweiten, dritten und vierten Mal wieder dafür entschuldigen.“

Olivia kam ins Grübeln. Sie ahnte schon, worauf Anni hinauswollte. Und wieder einmal wurde ihr schmerzlich klar, dass sie Recht hatte.

„Kindchen, versteh mich nicht falsch, ich will dich nicht bedrängen. Aber wie willst du etwas in deinem Leben ändern, wenn du nicht über dich nachdenkst? Wie willst du dich erkennen, wenn du nicht in den Spiegel schaust? Deswegen bist du doch hier bei mir.“ Annis Stimme war immer leiser geworden. Zum Schluss war es nur noch ein Flüstern.

Olivia musste sich sehr konzentrieren, um sie noch zu verstehen und dennoch klang jedes Wort klar und deutlich in ihrem Kopf nach. Annis letzter Satz hinterließ einen merkwürdigen Nachhall in ihr. „Dass ich bei dir bin, ist doch reiner Zufall. Ich wusste doch nicht einmal, dass es dich gibt“, warf sie ebenso leise ein. Doch etwas sagte ihr, dass ihr Einwand überflüssig war.

„Vergiss es! Ein wesentlicher Teil von dir wusste sehr wohl, dass es mich gibt. Und dieser Teil hat mich gesucht und gefunden. Sonst wärst du nie und nimmer auf die Idee gekommen, ein so waaghalsiges Abenteuer zu unternehmen – du, die sonst immer so auf Kontrolle und Sicherheit aus ist. Was glaubst du, welcher Teil dich von deinem Heim weggetrieben hat, Hunderte von Kilometern weit in diese einsame Bergwelt?“

Olivia überlegte – und da fiel ihr ein Satz ein, den Anni bei ihrem nächtlichen Eintritt in die Hütte gesagt hatte. Er war ihr schon damals merkwürdig vorgekommen, aber vor lauter Erschöpfung hatte sie nicht weiter drüber nachgedacht. „Du sagtest, du hättest mich schon erwartet. Wie ist das möglich?"

„Indem ich mich auf die Kraft in mir besinne, die uns alle miteinander verbindet. Die Menschen glauben, sie seien getrennt voneinander und jeder sei ein Individuum, das still vor sich hinlebt und schauen muss, dass es irgendwie im Leben vorwärtskommt. Als Mensch sind wir sicher individuell. Keinen von uns hat es je ein zweites Mal gegeben. Aber über die Kraft in uns, die uns erschaffen hat, sind wir alle ein großes Ganzes. Wer sich an diese Kraft erinnert und sie sich bewusst macht, der weiß auch, dass er zu nichts und niemandem in Trennung lebt. Dies ist der Teil in dir, der dich aufgefordert hat, diese Reise zu unternehmen. In Wahrheit war es von Anfang an eine Reise zu dir selbst."

„Welche Kraft ist das?"

„Nenn sie wie du willst. Jede Religion und Glaubensrichtung hat ihre eigene Bezeichnung. Gott, Allah, Manitu, ... es ist immer ein- und dieselbe Energie. Ganz pragmatische Denker sprechen von der Ewigkeit, Unendlichkeit und dem unbekannten Faktor. Wieder andere nennen sie einfach nur Liebe." Annis Stimme war immer noch ein Flüstern, doch so voller Wärme und Eindringlichkeit, dass sie Olivia vollkommen in ihren Bann zog.

Dennoch spürte sie eine Traurigkeit, die sie wieder an ihr Leben erinnerte. „Der Gott, den ich kenne, ist ziemlich grausam", murmelte sie ernüchtert.

Anni nahm ihre Hand, legte sie sacht zwischen die ihren, und streichelte sanft über Olivias Handrücken. „Ich weiß, Liebes, er muss dir grausam vorgekommen sein, bei all dem, was bisher in deinem Leben geschehen ist. Du hast viel Leid erleben müssen – wie so viele andere auf dieser verrückten Welt auch."

„Woher weißt du, was ich erlebt habe?", fragte Olivia erschreckt.

„Nun, ich sagte dir doch: wir sind nicht getrennt voneinander. Aber es wäre mir dennoch lieber du würdest mir von dir erzählen – mit *deinen* Worten", forderte Anni sie auf.

Olivia versank tief in ihre Erinnerungen, so wie die Sonne gerade hinter den Berggipfeln. Es wurde langsam dämmrig in ihr und um sie herum. War es dieser verwunschene Ort hier im Wald, oder das eindringliche Flüstern von Anni? Etwas in ihr drängte sie, ihre Geschichte hier und jetzt zu erzählen. Sie spürte Annis Hände und deren leichten Druck, der ihr Mut machte. Langsam begann sie, von ihrer traurigen Kindheit mit ihrer verbitterten Mutter zu berichten, von einem Vater, den sie zwar mochte, der aber nie ihr leiblicher Vater war. Und auch von dem Vater, den sie nie kennenlernen durfte. Ihre einsame Jugend in einem einsamen Elternhaus, ihre ständige Suche nach Liebe und Aufmerksamkeit und das immer wiederkehrende Drama mit verschiedenen Männerbekanntschaften, die sie nur noch mehr verzweifeln ließen. Wie sie aber dann, kurz vor ihrem zwanzigsten Geburtstag, Manuel begegnete. Ihre große Liebe! Und wie er sie an Silvester in einer romantischen Berghütte um ihre Hand bat. Damals war sie die glücklichste Frau der Welt. Bis Luise ihr das Geheimnis um ihren Vater ein wenig offenlegte und sie anschließend den Kontakt zu ihrer Mutter abbrach. Die lange Reihe von Arztbesuchen, um endlich das ersehnte Kind zu bekommen. Der Tag des Unfalls, als Leni einfach im Novembernebel früh morgens auf die Straße rannte.

Der junge Mann, der nicht rechtzeitig bremsen konnte und sie mit seinem Kleinwagen überfuhr. Die Beerdigung, Gerichtsverhandlung, Therapien – all die leeren Monate danach. Nein, sie wusste nicht, wie es dem jungen Mann heute geht. Es war ihr auch egal, denn schließlich hatte er ihr Kind getötet!

Und dann war da noch Manuel, den sie in dieser Zeit kaum wahrnahm, außer um sich bei ihm auszuweinen und anzulehnen. Der sie nach vielen Diskussionen und Streitereien verließ; nur für ein paar Monate, wie er sagte. Und dass sie letztendlich hier gelandet sei, nach einer langen Odyssee.

Erst jetzt bemerkte Olivia, dass Knöpfchen an ihrer Seite lag und sich eng an ihren Schenkel drückte. Ihr flauschiger Kopf lag schräg auf ihrem Knie und sie blinzelte mit ihren dunklen Augen zu ihr hoch, so als hätte sie ihr die ganze Zeit über zugehört. Olivia streichelte zärtlich die Flanke der Hündin. Diese antwortete mit einem leichten Schwanzwedeln. Anni hatte in der Zwischenzeit ihre Füße abgetrocknet und sich wieder Strümpfe und Schuhe übergezogen. Es war frisch geworden.

„Wir müssen langsam aufbrechen. Es wird dunkel. Lass uns zurück zur Hütte gehen. Morgen machen wir einen neuen Spaziergang und ich zeig dir einen großen Waldameisenhügel." Ohne auf Olivias Lebensgeschichte einzugehen, stand Anni auf und packte ihre Sachen zusammen.

Nach kurzem Zögern, als warte sie noch auf einen Kommentar, erhob sich auch Olivia von ihrem Stein. Sie nahm Annis Rucksack, schulterte ihn und lief schweigend hinter ihr her, den Pfad zurück, auf dem sie gekommen waren. Knöpfchen war beschäftigt mit ihrer Nasenarbeit. Mit Sicherheit konnte sie jeden Duft in diesem Wald dem entsprechenden Besitzer zuordnen. Anni trug ihren Kräuterkorb und den langen Stock. Leise summte sie ein Lied vor sich hin. Eine seltsam melancholische Melodie, welche aber keineswegs schwermütig, sondern eigentümlich friedlich stimmte.

7

Olivia hatte jegliches Zeitgefühl verloren. Sie musste sich sehr anstrengen, um auszurechnen, wie viele Tage sie bereits bei Anni wohnte. Obwohl noch nicht mal eine Woche vergangen war, kam es ihr vor, als seien es Monate. Irgendwie spielte die Zeit hier keine besondere Rolle für sie. Immer gab es etwas zu tun. Der Garten musste langsam auf den Winter vorbereitet werden, denn die Nächte wurden bereits empfindlich kalt, Obst und Gemüse wurden für den Winter haltbar gemacht und eingelagert.

Gestern hatte Anni sie nochmals mit in den Wald genommen, um ihr den versprochenen Waldameisenhügel zu zeigen. Dort ereignete sich ein für Olivia sehr unangenehmes Erlebnis. Seitdem ihre Wut darüber verraucht war, dachte sie über die Lektion nach, die Anni ihr dadurch beizubringen versuchte.

In der Nacht zuvor hatte Olivia geschlafen wie ein Stein. Sie fühlte sich seltsam erleichtert, nachdem sie vor zwei Tagen ihre Geschichte am Bachlauf erzählt hatte. Auch wenn sie stets damit rechnen musste, dass Anni sie nochmals darauf ansprechen würde, so war es doch Annis Art, immer zuerst geraume Zeit verstreichen zu lassen, bevor sie sich zu derlei Themen äußerte. So waren sie gut erholt gleich nach dem Frühstück in den Wald aufgebrochen.

Der Pfad war kaum auszumachen zwischen den Holunder- und Brombeerbüschen. Die Wege wurden auch wohl kaum von jemand anderem benutzt, als von Anni selbst. Natürlich war auch Knöpfchen dabei. Für sie eine stets spannende Abwechslung. Während sie nur langsam vorankamen, erklärte ihr Anni verschiedene Kräuter am Wegesrand, die sie bei dieser Gelegenheit auch gleich in ihrem kleinen Korb verschwinden ließ. Anni erwähnte die Malve, deren Blüten und Blätter sie als Tee zubereitete, gut zum Gurgeln gegen Husten oder auch zum Trinken bei Durchfall und Reizmagen. Auch zur äußeren Anwendung bei Wunden hat sich die Pflanze wohl schon seit Jahrhunderten bewährt. Nebenbei zwickte sie einige Fichtenzweige ab. „Aus den Nadeln lässt sich ein guter Tee gegen Katarrh kochen. Hier oben in kalten Wintern ein wichtiges Arzneimittel. Auch äußerlich hilft das Fichtennadelöl gut gegen rheumatische Beschwerden und Muskel- und Nervenschmerzen. Nur das Destillieren des Öls ist aufwendig“, erklärte sie Olivia. Hier ein Kraut und dort ein Hinweis auf die heilende Wirkung der Natur. Olivia hörte interessiert zu und versuchte, sich so viel wie möglich zu merken. Sie liebte es inzwischen, Anni bei ihren „Lehrstunden“ zu lauschen. Sie hatte ein unvorstellbares Wissen – für Olivia war sie ein wandelndes Lexikon.

„Woher weißt du denn das alles? Wer hat dir das denn beigebracht?“, fragte Olivia staunend.

„Wenn man sich Zeit nimmt, ein guter Beobachter ist und der Natur mit Liebe begegnet, so lehrt sie einen alles, was man zum Leben braucht.“ Annis Erklärung hörte sich so einfach an.

Kurz darauf erreichten sie den Hochwald. Anni zeigte

auf einen beachtlichen Erdhügel. „So, da wären wir. Schau dir mal dieses prächtige Kunstwerk an."

Olivia ging näher an den Bau heran und sah große Ameisen darauf herumkrabbeln. Einige der fleißigen Arbeiter transportierten kleine Äste, die um ein Vielfaches die eigene Körpergröße überragten.

„Ein Ameisenstaat ist ein absolut durchorganisiertes System. Nichts wird dem Zufall überlassen. Jede Ameise kennt ihre Aufgabe und erfüllt sie pflichtbewusst. Hier käme keine Ameise auf die Idee zu streiken oder der Königin zu widersprechen, wobei die Königin sowieso nur die Aufgabe der Eiablage hat. Alles läuft reibungslos ab und genau dadurch sind sie so erfolgreich. Sie kämpfen nur, wenn sie angegriffen werden oder ein anderes, oftmals viel größeres Insekt töten." Anni erklärte all dies mit großer Hochachtung.

„Was würde passieren, wenn ich meinen Arm in den Hügel stecken würde", wollte Olivia neugierig wissen.

„Sie würden sich eventuell angegriffen fühlen und ihre Ameisensäure verspritzen; und die brennt ziemlich unangenehm, obwohl auch sie Heilwirkung entfaltet, wenn man sie richtig anwendet. Aber wenn man genug Vertrauen und innere Ruhe hat, dann geschieht einem nichts."

„Du meinst, sie würden nicht jeden angreifen? Würden sie dir etwas tun?", fragte Olivia weiter.

„Es ist wie mit den Bienen. Wenn der Imker unruhig ist und kein absolutes Vertrauen in die Tiere und sich selbst hat, dann wird er gestochen. Und um deine Frage zu beantworten: Ich denke, mir würden sie nichts tun. Wollen mal sehen." Anni trat an den Bau heran, murmelte etwas vor sich hin, strahlte die ihr eigene Wärme aus und legte behutsam den rechten Arm mitten in den Haufen hinein. Es schien so, als würden die Alte und der Hügel leuchten. Nach kurzer Zeit krabbelten die ersten Ameisen auf ihr herum. Dabei blieb sie völlig ruhig und gelassen. Nach ein paar Minuten streifte sie vorsichtig die Tierchen von ihrem Arm herunter und lächelte still vor sich hin.

Olivia staunte. „Das sieht ja ganz einfach aus. Das probier ich auch. Muss ich was Besonderes tun? Ein Gebet sprechen oder so?"

„Nein, Kindchen. Du musst nur absolutes Vertrauen haben", erwiderte Anni lächelnd.

Olivia krempelte ihren Ärmel hoch, schaute noch mal zu ihr und sagte: „Okay, ich vertraue dir absolut, Anni." Sie atmete zweimal tief ein und aus und legte mit einem selbstsicheren Gesichtsausdruck ihren Arm mitten in die noch sehr lebhaften Ameisen hinein. Im Nu waren die Insekten überall auf ihrem Arm, krabbelten blitzschnell daran hoch und verströmten ihr gefürchtetes Gift.

„Autsch, die greifen mich an!", schrie sie schmerzhaft auf. Mit hektischen Bewegungen streifte sie die Angreifer ab, manche zerschlug sie auch einfach und kratzte sich mit verzerrtem Gesicht die rot gefleckte Haut.

„Wieso tötest du sie, du dummes Mädchen! Reiß dich gefälligst zusammen", schimpfte Anni. Vorsichtig half sie Olivia die letzten Krabbler abzustreifen.

Olivia kochte vor Wut. „Du hast gesagt, ich müsste nur genug Vertrauen haben. Ich *habe dir* vertraut!"

„Ich habe nicht gesagt, du sollst *mir* vertrauen. Du hättest in *dich* Vertrauen haben sollen – und in die Ameisen." Anni sah die immer noch vor Wut gerötete, aber inzwischen wesentlich betretener dreinschauende Olivia vor sich stehen. Da konnte sie ihr herbes Lachen nicht länger zurückhalten und prustete laut los.

Olivia schaute sie zornig an, drehte sich auf dem Absatz um und ging schnurstracks zurück zur Hütte. *Für heute hab ich genug gelernt!*

Als sie sich einen Tag später das Ereignis noch einmal durch den Kopf gehen ließ, mit wesentlich mehr Abstand, stieß sie erneut auf den Satz „Du hättest in *dich* Vertrauen haben sollen". Ihr war bewusst, dass Anni ihr damit eine grundsätzliche Lektion über ihr Leben mitgeben wollte. Wie stand es mit ihrem Vertrauen in sich selbst? Diese Frage hatte sie sich noch nie gestellt. Sie dachte immer, sie käme gut klar mit ihrem Leben. Wenn ihr etwas nicht passte, dann sagte sie es laut und deutlich, oder ging der Situation oder dem Menschen künftig einfach aus dem Weg. *Einfach! ... Ja, wenn ich mir nicht mehr zu helfen wusste, habe ich es mir* einfach *gemacht und die Lösung des Problems anderen überlassen. Oder ich habe abgewartet, bis es sich irgendwann von alleine erledigt hat.* Früher hatte ihr Stiefvater Hermann geholfen, wenn es Ärger gab. Er war tatsächlich stets für sie da gewesen. Von ihrer Mutter hingegen fühlte sie sich eher erdrückt. Auch ihre ersten Beziehungen waren meist durch ihre spontane Flucht beendet worden, wenn es ihr zu kompliziert wurde, oder ihr Freund nicht so reagierte, wie sie es erwartete. *Die Männer in meinem Leben waren eh meist Schwächlinge. Wenn ich sie gebraucht hätte, waren sie nicht da.* Erinnerte sie sich verbittert. *Außer Manuel.* Er war da, in den schlimmsten Stunden ihres Lebens. Aber hatte sie das überhaupt bemerkt, geschweige denn zu schätzen gewusst? *Letztendlich ist er ja auch gegangen, als es mir nicht gleich wieder gut ging,* dachte sie trotzig. Im selben Augenblick wusste sie, dass dies nicht stimmte. Er lief nicht vor ihrem Leid davon, sondern vor ihrem Selbstmitleid und ihrer Resignation. Lange dachte sie über all das nach. Zum ersten Mal in ihrem Leben ging sie ernsthaft mit sich selbst ins Gericht. Ihr Gewissen konnte nicht mehr schweigen. Es erinnerte sie an all die Situationen, in denen sie es sich zu einfach gemacht hatte, sie anderen die Schuld zuschob für ihr Versagen und durch ihr hilfloses Getue manipulierte. Es hatte beinahe immer funktioniert. *War es mir nützlich gewesen? Hatte es mir wirklich gut getan, meine Verantwortung über die Dinge in meinem Leben anderen zu überlassen?* Ja, es war einfach gewesen und praktisch. Aber sinnvoll und erwachsen? *Es ist auf jeden Fall leichter, einem anderen die Schuld für eine vermasselte Situation in die Schuhe zu schieben. Wo steh ich jetzt? Ich bin jetzt Mitte dreißig und fang wieder ganz von vorne an. Oh Mann, kannst echt stolz auf dich sein, Olivia! Und Selbstmitleid bringt dich jetzt auch nicht weiter!*

Seit über einer Stunde saß sie nun auf der Holzbank vor der Hütte. Knöpfchen lag zu ihren Füßen und döste friedlich vor sich hin. Nach dem Mittagessen – es gab Rehbraten und frisches Gemüse aus dem Garten – hatte sie mit Anni die Küche aufgeräumt und sich anschließend in die Mittagssonne gesetzt. Anni wollte noch die letzte Septembersonne ausnutzen und Kräuter sammeln, bevor der erste Schnee kam. „Bleib du nur hier mit dem Hund“, hatte sie zu Olivia gesagt. „Ruh dich ein wenig aus und genieße den friedlichen Nachmittag. Heut Abend kannst du mir helfen, die Kräuter zum Trocknen aufzuhängen.“ Und schon war sie losgezogen mit ihrem Korb und dem Stock. Olivia wusste nie, wie lange Anni fortbleiben würde. Manchmal wurde sie unruhig, wenn es langsam dunkel wurde und von der Alten nichts zu sehen war. Dann kam sie oftmals völlig überraschend aus dem Wald auf die Lichtung spaziert, ohne dass vorher ein Geräusch zu hören gewesen wäre. Olivia wunderte sich täglich neu über Anni. Vieles von dem, was die Alte umgab oder was sie tat, schien unerklärlich. Und immer, wenn Olivia sie danach fragen wollte, wich sie ihr aus. Einmal nur hatte Anni auf die Frage von Olivia, warum sie ihr nie eine klare

Antwort geben wolle, erklärt: „Weil du noch nicht so weit bist.“ Das war es dann gewesen – vorerst. Olivia würde nicht so schnell aufgeben. Sie würde noch hinter Annis Geheimnis kommen.

Plötzlich knackte es leise am Waldtrauf. Knöpfchen hob sofort den Kopf und spitzte ihre Ohren. Aufmerksam schaute sie nach links, in die Richtung, aus der das Geräusch kam. Olivia glaubte, dass Anni gleich heraustreten würde. Doch da begann die Hündin leise zu knurren. Olivia wurde es mulmig zumute. Da … wieder ein leises Knacken … eine leichte Bewegung hinter einem Holunderbusch. Kein Zweifel, da war jemand … und es war *nicht* Anni! Sie sprang von der Holzbank auf und überlegte, ob sie in die Hütte sollte, um nach dem Gewehr zu suchen. *Das bringt mir gar nichts. Ich hab keine Ahnung, wie man mit dem Ding umgeht, verdammt!* Sie blieb einfach nur stehen und hoffte, dass Knöpfchen sie im Notfall verteidigen würde. Angestrengt versuchte sie in dem dichten Gestrüpp etwas zu erkennen. Nach einiger Zeit glaubte sie wieder eine Bewegung zu sehen. Und bevor sie noch darüber nachdenken konnte, wer oder was da war, trat langsam humpelnd ein Reh heraus. Deutlich erkannte Olivia den seltsam abgeknickten rechten Vorderlauf und auch der linke schien verletzt zu sein, obwohl das scheue Tier sich noch mühevoll damit aufrecht hielt. Knöpfchen blickte erwartungsvoll zu Olivia hoch.

„Bleib, Knöpfchen. Schön brav“, flüsterte Olivia. Die Hündin gehorchte, blieb aber dennoch neugierig.

Olivia ging langsam auf das Reh zu. Um es nicht zu erschrecken, sprach sie beruhigend auf es ein. Das verletzte Wild versuchte humpelnd zu flüchten, knickte aber nach einigen Schritten vollends ein und landete zuerst auf dem Bug und anschließend mit dem ganzen Körper im Gras.

Vorsichtig näherte sich Olivia. Als sie vor dem zitternden Tier stand, kniete sie sich hin, legte ihm ihre Hand sanft auf den Leib und betrachtete die Verletzungen.

„Du armes Tier. Ich tu dir nichts, bleib ganz ruhig. Ich will dir nur helfen." Der rechte Vorderlauf war erkennbar gebrochen. Es war zwar kein offener Bruch, aber es sah schlimm aus. Am linken Lauf sah sie Abschürfungen, die aber schon ein paar Tage alt sein mussten, da die Stelle verkrustet war. Insgesamt sah das Reh sehr mitgenommen aus, möglicherweise hatte es seit einigen Tagen nicht mal mehr richtig äsen können. Vorsichtig schob sie ihre Hände unter den Tierkörper, hob es an und trug es zur Hütte. Das Waldtier zitterte immer noch, aber es schien sich seiner ausweglosen Situation hinzugeben und wehrte sich nicht.

Knöpfchen hatte den ganzen Vorgang aufgeregt verfolgt. Sie hielt es nun nicht mehr aus und kam den beiden auf den letzten Schritten entgegen. Sie beroch intensiv das Wild, bewegte nervös ihre Rute hin und her, machte aber keine Anstalten, es anzugreifen. Als ob sie die Lage richtig einordnen könnte, trottete sie etwas entspannter neben Olivia her.

„So, du kleiner Patient. Ich werde dir im Garten ein ruhiges Plätzchen geben und schauen, was ich für dich tun kann. Und Knöpfchen passt auf dich auf, ja Knöpfchen?"

Im Garten legte sie das Reh in einer geschützte Ecke ab. Dort hatten sie am Vortag Gartenabfälle deponiert und damit baute sie nun ein Lager. Dann machte sie sich auf den Weg in die Hütte und sah sich suchend um. „Malve … ich brauche die Malvepaste, die Anni frisch zubereitet hat." Sie erinnerte sich deutlich daran, als Anni ihr beim Kräutersuchen erklärte, dass Malve bei Wunden half. Nach kurzem Suchen entdeckte sie den Tiegel mit der Paste. Säuberlich hatte Anni alle Töpfchen und Dosen mit dem entsprechenden Inhalt beschriftet. Sie schnappte sich noch ein Stück Stoff und ging schnell wieder hinaus in den Garten. Dort erwartete sie ein zauberhaftes Bild: Knöpfchen hatte sich neben das Reh gelegt und leckte innig den Lauf mit den Abschürfungen; und wie durch ein Wunder ließ das Reh die Fürsorge des Hundes einfach geschehen. Olivia bekam feuchte Augen und schluckte schnell den Kloß hinab, den sie im Hals hatte. *Wie ist das möglich? Du bist doch ein Jagdhund! Woher weißt du, dass dieses Reh unsere Hilfe braucht?*, dachte Olivia gerührt. Sie tätschelte lobend Knöpfchens Haupt und begann sofort, den Stoffstreifen mit der Paste zu bestreichen. Vorsichtig legte sie den Verband auf die Abschürfung und wickelte ihn sachte um den Lauf. Dann betrachtete sie grübelnd den Bruch am anderen.

„Was mach ich denn damit? Wie geht man denn mit einem gebrochenen Bein um, ohne dass ich dir unnötig Schmerzen bereite?" Voller Mitleid betrachtete sie das leidende Tier. „Hoffentlich kommt Anni bald. Jetzt kann nur noch sie helfen", betete sie inbrünstig.

Und als hätte der Himmel ihr Stoßgebet erhört, kam prompt die Antwort hinter ihr: „Bin schon da, Olivia." Die Alte stand lächelnd am offenen Gartentürchen.

„Anni! Oh, Gott sei Dank!", rief Olivia erleichtert. „Schau mal, was ich hier habe. Es kam aus dem Wald und es ist so schlimm verletzt."

Mit ernster Miene trat die Alte näher, kniete vor das Reh, streichelte zuerst noch die freudig wedelnde Hündin und widmete sich dann ganz dem verletzten Tier. „Na, du Gute. Wie hast du denn das angestellt?" Sie strich vorsichtig mit ihren Fingern über den Bruch, tastete anschließend Stück für Stück den ganzen Wildkörper ab und legte zum Schluss ihre rechte Hand auf das Haupt des Patienten. Langsam ließ das Reh nun seinen Kopf sinken, atmete ruhig und gleichmäßig und senkte halb die Lider. Olivia beobachtete fasziniert das Geschehen.

Anni gab ihr flüsternd Anweisung, noch mehr Stoffstreifen aus der Hütte zu holen und auch zwei etwa dreißig Zentimeter lange schmale Holzscheite mitzubringen. „Ach, und bring bitte noch das Fläschchen Kamillentinktur mit."

Olivia eilte in die Hütte, suchte die benötigten Utensilien zusammen und brachte sie Anni in den Garten.

„Ich brauch jetzt deine Hilfe, Olivia. Ich werde den Bruch richten und anschließend schienen. Vorher mach ich noch einen Umschlag mit der Kamillentinktur. Die wirkt gut gegen Entzündungen. Los geht's. Setzt dich hinter das Reh und halte mit einer Hand die Hinterläufe fest und drücke die andere auf den Träger."

„Was ist der *Träger*?", fragte Olivia.

„Das ist der Hals", antwortete Anni kurz angebunden. Sie war bereits bei den Vorbereitungen.

Olivia befolgte alles schweigend – sie wunderte sich nur, dass das Reh so ruhig da lag und nicht mal mehr zitterte. Selbst als Anni mit einem schnellen kurzen Ruck den gebrochenen Lauf wieder gerade rückte, zuckte es nur kurz auf. Annis Handgriffe wirkten sehr professionell.

„Das mit dem Malveverband hast du gut gemacht, Olivia. Hast du die Abschürfungen vorher noch desinfiziert?"

Olivia schaute betreten drein. „Äh, nein. Daran hab ich nicht gedacht. Aber bis ich aus der Hütte zurückkam, hatte Knöpfchen schon die ganzen Verkrustungen abgeleckt."

„Na dann ist die Wunde bestimmt sauber. Der Speichel von Tieren wirkt antiseptisch, deshalb lecken sie intensiv ihre Wunden, wenn sie verletzt sind", erklärte Anni.

Olivia staunte. Das hatte sie nicht gewusst.

„So, das wär's. Jetzt lassen wir das Schmalreh erst mal in Ruhe und trinken drinnen einen Tee. Den haben wir uns verdient", lächelte Anni zufrieden.

8

Olivia legte einige Scheite auf das noch leicht brennende Holz im Kamin. Gleich darauf flackerte es auf und verbreitete seine Wärme. Sie setzten sich an den Tisch und nahmen fast gleichzeitig den ersten Schluck heißen Pfefferminztees aus ihren Tassen. Olivia war noch mit den ganzen Eindrücken beschäftigt. Sie ließ alles noch einmal vor ihrem inneren Auge ablaufen und wunderte sich abermals über das trotz schmerzhafter Behandlung entspannte Reh.

„Anni, wie hast du es geschafft, dass es so ruhig dalag?"

Die Alte blickte prüfend in Olivias Augen, als würde sie dort erkennen, ob diese für die Antwort bereit wäre. Sie lehnte sich in ihrem Stuhl zurück und atmete tief ein. „Ich habe es mit meinen Gedanken und meiner Liebe beruhigt", antwortete sie schließlich.

Olivia zog die Stirn kraus. „Mit deinen Gedanken beruhigt? Wie geht denn so was? Ist das Hypnose?"

„Nein, ist es nicht. Erinnere dich: Wir haben schon einmal über die Macht der Gedanken gesprochen. Wenn du mit absolutem Vertrauen und festem Glauben eine Vorstellung kreierst, dann wird sich das im Außen manifestieren."

„Wie bitte? ... Das kapier ich nun gar nicht", stammelte Olivia.

Die Alte sammelte sich und sprach mit weicher Stimme: „Denke an deine Tochter Leni." Sofort gab es einen

Stich in Olivias Herz. Anni sprach langsam weiter: „Lass dich jetzt nicht vom Schmerz übermannen! Stell sie dir einfach vor, wie sie zuletzt war; munter, fröhlich, aber manchmal auch nervig und quengelig. Aber du hast sie in jeder Situation geliebt. Stimmt das?“ Olivia hatte Tränen in den Augen, nickte aber stumm auf Annis Frage. „Und was hast du gemacht, wenn deine Leni mit Fieber oder Bauchschmerzen im Bett lag?“

Olivia überlegte. Sie konzentrierte sich nun ganz auf das Bild aus ihrer Erinnerung, als Leni das letzte Mal mit Bauchschmerzen zu ihr kam. „Ich habe ihr meine Hand auf den Bauch gelegt, leicht massiert und ihr gesagt, dass es dadurch gleich besser werden wird.“

„Und, ist es dann auch besser geworden?“, wollte Anni wissen.

„Meistens wurde sie daraufhin viel ruhiger und hat sich entspannt. Und oft war dann auch der Bauchschmerz verschwunden.“

„Na siehst du! Das war genau das, was ich vorhin mit dem Reh gemacht habe.“ Die Alte nickte bestätigend.

Olivia verstand immer noch nicht, was die beiden Situationen miteinander zu tun haben sollten. Sie schaute fragend auf Anni.

„Kindchen, verstehst du denn nicht? Deine Liebe und dein inniger Wunsch, es möge Leni wieder gut gehen, haben dein Kind vom Schmerz befreit.“

Nun klärte sich Olivias Miene auf. Sie begann zu begreifen. „Du meinst, dass ein Kind die Liebe seiner Mutter so stark spürt, dass es dadurch schneller gesund wird? Ja, stimmt, ich habe schon oft davon gehört. Mutterliebe heilt alle Schmerzen, sagt man doch so schön.“ Sie freute sich, dass sie ihr endlich in ihren Gedankengängen folgen konnte. Doch dann hielt sie inne und überlegte erneut. „Okay, dass das zwischen Mutter und Kind funktioniert, kann ich ja noch nachvollziehen. Aber wie soll das bei einem Reh möglich sein? Es versteht ja auch gar nicht, was du ihm da sagst!"

„Es versteht meine Worte nicht, aber die Kraft, die hinter den Worten steckt, spürt es sehr wohl. Die Worte selbst sind nicht wichtig. Aber Worte können die Kraft der Liebe transportieren – ebenso natürlich auch Hass und Wut. Im Grunde spielt es keine Rolle, in welcher Sprache du zu einem Menschen oder einem Tier, ja sogar zu einer Pflanze sprichst. Der andere wird immer spüren, ob du ihm wohlgesonnen bist oder nicht. Das Schmalreh spürte unsere Liebe und Fürsorge. Es wusste, dass wir es gut mit ihm meinem. Sogar bei Knöpfchen war der Helferinstinkt stärker als der Beutetrieb und auch das hat das Reh gefühlt." Sie machte eine kurze Pause. „Dann hab ich mir intensiv vorgestellt, wie sich das verletzte Tier soweit beruhigt, dass es den Schmerz nicht mehr so wahrnimmt. Ich habe mir ein klares Bild von seinem entspannten Körper gemacht – so, wie du dir bei Leni intensiv gewünscht und vorgestellt hast, dass sie keine Bauchschmerzen mehr hat. Du warst in diesem Moment davon überzeugt, dass es ihr hilft und deshalb *hat* es ihr auch geholfen", schloss die Alte ihre ausführlichen Erklärungen.

Olivia hatte ihr fasziniert zugehört. Es klang völlig logisch und nachvollziehbar, was sie soeben erfahren hatte – und dennoch war es beinahe unglaublich. Sie begann zu ahnen, in wie weit Annis Argumente ihr bisheriges Denken verändern würde, und genau diese Ahnung machte ihr Angst!

Wenn es zuträfe, dass ihre Gedanken und Wünsche bei anderen ankommen und sogar den Verlauf von Ereignissen beeinflussen, dann könnte sie ja tatsächlich ihr Leben in bessere Bahnen lenken. Es traf sie wie ein Blitz: *Ich könnte meine Zukunft verändern!* Ihr stockte der Atem.

Die Alte beobachtete genau den Prozess, der in Olivia ablief. Sie wusste, was in diesem Augenblick in Olivia vor sich ging: Sie war dabei, aus ihrem Schlaf zu erwachen! Den Schlaf, den die Menschen so lange als Realität betrachten, bis sie durch Leid und plötzliche Einsicht daraus aufschrecken und zunächst nicht wissen, wo sie gerade sind. Sie schaute zufrieden drein.

„Liebes, du bist auf dem richtigen Weg. Dein Leben ist nicht das, was es scheint zu sein. Wäre es nicht furchtbar, wenn wir Menschen nur hier auf dieser Erde wären, um zwischen Leid und Freude hin- und hergeworfen zu werden?“ Sie legte eine kurze, nachdenkliche Pause ein, bevor sie fortfuhr. „Du hast mich kürzlich gefragt, warum du hier bist; hier auf dieser Welt. Welchen Sinn dein Leben hätte. Da hast du zum ersten Mal bewusst bezweifelt, dass das, was du bisher als Leben bezeichnet hast, schon alles ist. Niemand würde diese Frage stellen, wenn er nicht spüren würde, dass es da noch etwas anderes geben muss. Und diese Frage haben sich schon viele andere vor dir gestellt. Immer dann, wenn der Mensch leidet, geht er auf die Suche. Er braucht Antworten. Die Suche nach dem Sinn des Lebens ist so alt wie die Menschheit. Ohne Sinn ist das Leben nichts wert. Man ahnt, dass es da noch mehr geben muss hinter all dem äußeren Trubel und Leid. Unabhängig von Religion oder Glaubenszugehörigkeit ging es dem Mensch seit Anbeginn der Welt so: Er sucht stets nach einer größeren Kraft, der er sich hingeben darf.“ Anni hatte einen entrückten Ausdruck in den Augen. Nachdenklich sprach sie weiter: „Wir tragen die Schöpfung in uns, sind Teil davon und daher selbst Schöpfer. Wir erschaffen in jedem Augenblick, ob wir uns dessen bewusst sind oder nicht. Das Dumme ist nur, dass wir den Schlaf des Vergessens schlafen. Wir träumen, diese Welt und dieses Leben wären die einzige Realität. Wir haben vergessen, wer wir in Wahrheit sind. So müssen wir Schritt für Schritt Erfahrungen sammeln, die uns allesamt helfen sollen, aus dem Schlaf zu erwachen und umzukehren auf dem Weg, der bisher ins Nirgendwo führte."

Olivia fühlte sich tief berührt. Sie konnte nicht genau sagen wodurch, aber die Worte der Alten bewegten etwas in ihr. Sie hatte das Gefühl, es sei ihr nicht neu, was sie soeben gehört hatte. Instinktiv spürte sie, dass es wahr sein musste. Fragen kamen auf in ihr und sie wusste nicht, mit welcher sie beginnen sollte.

„Aber wenn wir doch Teil dieses Ganzen sind und selbst Schöpfer, wieso gibt es so viel Leid und wieso müssen wir permanent um unser Glück und unsere Existenz kämpfen?"

„Weil die Menschen selbstherrlich und arrogant sind. Ihnen fehlt die Demut zu erkennen, dass es eine noch größere Kraft in ihnen gibt, die einen besseren Weg kennen würde, als ihr persönlicher Wille", erklärte Anni geduldig.

„Das verstehe ich nicht. Du redest, als gäbe es zwei Personen in mir, die Entscheidungen treffen könnten. Aber ich bin doch ich! Da ist doch sonst niemand anderer – oder bin ich schizophren?" Olivia hatte ihren trockenen Humor wiedergefunden.

Anni schmunzelte. „Ja, in gewisser Weise sind wir das", stimmte sie Olivia zu, sah aber gleich deren erschrockenen Gesichtsausdruck und musste noch mehr lachen. „Kindchen, keine Angst, du liegst absolut innerhalb der menschlichen Norm – aber eben nur innerhalb der menschlichen! Denn nur, weil die Allgemeinheit glaubt, dass sie auf dem richtigen Dampfer sei, heißt das noch lange nicht, dass sie das auch *ist*. Viele Philosophen, Heilige und Denker haben von alters her beschrieben, dass es noch ein zweites, größeres Ich gibt. Dieses größere Ich nennen manche auch die Seele oder ihr höheres Bewusstsein. Wie auch immer es bezeichnet wird, es ist immer dasselbe: es ist die alles umfassende Weisheit in uns und allem was ist. In jedem Baum steckt diese Weisheit und in jedem Tier. Alles folgt diesem unsichtbaren Plan, nur nicht wir Menschen. Wir halten uns für zu intelligent und zu clever, als dass wir eine höhere Instanz gelten lassen würden. Diese höhere Weisheit in dir spricht permanent zu dir und versucht dich zu leiten – sie ist das, was du *die innere Stimme* oder auch *deine Intuition* nennen würdest. Überleg einmal: wie oft warst du schon in Situationen, in denen du so ein Bauchgefühl hattest, welches dir sagte: *Hier stimmt doch was nicht!* Und wie oft hast du es beiseitegeschoben und nicht darauf gehört, nur um hinterher festzustellen, dass dies ein großer Fehler war?“

Olivia dachte nach und sofort fielen ihr diverse Situationen ein, in denen es genauso war, wie Anni es soeben beschrieben hatte. Jedoch kamen ihr auch Momente in den Sinn, in welchen es genau umgekehrt war. „Ich hatte aber auch schon ein Bauchgefühl, das mich vor bestimmten Menschen warnte und hinterher hat sich herausgestellt, dass sie total in Ordnung waren und ich mich getäuscht habe.“

„Ich weiß, was du meinst. Aber das hatte nichts mit deiner Intuition zu tun, sondern mit deinen Erfahrungen und deinem Misstrauen. In dir sind ein Leben lang alle bewussten und unbewussten Erfahrungen abgespeichert worden, ja sogar die deiner Vorfahren sind in dir lebendig. Wenn du also einmal ein schlimmes Erlebnis hattest, geht in einer ähnlichen Situation sofort die betreffende Schublade in dir auf und es erscheint ein großes: *Achtung, aufpassen!* Das Dumme ist nur, dass diese Warnung selten etwas mit Objektivität zu tun hat, sondern aus deinem subjektiven Empfinden heraus entstanden ist. Es kann also vorkommen, dass du in das Gesicht eines Fremden blickst und irgendetwas an diesem Gesicht erinnert dich an eine frühere, unangenehme Begegnung mit einer anderen Person. Sofort wirst du diesem Fremden mit Misstrauen begegnen, ohne dass er dir was getan hat. Dies hat aber wie gesagt nichts mit Intuition zu tun, sondern mit deinen eigenen Befürchtungen und schlechten Erfahrungen."

Olivia war nun voll eingetaucht in die Gedankengänge der Alten. „Aber wie kann ich denn das eine vom anderen in mir unterscheiden? Woher weiß ich, wann meine Seele zu mir spricht und wann es aus meinen Schubladen herausbrüllt?"

„Indem du still wirst, dir Zeit lässt und in dich gehst. Deine innere Stimme hörst du nur in der Stille. Das Ego ist permanent zu hören, ja es brüllt uns sogar teilweise regelrecht an, wie du soeben gut bemerkt hast. … So, Liebes, ich denke das reicht für heute. Mich freut dein Wissensdurst. Nur neugierige Menschen finden Antworten! Wir haben noch viel Zeit", schloss Anni tiefsinnig ihre Erläuterungen.

Olivia spürte Müdigkeit aufkommen. Ja, sie hatte tatsächlich genug Stoff zum Nachdenken. Sie musste das alles erst verarbeiten. Doch da fiel ihr wieder das verletzte Reh ein. „Wir müssen noch nach dem Reh schauen, Anni. Es sieht ziemlich abgemagert aus. Was können wir ihm denn zu Fressen geben?"

„Gut, dass du fragst. Wir haben genügend Kräuter und Gräser ums Haus. Ich bin sicher, dass es schnell wieder Appetit bekommt, wenn die Schmerzen nachlassen. Im Übrigen wird es deine Aufgabe sein, es gesund zu pflegen."

Olivia erschrak. „Aber ich hab doch keine Ahnung, was zu tun ist!", widersprach sie.

„Dann wirst du es eben lernen", antwortete Anni knapp.

Der Besucher

1

In den kommenden Tagen erwies sich Olivia als gute Schülerin in der Naturheilkunde. Eifrig lernte sie so viel sie konnte über Kräuter und deren Anwendung. Ihre Liebe zu dem verletzten Reh wuchs täglich und ihr inniges Interesse an dessen Genesung gab ihr die nötige Motivation, alles Wissenswerte über das Wildtier und die Heilungsmaßnahmen zu lernen. Nach anfänglichen Unsicherheiten schätzte sie mehr und mehr ihre neue Aufgabe und fragte Anni Löcher in den Bauch.

„Was ist ein Schmalreh?"

„Ein Reh, welches noch nie ein Kitz gesetzt hat. Meistens nicht älter als zwei Jahre. Im Vergleich zu Rehgeißen, also Muttertieren, ist es im Körperbau tatsächlich etwas schmaler. Daher der Name."

„Was frisst es?"

„Vorzugsweise Kräuter und Gräser, Baumtriebe, aber auch Brombeerblätter. Vor allem in kalten Wintern, da die Blätter des Brombeerstrauches nicht verwelken. Auch Getreide, sofern es die Möglichkeit dazu hat."

Olivia erfuhr, dass man die Augen eines Rehs *Lichter* nennt, die Nase *Windfang*, das Fell *Decke*, und den weißen Fleck am Hinterteil vom Rehwild bezeichnet man als *Spiegel*. So wuchs Tag für Tag ihr Verständnis für das scheue Wild. Ganz nebenbei lernte sie vieles über die Natur und andere Wildarten. Anni war unerschöpflich in ihrem Wissen und Olivia eine dankbare Schülerin. Zum ersten Mal in ihrem Leben hatte sie das Gefühl, dass sie sich mit etwas Sinnvollem beschäftigte – bis auf die Zeit als Mutter von Leni.

Die Alte brachte ihr bei, wie sie ihre Vorstellungskraft zur Heilung des Schmalrehs nutzen konnte und erklärte ihr eine einfache Meditation: „Setz dich in die Nähe des Rehs, schließe die Augen und atme mehrmals tief durch. Konzentriere dich auf deinen Atem und spüre, wie er deinen ganzen Körper durchflutet. Stell dir das bildhaft vor. Dann fügst du jedem Atemzug Licht hinzu. Du atmest also Licht ein und siehst, wie es sich in dir ausbreitet und über deinen Körper hinausstrahlt. Fühle die tiefe Liebe, die dieses Licht mit sich transportiert und dehne es solange aus, bis du innerlich siehst, dass es deine ganze Umgebung, einschließlich des kranken Tieres umhüllt. Nun siehst du dich selbst und das Reh in einer großen Lichtkugel und du stellst dir intensiv vor, wie es gesund äsend vor dir steht und munter zurück in den Wald zieht. Fühle, wie glücklich du darüber bist, dass es wieder vollkommen gesund ist. Sieh, wie du vor Glück lachst. Wichtig ist, dass du während der ganzen Zeit niemals mit sorgenvollem Blick auf das Tier schaust, lass auch kein Mitleid aufkommen. *Mit-leiden* heißt, du machst es noch schlimmer, weil du auf den kranken Zustand schaust, anstatt dich auf den gewünschten gesunden Endzustand zu konzentrieren. Denke immer daran: So, wie du denkst und die Dinge betrachtest, so werden sie für dich auch sein – und nicht selten auch für andere werden."

Olivia setzte sich also von nun an täglich ein- bis zweimal auf einen Stuhl im Garten und versuchte, Annis Übungen zu befolgen. Das Reh hatte, wie von Anni vorhergesagt, wieder einen gesunden Appetit entwickelt. Doch immer, wenn es versuchte aufzustehen, knickte es wieder ein und musste sich niederlegen. Die Schiene und die Verbände wechselte sie mehrmals am Tag, und auch die Schmerzen hatten wohl nachgelassen. Es machte erstaunlich schnelle Fortschritte.

Sie begann ihre Meditation mit der Atmung. Sie atmete so lange ein und aus, bis sich Ruhe und Entspannung in ihr ausdehnten. Dann fügte sie jedem Atemzug in ihrer Vorstellung Licht bei und sah tatsächlich nach einigen erfolglosen Versuchen, wie sich helles, warmes Licht in ihrem Körper ausdehnte. Ihre Konzentration reichte anfangs noch nicht so lange aus, um sich und das Schmalreh im Lichtkreis zu sehen. Immer wieder rutschten andere Gedanken und Bilder dazwischen. Doch nach einigen Tagen erreichte sie erstmals einen derart tiefen, entspannten Zustand, dass es ihr beinahe mühelos gelang, in ihrem Innern sich selbst, ihre Umgebung und auch das Tier von Licht umhüllt und durchflutet zu sehen. Sie empfand eine derart tiefe Liebe und Freude, dass ihr das Herz zerspringen wollte. Wie von selbst dehnte sich ihr Bewusstsein aus und nach einer Weile sah sie vor ihrem inneren Auge selbst die Hütte, Anni, Knöpfchen und den angrenzenden Wald in hellem Glanz. Sie spürte, wie sie mit all dem verschmolz, nichts trennte sie mehr vom anderen; ihr Körper stellte keine Begrenzung mehr dar und letztendlich nahm sie ihn nicht mehr wahr. Ein nie gekannter Friede erfüllte sie und es war ihr, als ob sie zu Hause angekommen wäre.

Eine leichte Berührung am rechten Unterarm zog sie zurück in diese Welt. Sie zuckte erschrocken zusammen und öffnete ihre Augen. Vor ihr stand das Reh und blickte sie ruhig und beinahe neugierig an. Aufmerksam hatte es seine Lauscher aufgerichtet und beäugte sie interessiert. Olivia hielt fassungslos den Atem an und wagte nicht, sich zu rühren. Ihr Herz machte einen Freudensprung und Tränen der Rührung standen in ihren Augen.

Leise sprach sie auf das sonst so scheue Tier ein: „Na, du Kleines. Stehst ja schon wieder auf deinen eigenen Läufen. Wie schön!“ Vorsichtig streckte sie ihre Hand aus und wollte es berühren, da zog es sich langsam humpelnd auf sein Lager zurück.

Die Dankbarkeit und Freude, die Olivia in diesem Moment empfand, brachen nun hemmungslos aus ihr hervor. Unter Tränen schluchzte und lachte sie gleichzeitig, ihr Körper bebte und ihr Herz raste.

„Danke, danke, danke!“, jubilierte sie und rannte in die Hütte zu Anni.

„Anni, Anni, … ein Wunder! Das Reh steht wieder und es hat mich berührt!“, sprudelte es jubelnd aus ihr heraus.

Anni stand am Küchenfenster und lachte. „Ja, Olivia, ich hab es vom Fenster aus beobachtet. Das hast du ganz wunderbar gemacht.“

Olivia fiel ihr in die Arme und schluchzte noch mehr. Anni drückte sie innig an sich und tätschelte ihr dann stolz den Rücken. „Siehst du, jetzt hast du zum ersten Mal erfahren, was du mit deinem Geist und deiner Liebe bewirken kannst“, flüsterte sie ihr zärtlich ins Ohr.

„Ja, es funktioniert tatsächlich! Um ehrlich zu sein, hab ich anfangs nicht wirklich daran geglaubt, aber dann ging es wie von selbst. Das Licht war da und diese umwerfende Liebe in mir. Unglaublich!“ Olivia beruhigte sich nur langsam. Sie löste sich aus der Umarmung und stützte sich erschöpft auf der Spüle ab. „Weißt du, ich glaube, das Wunder ist gerade nicht nur am Reh geschehen, sondern in erster Linie in mir selbst.“

2

Es musste wohl Ende September, Anfang Oktober sein, als der erste feine Schnee fiel. Olivia hatte schon längst aufgehört, die Tage zu zählen. Ihre täglichen Aufgaben und die Pflege des Rehs hatten sie viel zu sehr in Anspruch genommen, als dass sie auf die Zeit geachtet hätte. Sie fühlte sich wohl, seltsam friedlich und ausgeglichen. Ein ähnliches Gefühl hatte sie während ihrer Schwangerschaft mit Leni empfunden. *Leni, meine Kleine. Mami geht's gut und ich weiß, dass du dich darüber freust.* Täglich sprach sie in Gedanken mit ihrer Tochter. Etwas hatte sich dabei kaum merklich verändert. Es waren keine schmerzvollen Gespräche mehr. Der nagende Schmerz hatte sich still und leise verabschiedet und einer stillen Liebe Platz gemacht. Die Monate und Jahre, bevor sie hier oben bei Anni gelandet war, erschienen ihr wie aus einem anderen Leben. Sie wusste zwar, dass sie all das Frühere erlebt hatte, doch dachte sie nicht mehr mit Groll und Verzweiflung an die Ereignisse. Mit Wehmut vielleicht, aber nicht mehr mit Zorn. Im Moment jedenfalls.

Das Reh hatte sich vor einigen Tagen das erste Mal in den Wald zurückgezogen. Die Schiene konnte schon bald nach Olivias ersten Meditationen entfernt werden. Der gebrochene Lauf war tatsächlich einigermaßen gerade zusammengewachsen. Schmunzelnd musste sie an den Moment denken, als sie die Schiene abgenommen hatten und das Reh vorsichtig die ersten Schritte wagte. *Meine Güte, wenn das ein Arzt oder Wissenschaftler erlebt hätte! Die hätten tausend Gründe gefunden, weshalb so etwas nicht möglich ist.* Täglich kam es noch ein-, zweimal zur Hütte, so als ob es zeigen wollte: *Hallo, mir geht's prima. Danke!*

Heute war es zum ersten Mal nicht gekommen und es begann bereits zu dämmern. Olivia schaute durchs Küchenfenster in den Garten. Zartes Weiß hatte sich über die ruhenden Beete gelegt. Nicht sehr viel, gerade so, dass noch vereinzelte Grasspitzen herausblickten. Die ganze Lichtung lag friedlich vor ihr. Hin und wieder hoppelte ein Hase darüber. Hier oben gab es erstaunlich viel Wild. Olivia hatte anfangs Schwierigkeiten, überhaupt eines zu erkennen. Doch Anni hatte ihr gezeigt, worauf sie achten musste, um die scheuen Waldbewohner zu entdecken. Und so hatte sie im Laufe der Wochen den ein oder anderen Fuchs und Hasen gesehen. Auch Rehwild hatte schon mehrmals ihre Wanderpfade gekreuzt, wohl auch deshalb, weil sie wesentlich achtsamer und leiser durch die Wälder zog. Sie fand es äußerst spannend, was die Natur alles für Sonderheiten bereithielt. Und dennoch gab es für sie noch eine Sache, die sie in diesem Zusammenhang sehr beschäftigte.

Schon kurz darauf ergab sich die Gelegenheit, Anni danach zu fragen. Nach dem Abendessen saßen sie wie gewohnt am Tisch. Knöpfchen friedlich schlummernd vor dem Kamin.

„Anni, jetzt haben wir mit viel Liebe und Mühe das kranke Reh gesund gepflegt. Und ich bin darüber überglücklich. Aber mich bedrückt, dass es eventuell von einem Jäger erlegt werden könnte." Sie zögerte einen Moment, um für die folgende Frage die richtigen Worte zu finden. „Ich bewundere deine Liebe zur Natur und dein Wissen darüber. Und gerade deshalb kann ich nicht verstehen, wie du Tiere töten kannst." Nun war es endlich heraus. Sie schluckte nervös und wartete auf die Reaktion der Alten.

Diese blieb völlig gelassen. In ihrer gewohnten Art lehnte sie sich entspannt zurück und sammelte sich, bevor sie antwortete: „Auch das gehört zur Schöpfung. Das Leben ist ein ewiges Stirb und Werde, Geburt und Tod, Aufbau und Zerfall. Ohne dies gäbe es kein Leben, keine Entwicklung und Evolution. Es geht nicht darum, *ob* ich töte, sondern *warum* und *wie.* Du kannst alles auf dieser Welt tun; deshalb sind wir ja hier, weil wir ausprobieren sollen, was auf Dauer funktioniert und was nicht. Die Motivation deines Handelns ist das Entscheidende. Wenn du aus Lust tötest, so ist dies nicht im Einklang mit der Natur. Kein Tier würde aus Lust töten. Es erlegt andere Lebewesen, um zu überleben und sich zu nähren."

Olivia überlegte. „Ich habe eine Freundin, die ist Vegetarierin und ihr Mann sogar Veganer. Fleisch und andere tierische Produkte lehnen sie in ihrem Lebensalltag komplett ab. Sie sagen, Tiere haben auch eine Seele und es sei nicht recht, sie zu töten, um von ihnen zu leben."

Anni zog die Augenbrauen spitz nach oben. Diesen Ausdruck des Unmuts kannte Olivia bereits an ihr. „Das ist ihre Art zu denken und zu existieren. Das steht ihnen zu. Allerdings muss ich hier einwenden, dass sie sich diesen Luxus wohl auch leisten können."

„Wieso Luxus? Sie verzichten doch auf vieles durch ihre Lebensart", widersprach Olivia.

„Es macht den Anschein, als würden sie dies tun. Da gebe ich dir Recht. Aber hast du schon mal von einem Urwaldbewohner gehört, der es sich hätte leisten können, auf Fleisch und andere tierische Produkte zu verzichten? Unsere steinzeitlichen Ahnen und heutige Ureinwohner bestimmter Kontinente wären sehr schnell ausgestorben, wenn sie nicht auch tierisches Eiweiß, Leder, Knochen, Felle oder sonstiges zur Verfügung gehabt hätten. Deine Freunde sind darauf nicht angewiesen, da sie sich den Luxus erlauben können, auf Ersatzprodukte aus der zivilisierten Welt zurückgreifen zu können und dadurch ihrer Philosophie folgen können. Steck diese beiden mal für ein halbes Jahr ohne Überlebenspaket in die Wildnis, dann sehen wir mal, wie lange sie bei ihrer Überzeugung bleiben." Bei dieser Vorstellung musste Anni herzhaft lachen. Schnell wurde sie wieder ernst und setzte noch hinzu: „Versteh mich nicht falsch: Überzeugungen sind wichtig, weil sie uns zuerst einen Rahmen geben, innerhalb dessen wir uns bewegen können. Aber wir müssen sie auch wieder loslassen, wenn sich dahinter ein noch größerer Gedanke zeigt. Kein Mensch kann in dieser Welt leben, ohne zu töten, ob bewusst oder unbewusst. Auch ein Veganer geht über eine Wiese und zertritt Insekten. Wo ist der Unterschied? In der Größe des Tieres etwa? Wir alle nutzen die Erde und sollen es auch tun, mit Liebe und Respekt. Wenn jemand seine Überzeugung nur deshalb auslebt, um anderen damit zu zeigen, dass er selbst der Gute ist und der andere mit seiner Lebensart der Böse, dann schafft er damit nur Unfrieden und bewirkt nichts Positives damit. Eine Überzeugung oder ein Vorbild darf nicht dazu benutzt werden, um über andere zu urteilen. Nicht einmal Gott urteilt über uns Menschen – und er hätte wahrlich allen Grund dazu!"

„Aber wenn ich die Möglichkeit habe, ohne tierische Produkte auszukommen, dann wäre es doch gut, darauf zu verzichten, oder nicht?" Olivia war mit ihren Fragen noch lange nicht am Ende.

„Gut oder schlecht ... das entscheidest ganz allein du selbst!", erwiderte Anni streng. „Wieso soll ich darauf verzichten, wenn die Schöpfung meinen Körper von Anbeginn an so ausgestattet hat, dass er hin und wieder tierisches Eiweiß und andere Nährstoffe benötigt. Ich würde darauf verzichten, wenn es mir nicht schmeckt oder ich allergisch darauf reagiere – oder wenn es zuwenig von einer bestimmten Sache gäbe und sie rationiert werden müsste. Aber mal ehrlich: Wer würde in Anbetracht dessen, dass die Wasserreservoirs dieser Erde sich langsam dem Ende zuneigen, auf Wasser verzichten können?" Annis Ton wurde immer bestimmter. „Es geht nicht darum, auf etwas zu verzichten. Ich glaube, dass all dies dazu da ist, damit wir es genießen und uns daran erfreuen. Wir müssten nur achtsamer mit den Ressourcen dieser Erde umgehen. Wir haben den Respekt verloren. Das ist das Problem!" Anni war voller Inbrunst. „Wieso gibt es kein Unterrichtsfach in der Schule, welches schon die Kinder auf so ein Leben vorbereitet und lehrt?" Erneut hielt sie inne. Olivia hatte Anni noch nie so erlebt. Ihre Augen sprühten regelrecht vor Leidenschaft. „Es geht nicht um Verzicht, sondern um einen grundsätzlich inneren Bewusstseinswandel. Wir erkennen nicht, dass wir bereits im Paradies leben."

Olivia schwieg betreten. Noch nie hatte ihr jemand das Leben auf derart klare, logische Weise erklärt.

„Nach allem, was du gerade gesagt hast, haben also auch Tiere eine Seele. Pflanzen etwa auch?"

„Alles, was du sehen, fühlen und riechen kannst ist beseelt. Alles besteht aus derselben Energie. Natürlich gehören auch Pflanzen dazu. Insofern kann man ruhig sagen, dass auch sie eine Seele haben. Es gibt genügend wissenschaftliche Untersuchungen, die beweisen, dass Pflanzen auf liebevolle Worte und Ausstrahlung des Menschen mit stärkerem, gesundem Wachstum reagieren. Man hat sogar festgestellt, dass Bäume *schreien*, wenn sie gefällt werden. Wie auch immer man das deuten mag. Ich bin überzeugt, dass Pflanzen definitiv auch eine Art von Schmerzempfinden haben." Anni blickte um sich und machte eine ausholende Armbewegung. „Alles hat seinen Platz in diesem Universum und ist perfekt aufeinander abgestimmt, auch wenn es wie Zufall oder Chaos aussieht. Das hat bereits

Einstein bewiesen. Ich bin mir sicher, die Erde braucht uns nicht. Sie wird auch ohne uns überleben.“

Anni schaute Olivia tief in die Augen. Da zeigte sich unvermittelt ein Schmunzeln in ihrem faltigen Gesicht. „Ich glaube, ich habe noch nie zuvor jemandem eine so lange Antwort auf eine so kurze Frage gegeben!“

3

„Morgen kommt Ruben“, erwähnte Anni ganz nebenbei am Frühstückstisch. Es war Anfang Oktober. Die Nächte waren schon sehr frostig. Ein Hochdruckgebiet sorgte tagsüber immer noch für blauen Himmel und Sonnenschein. Nach dem ersten kurzen Schneefall vor ein paar Tagen hatte es keinen weiteren Niederschlag mehr gegeben. Insgesamt war es ein sehr trockener Herbst gewesen und die Natur benötigte dringend Feuchtigkeit.

Olivia schnitt sich gerade ein großes Stück Ziegenkäse ab, welches Anni aus dem Dorf unten im Tal bezog. Die drei kurzen Worte der Alten hätten fast dazu geführt, dass ihr der Käse aus der Hand gefallen wäre.

„Wie? Was hast du gerade gesagt?“, fragte sie verdutzt nach.

„Morgen kommt Ruben“, wiederholte Anni nachdrücklich.

„Äh, ich dachte gerade, ich hätte mich verhört! Wer zum Teufel ist denn Ruben?“ Olivias Neugier war geweckt.

„Na, mit dem Teufel hat er jedenfalls nichts zu tun“, schmunzelte Anni.

„Nun sag schon! Spann mich nicht so auf die Folter“, drängte Olivia ungeduldig.

Anni kostete die Situation aus. Ihr schien es zu gefallen, wenn Olivia nervös wurde. Dann ließ sie sich absichtlich besonders viel Zeit mit einer Antwort. Betont langsam biss sie noch einmal in ihr Butterbrot und kaute genüsslich. Ihr keckes Grinsen brachte Olivia fast zur Raserei, obwohl diese bereits gelernt hatte, wesentlich beherrschter und kontrollierter mit ihren Gefühlen umzugehen. Sie biss sich auf die Unterlippe, um nicht noch einmal nachzuhaken. Sie wusste, dass dies Annis Antwort nur noch länger hinauszögern würde.

„Ruben, der Lieferant", kamen von Anni die erlösenden Worte.

Schweigen.

Annis Erklärung klang auf merkwürdige Weise in Olivia nach. *Ruben, der Lieferant.* Sie sagte dies auf eine derart geheimnisvolle Art, dass Olivia nicht wusste, ob sie sich darüber freuen oder bestürzt sein sollte. *Was ist denn nun los? Wieso berührt mich das so komisch? Er ist doch nur der Lieferant!*, versuchte sie sich zu beruhigen.

„Na, Kindchen, du bist ja plötzlich so schweigsam! So kenn ich dich ja gar nicht", unterbrach Anni ihre Gedankengänge.

„Äh, ja, ... es ist nur so merkwürdig, dass da plötzlich jemand in unsere Hütte kommt", stammelte Olivia. Ihr war nicht einmal aufgefallen, dass sie die Hütte bereits als ihr Zuhause betrachtete.

„Wieso? Du wusstest doch, dass ich Anfang Oktober noch eine letzte Lieferung vor dem Winter erwarte", stichelte die Alte.

„Stimmt, aber ich hatte es wohl vergessen. Du wusstest ja auch nicht genau, an welchem Tag der Lieferant kommen würde." Plötzlich hielt Olivia inne, als hätte sie eine Eingebung. „Moment mal, Anni. Woher weißt du denn, dass er ausgerechnet *morgen* kommt? Soweit ich weiß, ist hier oben kein Postbote aufgetaucht und Telefon hast du auch nicht. ... Oder hast du auf indianische Art Rauchzeichen erhalten?", setzte sie frech grinsend hinzu. Sie war sich sicher, Anni bei irgendeinem Trick ertappt zu haben und freute sich diebisch auf deren Erklärung.

Die Alte blieb wie immer gelassen. „Bedenke, was ich dich gelehrt habe: Wir sind alle eins. Und Ruben hat mir gestern *mitgeteilt*, dass er morgen kommen würde."

Olivia war platt. „Hä? *Mitgeteilt*? Du willst doch nicht behaupten, dass er von unten aus dem Dorf seine Gedanken zur dir *herauf-telepathiert* hat?"

„Doch, hat er." Wie immer war Annis Antwort kurz und schmerzlos.

Sie will mich veräppeln! Das glaubt ihr doch kein Mensch – und ich schon gar nicht! Olivia war im Begriff, richtig wütend zu werden. Laut sagte sie: „Anni, hör mal, so geht das nicht. Du kannst mir nicht solche Sachen erzählen und annehmen, dass ich dir das einfach so glaube!"

„Wieso solltest du es *nicht* glauben? Nach allem, *was* ich dich bisher gelehrt habe, müsstest du es mir sogar *einfach so* glauben", erwiderte Anni sachlich.

Nun reicht's mir aber! Weshalb macht sie das mit mir? Das würde bedeuten, dass sie mit allem und jedem in gedanklicher Verbindung stehen würde! Das kann sie unmöglich ernst meinen, grübelte Olivia.

„Stimmt, das tu ich", beteuerte die Alte.

Nun war es um Olivias Fassung geschehen. Ungehalten sprudelte es aus ihr heraus: „Verdammt noch mal, Anni! Du liest meine Gedanken, antwortest auch noch darauf, erzählst mir was von geistiger Verbindung und so – was soll ich denn davon halten? Das ist doch nicht normal! Willst du, dass ich hier noch vollends durchknalle? Erklär mir das bitte, bevor es mir noch mehr Angst macht!"

„Kindchen, das muss dir keine Angst machen. Da ist auch kein Trick dahinter. Du selbst hast diese Verbindung schon mehr als einmal in deinem Leben wahrgenommen.

Du hast diese Fähigkeit, die im Übrigen in jedem Menschen steckt, nur noch nie bewusst angewandt. Überleg doch mal: Wie oft hast du schon intensiv an jemanden gedacht, und dieser Jemand hat kurz darauf angerufen oder dir Post geschickt? Wie oft hast du schon *gespürt*, dass mit einem dir vertrauten Menschen in der Ferne etwas nicht stimmt und hast später erfahren, dass er in seiner Not an dich gedacht hat? Ich könnte dir noch viele andere Beispiele aufzählen."

Ja, es stimmte. Aber Olivia hatte immer an Zufälle geglaubt, wenn sie derartige *Vorahnungen* hatte. Wie viel steckte wohl in ihr, von dem sie nichts weiß? Fast wurde sie traurig in Anbetracht dieser Tatsache. *Andererseits könnte ich mich auch einfach nur darüber freuen.* Und sie beschloss, dieser aufsteigenden Trauer keinen Platz in ihrem Innern zu geben. *Ich könnte es ja mal ausprobieren!*

Anni legte ihre Hand auf Olivias Arm und tätschelte diesen anerkennend. Mit einem Lächeln stand sie auf und räumte den Frühstückstisch ab.

Im Laufe des Tages entstand in Olivia eine freudige Erwartung. Ihr war nicht ganz klar, worüber sie sich freute, oder was sie erwartete. Sie genoss es einfach, ohne groß darüber nachzudenken.

Gegen Abend bekam die Vorfreude dann doch die ersten Risse. Eines hatte sie nicht bedacht: Durch Rubens Besuch würde sie mit ihm zurück ins Dorf und in ihr früheres Leben kehren können. Dieser Gedanke gefiel ihr gar nicht. Im Gegenteil: Sie erkannte, dass sie noch nicht soweit war, zurückzukehren. Die wenigen Wochen hier oben bei Anni hatten ihr gut getan. Etwas in ihr hatte sich verändert. Ihre Schwermut und Trauer waren fast vollkommen verschwunden. Sie fühlte sich stärker denn je und hatte den Eindruck, dass sie noch lange nicht am

Ende mit ihrer neuen Entwicklung war. *Ich will noch mehr lernen. Ich will Annis Schülerin sein.* Erst bei diesem Gedanken erkannte sie, dass sie dies schon vom ersten Augenblick an gewesen war.

Ihr Entschluss stand fest: Sie würde Anni bitten, noch länger bei ihr bleiben zu dürfen!

4

Die Nacht zog sich länger dahin, als ihr lieb war. Einige Stunden hatte sie sich unruhig hin und her gewälzt. Der Schlaf ließ sich Zeit. Olivias Gedanken gaben einfach keine Ruhe, bis sie sich an die Atemübungen erinnerte. Sie beschloss, den Grübeleien in ihrem Kopf den Garaus zu machen. *Wir werden ja sehen, wer hier der Boss ist!*, sagte sie entschlossen zu ihrem lauten Ich. Längst hatte sie akzeptiert, dass es tatsächlich zwei Ich's in ihr gab. Es war so, wie Anni es erklärt hatte. Da gab es diese laute, herrische Stimme in ihr und die etwas leisere, sanfte, die sie nur wahrnahm, wenn sie zur Ruhe kam und in sich hineinlauschte. Erstmals hatte sie in dieser Nacht den Sieg über sich selbst erreicht. Das konzentrierte Ein- und Ausatmen, das Licht und die daraus resultierende Entspannung brachten den lang ersehnten Schlaf.

Sie träumte intensiv. Sie saß in einem Auto ohne Lenkrad auf dem Beifahrersitz. Den Fahrer selbst erkannte sie nicht, doch steuerte er auf unerklärliche Weise das Fahrzeug. Sie fuhren viele Kurven in den engen Straßen einer Großstadt entlang und kamen schließlich in ein wenig besiedeltes Gebiet. Sie wusste nicht, ob sie dem Fahrer trauen konnte und hatte zwischendurch Angst um sich. Aber sie hatte auch keine Möglichkeit zu fliehen. Wie festgezurrt saß sie auf ihrem Sitz, kaum fähig, sich zu rühren. Es war eine gefährliche Fahrt, mit vielen Hindernissen. Immer wieder sprang ihnen jemand in den Weg und nur die Achtsamkeit und das Können des Fahrers verhinderten, dass es einen Unfall oder Verletzte gab. Erst als sie endlich aus der Stadt hinausgefunden hatten, wurde es in ihr ruhiger. Die Landschaft veränderte sich spontan. Sie wechselte in Bruchteilen einer Sekunde von üppigem Grün in ausgetrocknete Steppenlandschaften. Plötzlich tauchte ein riesiger Berg vor ihnen auf. Mächtig und majestätisch ragte er in den Himmel. Auf seiner Spitze thronte die Sonne und tauchte alles um sie herum in grelles, warmes Licht. Im Traum wusste Olivia instinktiv, dass sie nun da hoch müsste. Es gab keine Alternative. Und in dem Augenblick, in dem sie sich dazu entschlossen hatte, saß sie plötzlich selbst auf dem Fahrersitz und der Fremde war spurlos verschwunden. Plötzlich war auch das Lenkrad vor ihr. Zuerst zögernd, mit mulmigem Gefühl, später dann entschlossener, legte sie ihre Hände darauf und steuerte den Wagen selbst.

In diesem Moment war sie aufgewacht. Verwirrt blinzelte sie auf die Decke über ihrem Bett. Es war noch dunkel in ihrer Kammer, aber sie wusste, es musste schon Morgen sein. Knöpfchen war sofort zur Stelle und legte wie üblich ihren Kopf und eine Pfote auf Olivias Bett. Zärtlich blickte sie zu der treuen Gefährtin und schmuste innig mit ihr. Knöpfchen quittierte die Streicheleinheiten mit wohligen Tönen.

„So, du Schmusebär. Schluss jetzt. Zeit zum Aufstehen. Heut bekommen wir Besuch.“ Da war sie wieder, diese freudige Erregung.

Sie schwang ihre Beine aus dem Bett und griff nach frischen Kleidern. Schon oft hatte sie sich gefragt, woher Anni die gut gefüllte Kleidertruhe mit Pullovern, Hosen, Shirts und Hemden hatte. Beinahe alles passte ihr vorzüglich. Es waren vielleicht nicht unbedingt die aktuellsten Modelle, aber doch bequem und praktisch. Sie ertappte sich dabei, wie sie heute besonderen Wert auf ihr Aussehen legte. Ihre wilde Lockenpracht, die sonst durch ein Haarband gebändigt wurde, ließ sie offen über die Schultern fallen.

Gut gelaunt betrat sie die Wohnstube. Wie erwartet stand Anni bereits am Ofen. Es duftete verführerisch nach frischem Brot.

„Ich habe heute Morgen schon gebacken. Ruben liebt frisches Brot – vor allem wenn es noch warm und knusprig ist", begrüßte die Alte Olivia fröhlich.

Aha, das heißt also, er kommt schon heute Vormittag. Stille Freude breitete sich in Olivia aus.

„Seit wann bist du denn schon wach, Anni? Wir haben doch höchstens sechs Uhr!"

„So gegen halb vier bin ich aufgestanden. Ich brauche nicht sehr viel Schlaf", trällerte sie wohlgelaunt. Sie werkelte eifrig mit den Kochlappen vor dem geöffneten Ofen herum. Die Glut verströmte noch ihre Hitze und Anni versuchte schnell das frische Brot von der Schiene zu ziehen. „Huch, ist das heiß. Hätt ich mal lieber den Schieber genommen. … Aaah, schau dir das Prachtstück an! Sieht es nicht lecker aus?"

Olivia hatte Anni noch nie so ausgelassen erlebt. Sie stand einfach nur neben dem Tisch, schaute der Alten zu und staunte. *Was ist denn mit Anni los? Sie ist ja richtig aufgedreht. Das kann nur an Rubens Besuch liegen. Na, der Bursche macht mich langsam neugierig.*

Olivia schlenderte gutgelaunt mit Knöpfchen hinaus zum Waschtrog. Es war bitterkalt und am Himmel glitzerten noch klar die Sterne. Ein wunderschöner Morgen brach heran. Er verriet noch nichts von seinen heutigen Geheimnissen. Was auch immer er für diesen Tag bereithielt, Olivia stand in den Startlöchern.

Wie üblich machte Knöpfchen erst einmal ihre Morgenrunde. Sie würde mindestens eine Stunde draußen bleiben. Zuerst ging sie ein Mal mit der Schnauze auf dem Boden um die Hütte, dann dehnte sie ihre Kreise immer weiter aus, bis sie schließlich die ganze Lichtung nach frischen Fährten und sonstigen Düften untersucht hatte. Olivia durchbrach die dünne Eisschicht in der großen Wassertonne zerstoßen, und füllte den Krug. Sie begann, sich kräftig abzurubbeln. Das kalte Wasser auf ihrer Haut entlockte ihr ein lautes „Huuuuuch!“ Nachdem sie ihre Morgenwäsche beendet hatte, wandte sie sich erfrischt und munter zum Gehen.

Wie vom Blitz getroffen erstarrte sie in ihrer Bewegung. Aus dem Nichts heraus stand vor ihr eine dunkle, große Gestalt. Mit aufgerissenen Augen starrte sie auf den Fremden. Neben ihm stand freudig wedelnd Knöpfchen. Der Mann regte sich, machte einen halben Schritt zurück und streckte beschwichtigend die Hände aus. „Oh, Entschuldigung. Ich wollte dich nicht erschrecken!“, erklärte er schnell. Seine tiefe Stimme drang bis in Olivias Bauch. Wie Echowellen breitete sich ein tiefes Kribbeln in ihr aus.

„Äh, … ja, … ups, jetzt ist mir tatsächlich fast das Herz stehen geblieben.“ Verwirrt schüttelte Olivia ihren Kopf. „Ich muss mich erst mal wieder beruhigen“, stammelte sie. „Sie müssen Ruben sein. Der Lieferant“, stellte sie erfreut fest.

Im leichten Dämmerlicht erkannte sie ein breites Grinsen auf seinem Gesicht. Er war höchstens Ende vierzig und hatte eine enorme Ausstrahlung. „Ja, der bin ich. Wie ich sehe, bist du gut informiert. Ich wusste gar nicht, dass Anni Besuch hat.“

„Oh, das ist eine lange Geschichte. Kommen Sie … äh … *du* doch erst mal rein. Anni erwartet dich schon. Sie ist ganz aufgeregt und hat sogar schon frisches Brot für dich gebacken!“ Ihre Unsicherheit und ihr Stottern waren ihr schrecklich peinlich. *Blöde Kuh, reiß dich zusammen!*

„Na dann, lass uns reingehen. Ich freu mich auch schon riesig, sie wieder in meine Arme schließen zu können.“

Seine letzten Worte irritierten Olivia gewaltig. *Wie sich das anhört!? In meine Arme schließen! Als ob sie ein Liebespaar wären.* Mit weichen Knien folgte sie ihm in die Hütte.

Anni stieß einen Jubelschrei aus, als sie Ruben erblickte. Mit jugendlichem Elan lief sie auf ihn zu und drückte ihn herzhaft an sich. In den Armen des großen Mannes wirkte sie wie ein junges Mädchen. Er hob sie schwungvoll hoch und drückte ihr einen dicken Kuss auf den Mund. Olivia war fassungslos. *Was ist das denn? Sind die noch normal? Er ist doch mindestens dreißig Jahre jünger als sie!* Sie schüttelte den Kopf und wandte sich beschämt ab. Sie begann Holzscheite in den Kamin zu legen – nicht, dass es nötig gewesen wäre, das Feuer war noch groß genug, aber es war eine gute Ablenkung von dieser Szene. Sie hätte nie gedacht, dass Anni zu solch ungezügelten Energieausbrüchen fähig wäre. *Die ist ja richtig aus dem Häuschen. Und das in ihrem Alter!* Hinter sich hörte sie die freudigen Stimmen der beiden. „Wie war die Fahrt? Ist der Weg hier hoch in Ordnung? Wo hast du den Lieferwagen abgestellt? Wie geht's den Leuten im Dorf?“ Fragen über Fragen sprudelten aus Anni heraus. Ruben gab so gut er konnte in der Kürze Antworten.

„Kindchen, schau nicht so deppert drein. Lass uns den Frühstückstisch decken. Es gibt so vieles zu erzählen.“ Anni benutzte doch tatsächlich einen süddeutschen Ausdruck. Sonst hatte sie mit Olivia immer nur hochdeutsch gesprochen. Olivia verstand die Welt nicht mehr. Hatte diese Frau etwa Frühlingsgefühle?

Als sie an dem reichlich gedeckten Tisch saßen und nach anfänglichem Informationsaustausch langsam zur Ruhe kamen, hatte Olivia zum ersten Mal die Gelegenheit, Ruben im morgendlichen Dämmerlicht und dem Schein des Feuers genauer unter die Lupe zu nehmen. Seine Größe schätzte sie auf einsfünfundachtzig, sein Körperbau war muskulös, auch wenn ein Bauchansatz nicht zu übersehen war. Aber das machte ihn nur noch stattlicher. Er war wohl körperliche Arbeit gewohnt und konnte ein paar Speckröllchen bestimmt gut gebrauchen. Sein kurzes schwarzes Haar zeigte die ersten grauen Strähnen, glänzte jedoch immer noch schwarzschimmernd im Feuerschein. Das braungebrannte Gesicht war von feinen Fältchen durchzogen, doch ließ ihn das nicht alt aussehen, sondern verlieh ihm einen herb-männlichen Ausdruck. *Alles in allem ein hochinteressanter Mann*, fand Olivia. Etwas an ihm ließ sie stutzen. Sie betrachtete ihn noch eingehender, um herauszufinden, was sie an ihm so irritierte. *Was ist das bloß, was mir so vertraut an ihm vorkommt?*, überlegte sie krampfhaft. *Seine Augen!*, fuhr es ihr durch den Kopf.

Bevor sie noch weiter nachdenken konnte, sprach Ruben sie grinsend an: „Olivia, du bist ja gar nicht anwesend. Was starrst du mich denn so an? Hab ich eine Fliege auf der Nase?" Er hatte ein tiefes, sonores Lachen. Anni blickte amüsiert zwischen beiden hin und her.

Olivia fühlte sich ertappt und merkte verzweifelt, wie sich verräterische Röte über ihr Gesicht ausbreitete. Sie konnte nur hoffen, dass diese in dem halbdunklen Raum nicht so gut zu erkennen war. „Oh, entschuldige. Ich wollte dir nicht zu nahe treten, Ruben. Ich hab nur schon lange niemanden mehr hier oben gesehen – außer Anni natürlich", fügte sie schnell hinzu. „Ich merke jetzt erst wieder, dass es auf dieser Welt ja noch andere Menschen gibt, außer ihr und mir." Sie mühte sich ein verlegenes Lächeln ab.

„Ja, gell, Kindchen, hier oben ist man ganz schön einsam. Aber das hat auch seine schönen Seiten. Und Ruben versorgt mich ja stets mit den neuesten Nachrichten, so bin ich nicht ganz abgeschnitten von der Zivilisation." Anni strahlte immer noch wie ein Honigkuchenpferd. Ihre Augen leuchteten wieder ihr hellstes Silbergrau.

Ihre Augen! Mein Gott, das ist es!, dachte Olivia elektrisiert. Sie wandte ihren Kopf zu Ruben und blickte ihm konzentriert in die Augen. Es waren absolut dieselben! Er hatte dieses leuchtend helle Silber darin.

Anni zwinkerte Ruben vielsagend zu. „Sie hat es gerade gemerkt."

„Ja, sieht so aus", erwiderte er schmunzelnd.

Olivia war nun völlig durcheinander. „Von was redet ihr?"

„Davon, dass Ruben mein Sohn ist", antwortete Anni schlicht.

Olivia starrte die beiden erstaunt an. Wieder einmal hatte es ihr die Sprache verschlagen. *Na klar, Mensch! Wie blöd bin ich eigentlich? Das ist doch offensichtlich. Warum ist mir das nicht gleich aufgefallen?* Erleichterung machte sich in ihr breit. Sie war regelrecht froh über diese Erkenntnis. „Jetzt versteh ich! Ich hab doch schon die ganze Zeit gedacht, dass hier irgendwas komisch ist."

„Wieso komisch?", wollte Ruben wissen.

Olivia hätte sich auf die Lippen beißen können für ihre vorschnelle Äußerung. Es wäre ihr äußerst peinlich, zuzugeben, dass ihr die ganze Begrüßungszeremonie unangemessen vorgekommen ist. Schnell suchte sie nach einer passenden Antwort. „Nun ja," stammelte sie, „ihr habt euch so innig begrüßt, so, als wärt ihr … äh, … ." Zu spät, jetzt hatte sie sich komplett in den Fettnapf gestellt.

Anni fing prompt das Kichern an und auch Ruben konnte sich angesichts ihres betretenen Gesichtsausdrucks nicht mehr beherrschen. Aus seinem Hals drang dasselbe kehlige Lachen, wie sie es schon häufig bei Anni gehört hatte. Zuerst wusste Olivia nicht, ob sie beleidigt sein oder einfach mitlachen sollte. Sie entschied sich für die zweite Möglichkeit. In Anbetracht ihrer blühenden Phantasie war es wohl die beste Reaktion, die sie aus dieser verfänglichen Lage retten konnte.

Die Alte hatte schon Tränen in den Augen und hielt sich stöhnend den Bauch. Ihr Kichern schien kein Ende nehmen zu wollen. „Stellt euch das mal vor, … ich und ein jugendlicher Liebhaber! Das ist wirklich gut!", brachte sie stammelnd hervor.

„Ha, da stellt sich die Frage, wer von uns beiden besser dabei abschneiden würde?", rief Ruben feixend aus.

Jetzt gab es kein Halten mehr. In ihren Köpfen wirbelten die wildesten Vorstellungen durcheinander. Jeder setzte noch ein lasterhaftes Bild oben drauf.

Verzweifelt nach Atem ringend, versuchte Anni als Erste wieder die Fassung zu gewinnen. „Hach, so hab ich schon lange nicht mehr gelacht. Jetzt hab ich bestimmt ein paar Falten mehr", stöhnte sie erschöpft.

„Wir alle haben das, Mama. Aber deine Falten machen dich nur noch anmutiger", schmeichelte Ruben.

Olivia war eigenartig berührt, als dieser reife Mann seine Mutter mit *Mama* ansprach. Es klang keineswegs albern. Er sprach dieses Wort mit einer Wärme, die ihn für Olivia nur noch anziehender machte. Das gemeinsame Lachen hatte sie alle einander nähergebracht.

Anni begann den Tisch abzuräumen. „Kinder, die Morgendämmerung ist schon weit fortgeschritten und eigentlich wollte ich noch auf die Pirsch. Ich hätte uns gerne zu Mittag einen Hasenbraten serviert. Olivia, was meinst du: Würdest du mich heute mal zur Jagd begleiten? Ruben wird sowieso eine Weile mit dem Ausladen seines Lieferwagens beschäftigt sein. Der steht nämlich gut achthundert Meter von hier entfernt. Es gibt keinen befahrbaren Weg, der bis zur Hütte führt. Und wir können ihm eh nicht dabei helfen, die schweren Kisten zu schleppen, gell, mein Junge", stellte sie fest.

Es war ein ungeschriebenes Gesetz, dass selbst eine freundliche Bitte der Alten eine klare Anweisung an alle war. Und so ging Olivia in ihre Kammer, um sich warme, dunkle Kleidung für die Jagd anzuziehen. Noch nie war sie dabeigewesen. Bisher hatte sie stets gekniffen. Ihr war mulmig zumute.

Ruben schnappte sich seine dicke Lodenjacke und seinen Autoschlüssel. In der Tür drehte er sich nochmals zu seiner Mutter um. „Hast du noch genug Munition? Ich hätte noch welche im Wagen."

„Danke, dass du dran gedacht hast, Ruben. Für heute reicht es noch. Aber bring mir doch bitte dein Schleifgerät aus dem Auto mit. Mein Stilettmesser müsste mal wieder geschärft werden."

Olivia hörte den beiden fasziniert zu. *Man könnte nicht meinen, dass Anni eine spirituelle Frau ist, so, wie sie über Waffen und Munition spricht.* So ganz konnte sie diese beiden Seiten an der Alten noch nicht miteinander verbinden.

5

Die beiden Frauen schritten leise einen schmalen Pirschpfad entlang. Die Alte hatte Olivia vorher nahegelegt, keinen Mucks von sich zu geben. „Und wenn wir ein Reh sehen, dann beweg dich ja nicht. Es nimmt deine Bewegung sofort wahr und würde flüchten. Solange wir stocksteif stehen bleiben, wird es uns nicht als Gefahr erkennen. Ich möchte das Wild ungern unnötig stören. Der Wind steht gut. Er kommt von vorn, so können sie uns wenigstens nicht wittern. Bleib immer hinter mir, damit du mir nicht versehentlich in den Gewehrlauf rennst."

Olivia bemühte sich, alle Anweisungen zu befolgen.

Anni wusste genau, wo sie hinwollte. Sie kannte ‚ihr' Wild zu gut und wusste, wo sie es am besten antreffen konnte. Plötzlich blieb sie stehen und schaute konzentriert geradeaus. Knöpfchen, wie stets auf ihren Ausflügen war auch sie dabei, stand ebenso reglos neben seinem Frauchen. Die Ohren aufgestellt, die Rute erwartungsvoll nach oben gerichtet, wusste offensichtlich auch sie genau, wie sie sich zu verhalten hatte. Olivia versuchte, Anni über die Schulter zu schauen. Die Alte hatte sich leicht geduckt und sie tat es ihr nach. Mit angehaltenem Atem folgte sie ihrem Blick. Vor ihnen hatte sich das dichte Unterholz etwas gelichtet und gab die Sicht auf den Weg frei. Etwa dreißig Meter voraus stand mitten auf dem Pfad ein Rehbock. Seine linke Breite war ihnen zugewandt und er äste vertraut ein paar Kräuter. Immer wieder hob er sein gehörntes Haupt und kaute friedlich vor sich hin. Olivia war tief beeindruckt. Beinahe wäre ihr ein staunendes „Oh" herausgerutscht, sie konnte sich aber gerade noch beherrschen. Er bemerkte seine heimlichen Beobachter nicht und benahm sich, als wäre er der Herr des Waldes. Die Farbe seiner Decke passte sich perfekt der grau-braunen, vom Winter gezeichneten Umgebung an. Kauend sicherte er immer wieder die Umgebung ab, hielt inne, drehte seine Lauscher in alle Richtungen, äugte mal hier hin, mal dort hin und zupfte dann wieder entspannt an den Sträuchern. Nach einigen Minuten zog er langsam den Pfad entlang und verschwand dann nach links in einer Naturverjüngung.

Anni richtete sich auf. Mit einem verzückten Strahlen drehte sie sich zu Olivia um. „War das nicht ein prächtiger Kerl? Stark im Wildbret, und hast du die Stangen gesehen? Ein Sechsender; weit über Lauscher hoch! Er müsste ungefähr vier Jahre alt sein. Herrlich! Ist das nicht ein majestätischer Anblick gewesen?"

Olivia verstand nur die Hälfte von Annis Beschreibungen. Dennoch war auch sie seltsam beglückt von diesem Erlebnis. Und selbst sie hatte erkannt, dass dieser Bock eine beeindruckendes Bild abgab. „Ja, Anni. Es ist heutzutage nichts Selbstverständliches mehr, scheues Wild in seiner natürlichen Umgebung beobachten zu können. Toll! Vielen Dank für diese Möglichkeit."

„Danke nicht mir, Kindchen. Danke der Schöpfung, dass sie so etwas Prächtiges geschaffen hat!", antwortete die Alte immer noch flüsternd.

Anni drehte sich um und wollte den Pfad wieder zurücklaufen.

Olivia stutzte. „Wieso kehrst du denn wieder um? Du wolltest doch einen Braten mit nach Hause bringen?"

„Ich habe soeben beschlossen, dass wir heute einen Gemüse-Nudel-Auflauf zum Mittagessen machen", kam die knappe Antwort.

„Wieso denn das? Und weshalb hast du soeben nicht den Bock erlegt? Den hätte ja sogar ich getroffen!", setzte Olivia übermütig hinzu.

Die Alte warf ihr einen mahnenden Blick zu. „Na na, so leichtfertig spricht man nicht vom Geschöpf!“ Olivia setzte eine entschuldigende Miene auf. „Aber um auf deine Fragen zurückzukommen: Erstens habe ich beschlossen, dass heute kein *Jagdtag* ist. Zweitens haben Rehböcke von September bis Mai Schonzeit. Drittens hätte ich sowieso die falsche Munition dabei gehabt. Und viertens würde ich eh zuerst ein schwaches Stück erlegen, bevor ich so einen starken Bock aus seiner Blütezeit herausreiße. Er soll lieber noch ein paar Jahre gesunde Nachkommen zeugen.“

Auf dem Rückweg hoppelte ihnen tatsächlich noch ein Hase über den Pfad. Doch trotz der Möglichkeit, ihn zu erlegen, ließ Anni ihr Gewehr unbenutzt über der Schulter hängen.

Während des Gehens hingen beide ihren Gedanken nach. Inzwischen war es hell geworden. Der Himmel zeigte seit langer Zeit mal wieder eine geschlossene Wolkendecke. Die vergangenen Wochen waren sie von der Sonne verwöhnt worden. Anni betrachtete prüfend den Wetterumschwung.

„Anni, wie lange wird Ruben hier oben bleiben?“

„Ich denke ein, zwei Tage, sofern das Wetter hält.“

„Was meinst du damit?

„Es könnte Schnee geben. Der Himmel sieht verdächtig grau aus. Und wenn es sich hier oben erst mal einschneit, dann … .“ Anni sprach den Satz nicht zu Ende.

„Ich frage nur deshalb, weil ich doch dann mit ihm zurückfahren müsste.“ Vorsichtig näherte sich Olivia ihrem eigentlichen Anliegen.

„Wieso *müsste?*“, fragte die Alte verwundert.

„Nun, ich dachte wir hätten das zu Anfang so ausgemacht. Wenn der Lieferant käme, hätte ich die Möglichkeit, mit ihm vom Berg herunterzukommen.“

„Ich habe gar nichts ausgemacht. Das war dein Plan gewesen, Kindchen. Und überhaupt: du sagtest ja gerade selbst, du hättest die *Möglichkeit.*“

Olivias Herz klopfte aufgeregt. „Soll das heißen, du hast nichts dagegen, wenn ich noch bei dir bleibe?“

„Wieso sollte ich etwas dagegen haben? Deine Gesellschaft ist mir lieb und gegen den Lauf der Dinge soll man sich nicht wehren“, sagte die Alte tiefsinnig. „Wer weiß, wozu es gut ist?“

Eine stille Freude und Dankbarkeit erfüllten Olivia. Sie wusste, dass sie noch nicht weit genug gekommen war, um heimzukehren. Intuitiv spürte sie, dass sie hier oben noch etwas Wesentliches über sich selbst erfahren wollte. Und sie wusste auch, dass sie es nirgendwo sonst würde lernen können.

Zufrieden schritt sie hinter der Alten her. Tief in sich versunken, rief sie sich nochmals die Begegnung mit Ruben in Erinnerung. Ihre Reaktion, als sie erfuhr, dass er Annis Sohn ist und dieses befreiende Gefühl in ihrem Herzen ... Wieso hatte Anni ihr nicht früher gesagt, dass sie Kinder hat?

„Anni, du hast mir nie erzählt, dass du einen Sohn hast. Warst du denn mal verheiratet?“

Ohne sich zu ihr umzudrehen, entgegnete Anni ein knappes „Ja.“

„Hm, hast du denn noch mehr Kinder, außer Ruben?“, fragte Olivia weiter.

„Ja, aber sie leben nicht mehr.“ An ihrem Tonfall konnte Olivia erkennen, dass Anni keine weiteren Fragen beantworten würde.

Bis jetzt hatte sich Olivia noch nicht ernsthaft mit Annis Leben beschäftigt. Ihre eigenen Angelegenheiten hatten sie noch zu sehr beansprucht. Nun war sie sehr betroffen über die knappen Äußerungen ihrer Lehrerin. Die wenigen Worte ließen sie eine tragische Geschichte erahnen. *Hier könnte die Antwort zu finden sein, weshalb sie so zurückgezogen lebt.*

Ein leises, melodisches Summen holte sie aus ihren Gedanken heraus. Anni summte wieder eine ihrer melancholischen Melodien. Obwohl sie traurig klangen, hatten sie nichts Schwermütiges an sich. Sie muteten vielmehr an, wie Lieder aus einer längst vergangenen und vergessenen Zeit. Andächtig lauschte Olivia den beseelten Klängen, bis sie wieder auf der Lichtung ankamen.

Die Scheunentür stand offen und Ruben war gerade dabei, einige gefüllte Holzkisten und Säcke darin zu verstauen. Als er die beiden Frauen samt Knöpfchen kommen sah, winkte er ihnen fröhlich und verschwitzt zu.

„Ein tolles Bild gebt ihr drei Jägerinnen ab", rief er munter.

„Vielen Dank, mein Lieber. Dagegen schaust du nicht mehr ganz so salonfähig aus", entgegnete Anni frech.

„Na, ich hab ja schließlich auch hart gearbeitet – im Gegensatz zu euch Dreien! Denn wie ich sehe, hast du beschlossen, dass heute kein *Jagdtag* ist." Es schien ein offenes Geheimnis zu sein, dass die Alte bewusst auf Beute verzichtete.

Sie standen nun alle an der Scheuer und betrachteten die vielen darin aufgestapelten Kisten und Säcke. Dieser Vorrat würde sie sicher über den Winter bringen.

„Anni, da hast du aber eine Menge Zeug bestellt. Man könnte gerade meinen, du hättest bei deiner letzten Bestellung gewusst, dass du über den Winter Besuch bekommen würdest", lachte Olivia.

Ruben blickte liebevoll auf Anni. „So wie ich meine Mutter kenne, hat sie das auch."

Olivia beschloss, daraufhin keine weiteren Fragen mehr zu stellen. Sie wusste sowieso, welche Antworten sie bekommen würde.

„So, Kinder, nun machen wir aber, dass wir in die Hütte kommen. Ein heißer Tee tut uns allen gut. Das Wetter hat umgeschlagen und es ist doch merklich kälter geworden."

„Gute Idee, Mama. Ich werde mich aber erst noch waschen und meine Kleider wechseln. Ich kann mich unmöglich in diesem verschwitzten Zustand mit zwei Ladys an den Tisch setzen", schmunzelte Ruben. „Olivia, würdest du mir bitte aus meiner Reisetasche in der Hütte ein frisches Hemd und eine Hose herausbringen?"

„Klar, mach ich."

Anni räumte zuerst ihre Jagdutensilien zur Seite. Sie mochte es nicht, wenn das Gewehr in der Gegend herumstand. Währenddessen kramte Olivia die gewünschten Kleidungsstücke aus Rubens Tasche. Ein herber Duft stieg ihr dabei in die Nase. Sie schloss genießerisch die Augen und zog den männlichen Geruch tief ein. Fast hatte sie vergessen, dass es diese Seite des Lebens auch noch gab. Eine stille Sehnsucht breitete sich in ihrem Herzen aus. *Tja, lang, lang ist's her!*, dachte sie wehmütig.

Mit den Kleidern unterm Arm ging sie wieder hinaus zur Waschstelle. Als sie um die Ecke kam, sah sie ihn mit nacktem Oberkörper über die Schüssel gebeugt dastehen. Er rieb sich kräftig Gesicht und Arme mit Seife ein und nahm sie nicht wahr, als sie näher kam. Er hatte vor allem keine Ahnung, was sein Anblick in diesem Moment in ihr anrichtete!

„Hier, deine frischen Klamotten. Hoffe, es sind die richtigen. Beeil dich, sonst holst du dir noch den Tod hier draußen!" Sie versuchte unbekümmert zu klingen. Im

Stillen fügte sie noch hinzu: ... *und es wäre wahrhaftig schade um dich!* Schnell lief sie zurück ins Haus und half Anni bei den Vorbereitungen zum Tee.

Ruben hatte für Knöpfchen getrocknete Schweineohren mitgebracht und natürlich hatte sich die Hündin sofort darüber hergemacht. Das nagende Geräusch drang unter dem Tisch herauf und verbreitete in Verbindung mit dem knisternden Feuer und dem heißen Tee eine anheimelnde Atmosphäre.

„Ach Olivia, bevor ich's vergesse:", setzte Ruben mitten im Gespräch an. „Vor zwei Tagen hat der Förster unweit von hier einen alten Campingbus im Wald gefunden. Offensichtlich stand er schon länger dort. Er musste ihn abschleppen lassen, da wohl die Lichtmaschine defekt war. Das war nicht zufällig deiner?"

„Oh Gott, ja, das ist meiner!", rief sie aus. „Wo ist er denn jetzt?"

„Er hat ihn der Polizei übergeben, da er nicht wusste, ob es ein Verbrechen gegeben haben könnte, da weit und breit niemand zu finden war. Die sind wohl gerade dabei, über das Kennzeichen den Besitzer zu ermitteln."

„Meine Güte!" Olivia erschrak. „Wenn sie bei mir zu Hause niemanden antreffen, werden sie sich früher oder später an meine Tante Luise wenden. Die bekommt glatt einen Herzinfarkt, wenn sie hört, dass ich vermisst werde. Ich hab ihr zwar von unterwegs eine Karte geschrieben und erklärt, dass ich eine Weile durch die Weltgeschichte reise, aber wenn sie von meinem verlassenen Campingbus hört, kippt sie glatt um."

„Mach dir keine Gedanken. Wenn ich wieder hinunterfahre, gebe ich sofort bei der Polizei Bescheid. Du kannst mir ja noch die Telefonnummer deiner Tante mitgeben, dann ruf ich sie an und erklär ihr alles", bot Ruben an.

„Ja, das wäre lieb von dir. Aber hast du denn kein Handy bei dir? Dann könnte ich sie gleich anrufen“, fiel Olivia ein.

„Ich besitze kein Handy. Wozu auch? Damit ich immer und überall von jedermann erreichbar bin? Nein, danke. Außerdem hättest du hier oben sowieso keinen Empfang. Das Netz ist in dieser Gegend nicht besonders gut ausgebaut.“

Olivia ließ die Schultern sinken. *Nun, da muss Tantchen wohl noch ein paar Tage tapfer bleiben. Ich hoffe nur, dass sie sie noch nicht erreicht haben.*

Anni sah die Besorgnis in Olivias Gesicht. „Mach dir keine Sorgen. Es kommt alles in Ordnung.“

Die Zuversicht die Anni ausstrahlte, wirkte beruhigend auf sie. *Ja, ich brauch mir keine Sorgen zu machen. Alles geht seinen guten Gang.*

6

Gegen Abend begann es zu schneien. Große Flocken fielen dicht aus der grauen Wolkendecke herab. Im Nu lag die Lichtung unter einer dicken Schneedecke und das reine Weiß wirkte wie ein Märchen. Die Äste der Fichten begannen sich unter der schweren Last zu neigen.

Ruben und Olivia standen vor der Hütte und unterhielten sich über Alltägliches. Sein Blick wurde in Anbetracht der wachsenden Schneedecke jedoch immer besorgter.

„Tja, so wie ich das sehe, werde ich morgen Mittag noch nicht zurückfahren können. Der Schnee wird zwar noch nicht sehr lange liegen bleiben, aber wenn es die Nacht über so weiterschneit, sind die Wege morgen zu unsicher.“

„Hast du denn keinen geländetauglichen Wagen dabei?", wollte Olivia wissen.

„Doch sicher. Ich habe sogar Schneeketten. Aber bei den Schneemengen, die hier oben immer gleich auf einmal herunterfallen, nützen die mir auch nicht viel. Bis ich auf der Hauptstraße bin, muss ich erst noch eine Weile durch ziemlich unwegsames Gelände und das ist mir dann doch zu gefährlich", erklärte er ihr. „Wolltest du nicht sogar ursprünglich mit zurückfahren?"

Olivia nickte. „Ja, ursprünglich schon. Aber ich hab Anni gebeten, dass sie mich noch eine Weile bei sich bleiben lässt. Mir tut die Zeit hier oben sehr gut und Anni ist eine wundervolle Lehrerin. Ich hab das Gefühl, ich kann noch sehr viel von ihr lernen."

Ruben schaute sie nachdenklich an. Es schien, als stimmte er ihr in Gedanken zu. Langsam wanderte sein Blick wieder über die Lichtung. „Ja, manchmal denke ich, meine Mutter ist nicht mehr von dieser Welt. Sie und ihre Weisheit sind das wertvollste Geschenk, was Gott mir bisher gemacht hat."

Seine Worte berührten ihre Seele und sie konnte ihm nur beipflichten. Vorsichtig fragte sie: „Hast du denn keine Kinder – oder eine Frau?"

„Hm, ich könnte heute ein zehnjähriges Kind haben, wenn meine damalige Partnerin es nicht anders entschieden hätte", antwortete er müde.

„Wie meinst du das? Was ist passiert?"

Ruben atmete tief durch. *Wie seine Mutter, wenn sie etwas Wichtiges zu sagen hat*, dachte Olivia. Nach einiger Zeit begann er zu erzählen: „Ich war damals mit der Liebe meines Lebens schon drei Jahre zusammen. Ich dachte jedenfalls, dass sie es wäre. Für mich stand fest, dass wir für immer zusammenbleiben und gemeinsam Kinder großziehen würden. Ich hatte keine Ahnung, wie es wirklich in ihr aussah. Meine Mutter versuchte mehrmals, mich auf Corinnas labilen Seelenzustand hinzuweisen. Ich tat es ab, weil ich davon nichts hören wollte. Doch wie meistens hatte sie recht. Eines Tages bemerkte ich, dass Corinna immer stiller wurde. Sie konnte mir nicht mehr in die Augen sehen und wich mir aus, wenn ich sie nach dem Grund ihres Schweigens fragte. Da rief eines Morgens die Sprechstundenhilfe ihres Frauenarztes an. Corinna war gerade beim Einkaufen und so nahm ich den Anruf entgegen. Die Frau wollte wissen, warum Corinna heute nicht zur Nachuntersuchung gekommen wäre und ob was passiert sei. Ich wurde stutzig. Mir war sofort klar, dass Corinna mir etwas verschwiegen hatte und so tat ich so, als ob ich wüsste, wovon die Arzthelferin sprach. Im Laufe des Gesprächs stellte sich heraus, dass Corinna wenige Tage zuvor einen Schwangerschaftsabbruch hatte vornehmen lassen. Ich war total geschockt. Offensichtlich hatte sie dem Arzt glaubhaft gemacht, dass ich sie verlassen hätte und sie seitdem in einem großen, schwarzen Loch säße. Sie hätte sogar von Selbstmord gesprochen, und dass sie das Kind unmöglich austragen könne, sonst wüsste sie nicht, was sie tun würde. Der Arzt hatte sich tatsächlich breitschlagen lassen, den Abbruch vorzunehmen – seiner Aussage nach lag eine medizinische Indikation dafür vor. Ich hätte ihn verklagen können, aber was hätte das gebracht? Als ich später dann Corinna zur Rede stellte, packte sie einfach ihre Sachen und ging. Sie kam nicht mehr zurück. Erst drei Tage später rief sie mich an und beendete die Beziehung. Sie sei nicht in der Lage, mir das alles zu erklären. Sie sei wohl einfach nicht beziehungsfähig und ich solle sie vergessen. Tja, das war's dann. Es hat lange gedauert, bis ich darüber hinwegkam. Für einige Monate bin ich hier hoch zu meiner Mutter gezogen. Und sie hat mich Dinge gelehrt, die mein Leben verändert haben."

Olivia hatte schweigend zugehört.

Auch jetzt, nachdem Ruben seine Geschichte beendet hatte, war sie tief bestürzt und brachte nicht einmal ein Wort des Trostes über die Lippen. Nicht nur deshalb, weil es ihr unendlich leid für ihn tat, was er da erleben musste, sondern auch, weil es sie an ihr eigenes, großes Geheimnis erinnerte. Sie glaubte, es längst begraben und vergessen zu haben. Nie hatte sie mit einem Menschen darüber gesprochen, sich nie jemandem anvertraut, um ihr Gewissen zu erleichtern. Und nun, nachdem sie ihm zugehört hatte, drängte das Vergangene mit aller Macht nach oben; wollte gesehen und gehört werden, ließ sie erschauern vor ihrer eigenen Fehlbarkeit. Damals, vor langer Zeit, hatte sie nicht geahnt, was sie da wirklich angerichtet hatte. Sie dachte, es wäre *ihre* Entscheidung gewesen und nicht so schlimm, da es ja schon so viele vor ihr getan hatten. In ihrem mädchenhaften Stolz und Trotz war sie ihren Weg gegangen und hatte nicht einen Moment über die Tragweite ihres Handelns nachgedacht.

Ruben bemerkte ihre Betroffenheit. „Ich hoffe, ich habe dich nicht mit meiner Lebensgeschichte überfordert, Olivia. Das wollte ich nicht. Inzwischen sind die Wunden verheilt, auch wenn Narben geblieben sind, die ab und zu noch jucken, wie bei einem Wetterwechsel. Aber sie bluten nicht mehr. Sie gehören zu mir und meinem Leben und haben mich mit zu dem gemacht, was ich heute bin. Und dafür bin ich sehr dankbar, denn ich durfte viel daraus für mich lernen, konnte wachsen und reifen daran. Auch dank meiner Mutter!“ Er legte seinen Arm um ihre Schulter und drückte sie sanft. Beinahe war es so, als wolle er sie trösten. Stattdessen hätte es wohl eher andersherum sein müssen.

Olivia spürte die Stärke seines Armes. Sein Körper war dicht an ihrem und sie fühlte dessen Wärme. Doch die Scham über ihre eigene Vergangenheit ließ sie die Nähe nicht wirklich genießen. Rubens Offenheit und Vertrauen ihr gegenüber ehrte sie. Es machte ihr eigenes Schweigen aber umso schlimmer. Beschämt senkte sie den Kopf.

„Was ist denn mit dir?“, fragte Ruben irritiert nach.

„Ruben, ich … ich …“, die Worte wollten ihr nicht über die Lippen kommen. Sie war kurz davor, ihm ihr Geheimnis zu beichten. „Ach weißt du, ich versteh dich besser als du denkst. Es ist nur so, dass …, oh verdammt! Ich schäme mich so sehr! Ich kann nicht darüber reden …“, Tränen liefen ihr über die Wangen und ein tiefes Schluchzen kam aus ihrer Kehle.

Ruben drückte sie noch fester an sich. Tröstend streichelte er über ihren Rücken. „Du musst nicht reden, wenn du nicht willst. Aber manchmal tut es gut, sich jemandem anzuvertrauen. Und manchmal ist es sogar leichter, es einem Fremden gegenüber zu erzählen, als einem, der vertraut ist.“

Ihr Weinen wurde noch stärker und unter Tränen stammelte sie: „Das ist es ja gerade! Du … du bist mir überhaupt nicht fremd! Du hast es geschafft, dass … dass ich innerhalb weniger Stunden grenzenloses Vertrauen in dich gewonnen habe. Das ist mir noch nie zuvor passiert.“

Ruben lächelte verständnisvoll. „Meine Mutter würde jetzt sagen: *Ach Kindchen, mach es dir nicht so schwer.*“

Ein verzagtes Lachen kam über Olivias Lippen. „Ja, das würde sie sagen.“

Ein letztes Mal drückte er sie an sich und meinte: „Lass uns zu ihr hineingehen. Es ist kalt geworden.“

„So, ihr beiden, ich dachte schon, ihr seid erfroren“, begrüßte sie Anni, als sie in die Hütte traten. Sie war gerade dabei, ihre frisch getrockneten Kräuter zu zerreiben und zu Tee und Paste zu verarbeiten. „Was macht denn das Wetter?“

„Nun, ich bezweifle, dass ich morgen schon wieder runterfahren kann. Aber ich glaube nicht, dass der Schnee lange liegen bleiben wird. Trotz der Jahreszeit ist es noch nicht wirklich kalt hier oben. Ich könnte gut noch ein paar Tage bleiben. Meine Werkstatt kommt auch mal ohne mich aus. Was meinst du, Mama?“

Die Alte strahlte übers ganze Gesicht. „Das wäre wunderbar, mein Junge. Und wir vier finden hier bestimmt Platz. Apropos: Wo ist denn Knöpfchen?“

Im selben Augenblick kratzte es an der Tür und allen war klar, wer dort um Einlass bat. Knöpfchen sah aus wie ein Eisbär. Der feuchte Schnee hatte sich in ihren Pfoten und am Brustkorb verklumpt. Trotzdem machte sie einen recht zufriedenen Eindruck.

„Na du bist mir aber ein feiner Jagdhund! Wie siehst du denn schon wieder aus? Ab an den Kamin, damit wir dich wieder aufgetaut kriegen, du Frechdachs“, schimpfte die Alte liebevoll. Knöpfchen verstand sofort und humpelte mit ihren Eisklumpen zum warmen Feuer. Erschöpft ließ sie sich davor nieder und begann sich ausgiebig zu belecken.

Anni schaute ihr zärtlich dabei zu. „Genau so hat sie ausgesehen, als sie damals um diese Jahreszeit vor meiner Tür stand“, erinnerte sie sich. „Allerdings war sie da noch viel kleiner und völlig abgemagert. Irgendein emotional verkrüppelter Mensch muss sie in den Bergen ausgesetzt haben. Das ist nun schon fünf Jahre her. Sie war noch keine sechs Monate alt, gerade aus dem Welpenalter heraus, das arme Tier. Wer weiß, wie lange sie hier durch die Gegend gezogen ist, bevor sie zu mir fand.“

Ruben und Olivia hatten sich inzwischen an den Tisch zu Anni gesetzt und lauschten gespannt auf ihre Geschichte. Obwohl Ruben sie bestimmt schon öfter gehört hatte, hörte er seiner Mutter fasziniert zu. Offensichtlich gefiel es ihm nach wie vor, Annis Erzählungen zu folgen.

Die Alte hatte ihre Kräuter zur Seite geschoben und sich in ihrem Stuhl entspannt nach hinten gelehnt. „Sie war mehr tot als lebendig. Ein jämmerlicher Anblick. Ihre Augen erzählten von einem Schmerz und Enttäuschung, dass es mir beinah das Herz brach. Sie lagen wie zwei große schwarze Knöpfe in ihrem ausgemergelten Gesicht – daher ihr Name. Ich wickelte sie in eine dicke Decke und setzte mich mit ihr vor den Kamin. Ich wusste, dass sie schon lange nichts mehr gefressen hatte, so wie sie aussah. Deshalb hab ich ihr zunächst nur frischen Quark mit kleinen Fleischstückchen gegeben, damit ihr Magen nicht zu sehr überfordert wäre. Und als sie nach kurzer Zeit erschöpft in meinen Armen eingeschlafen war, nahm ich sie einfach mit zu mir ins Bett, um ihr Wärme und Nähe zu geben. Sie schlief doch tatsächlich die ganze Nacht durch. Und als sie gegen Morgen aufwachte, hat sie mir zuallererst übers Gesicht geschleckt. Ja, ja, du kleiner Räuber, das tust du heute noch gerne, gell“, sagte sie zu Knöpfchen. Mit ihrem treuen Blick gab die Hündin zu verstehen, dass sie genau wusste, wovon ihr Frauchen sprach. Freundlich klopfte sie ein paar Mal mit ihrem Schwanz auf den Boden. „Wir waren sofort ein Herz und eine Seele. Ihre Liebe hat in mir einen Widerhall gefunden – und umgekehrt genau so. Ich glaube, ohne diese Liebe hätte sie es nicht geschafft. Jeden Tag hab ich sie vor meinem geistigen Auge gesund und munter durch die Gegend streifen sehen und siehe da, einige Zeit später war es tatsächlich soweit. Und heute ist sie eine muntere Seele mit einem wundervollen Wesen“, schloss die Alte stolz.

Knöpfchens Schicksal rührte Olivia sehr an. Die starke Bindung, die Hund und Frauchen zueinander hatten, war ihr schon zu Anfang aufgefallen. Jetzt erst verstand sie, auf welch festem Fundament ihrer beider Freundschaft stand. *Die Liebe der beiden ist beneidenswert. Muss es nicht ein wunderschönes Gefühl sein, sich dieser tiefen Liebe gewiss sein zu können?*, dachte Olivia.

Mit wissendem Blick auf Olivia sagte Anni: „Es spielt keine Rolle, zu was oder wem man tiefe, uneigennützige Liebe empfindet. Wichtig ist nur, dass man sie fühlt und lebt. Wer die wahre Liebe nie gespürt hat, der hat nicht gelebt. Und diese Liebe, von der ich spreche, hat nichts mit Egoismus zu tun. Sie zielt nicht auf eine bestimmte Erfüllung der Bedürfnisse ab, oder auf das perfekte Funktionieren des Gegenübers. Sie existiert einfach aus sich selbst heraus; bedingungslos und ohne ein Ende. Auch der Tod vermag sie nicht zu trennen, denn diese Liebe weiß um ihre unendliche Existenz."

Alle schwiegen zunächst. Jeder hing seinen eigenen Empfindungen und Gedanken nach. In Olivia vermischten sich Dankbarkeit und Sehnsucht. *Diese Frau ist einfach unglaublich. Aus jeder Geschichte – und sei sie zunächst noch so unscheinbar – macht sie eine wichtige Lektion. Anni, ich liebe dich!*

Ruben übernahm das Nachtlager von Anni in der Stube und diese hatte ein Klappbett in Olivias Kammer für sich selbst aufgestellt. Zunächst hatte Olivia protestiert, dass Anni auf diesem unbequemen Ding schlafen wollte. Dennoch war Anni nicht von ihrer Entscheidung abzubringen. „Dieses Klappbett ist gemütlicher als es aussieht. Im Übrigen ist es egal, wo ich schlafe – ich schlafe immer gut, weil ich keine Last mit mir rumschleppe!", setzte sie tiefsinnig hinzu.

Olivia ahnte, dass Anni ihr etwas damit sagen wollte. Zumindest hatte sie das sichere Gefühl, dass sie auf das Gespräch mit Ruben vor der Hütte anspielte. *Hat sie uns etwa belauscht? Nein, nie und nimmer! Wozu auch, sie weiß ja eh immer alles*, stellte sie fest.

Nach dem Abendessen hatten sie sich noch eine Weile unterhalten. Olivia wollte von Ruben wissen, welche Art Werkstatt er betrieb.

„Ich bin Geigenbauer, so wie mein Großvater väterlicherseits es war. Allerdings hab ich erst recht spät damit angefangen. Zuerst studierte ich Jura und wollte eigentlich Anwalt werden. Als ich dann meine Doktorarbeit abgeschlossen hatte, stellte ich fest, dass mich diese Berufswahl doch nicht so glücklich machte. Dennoch arbeitete ich einige Jahre in einer Kanzlei mit, bis dann diese Wende in meinem Leben mit Corinna kam. Danach war ich nicht mehr derselbe und ich hatte das Gefühl, ich müsste mehr als nur meine Beziehung ändern. Und so hab ich mich nach den Monaten bei Mama unten im Dorf niedergelassen und die Werkstatt aufgebaut", er lächelte nachdenklich. „Als Junge hatte mich mein Großvater dieses Handwerk gelehrt, aber ich hätte nie gedacht, dass ich es mal zu meinem Beruf machen würde. Heute ist es zu meiner Berufung geworden und ich liebe diese Arbeit. Ich konnte sogar noch zwei Mitarbeiter einstellen, die mich in Zeiten wie diesen vertreten."

Olivia hatte mit Staunen zugehört. *Er ist Geigenbauer! Darauf wäre ich nie im Leben gekommen!* Seine Statur und seine kräftigen Hände hätten sie eher einen Holzfäller vermuten lassen. Sie musste jedoch zugeben, dass sein feinsinniges Wesen gut zu der sensiblen und handwerklich schwierigen Tätigkeit eines Geigenbauers passte. Was sie viel mehr beunruhigte, sind die Parallelen zu ihrem eigenen Leben. *Jetzt hat er auch noch Jura studiert und in einer Kanzlei gearbeitet! Fehlt nur noch, dass er Manuel kennt.*

„Mein Mann Manuel hat auch Jura studiert und anschließend eine eigene Anwaltskanzlei eröffnet. Sie läuft recht gut, allerdings muss er auch ganz schön hart dafür arbeiten. Das lässt ein Familienleben zeitweise ziemlich in den Hintergrund treten. Als meine Tochter Leni noch lebte, war ich sehr viel allein mit ihr. Aber das war nicht so schlimm, denn wir fanden immer eine Beschäftigung. Leni und ich hatten eine sehr enge Bindung, da stand Manuel manchmal ein wenig außen vor. Als sie dann in den Kindergarten kam, wurde es mir zu langweilig und ich suchte eine Beschäftigung. Mein Traum war immer eine eigene Boutique. Manuel hat mich darin voll unterstützt. Doch leider musste ich nach Lenis Tod alles aufgeben. Ich hatte nicht mehr die Kraft dazu." Sie konnte leichter über all das sprechen, als sie erwartet hätte. Wehmut und ein leichter Stich im Herzen waren alles, was sie in sich wahrnahm. Noch vor Kurzem wäre sie bei der bloßen Erinnerung daran in Tränen ausgebrochen.

„Wo ist dein Mann jetzt?", wollte Ruben wissen.

„Tja, das weiß ich ehrlich gesagt gar nicht so genau. Bevor ich mit meinem Bus auf Reisen gegangen bin, hatten wir eine schlimme Auseinandersetzung – eine von vielen in den vergangenen Monaten. Und da teilte er mir mit, dass es besser sei, wir würden einige Zeit voneinander Abstand nehmen. Das hat mich sehr getroffen, damals. Inzwischen denke ich, er hatte recht. Auch ich musste erst wieder zu mir finden, allerdings war mir das noch nicht bewusst. Jetzt erst merke ich, wie gut mir diese Zeit hier tut und wie viel es zu verarbeiten gibt. Das hätte ich zu Hause mit Manuel zusammen nie geschafft. Ich hab mich immer viel zu sehr an ihn gehängt und die Verantwortung abgegeben, das ist mir hier oben klar geworden. Aber als er die Haustür hinter sich geschlossen hatte, dachte ich, er sei ein Egoist und Verräter."

„Ja, das kann ich gut verstehen", pflichtete Ruben ihr bei. „Manchmal steckt man zu sehr in seinem Leben drin, als dass man noch sieht oder spürt, was einem wirklich gut tut. Vor allem dann, wenn alles scheinbar gut läuft. Warnende Signale und Stimmen ignoriert man gerne, solche, die einem schon längst vorher Hinweise darauf liefern, dass etwas gewaltig schiefläuft." Er atmete tief durch. „Solange man noch über alles die Kontrolle hat, gibt man es nicht auf. Erst wenn man es verliert oder einer es wegnimmt, wachen wir auf und zetern und schreien. Viele merken erst dann, was sie da eigentlich verloren haben. Sie hatten zu lange vergessen, es zu schätzen und zu pflegen, weil es doch bis dahin immer verfügbar war." Man konnte spüren, dass Ruben aus eigener Erfahrung sprach. Nur jemand, der selbst einmal tief im Leid steckte, konnte so darüber reden.

Die Alte schwieg während des ganzen Gesprächs.

Knöpfchen knurrte leise im Schlaf. Sie lag vor dem Kamin und zuckte mit den Pfoten. Alle drei drehten ihre Köpfe spontan zu ihr hin.

„Schaut euch die an!", rief Olivia fröhlich aus. „Sie schläft den Schlaf der Gerechten und träumt bestimmt vom Hasenjagen. Ist sie nicht süß?"

Die Stimmung im Raum schlug sofort in Gelassenheit und Frohsinn um. Jeder von ihnen erfreute sich an dem anheimelnden Anblick der Hündin. Das Tier strahlte eine wohlige Ruhe und Unschuld aus, wie es so dalag und träumte.

„Ja, Kinder, das war wohl das Zeichen, dass es auch für uns Zeit wird in die Federn zu kommen. Ich bin überaus dankbar für diesen Tag und auch dafür, dass ihr bei mir seid und mich so sehr bereichert. Jetzt ist mein Herz zum Überlaufen voll und mein Geist braucht Ruhe." Mit diesen Worten verabschiedete sich Anni in die Kammer, aber nicht, ohne Olivia und Ruben noch einen Kuss auf die Stirn gegeben zu haben.

„Ich liebe sie", sagte Ruben warmherzig, als Anni die Tür geschlossen hatte.

„Ja, ich auch", antwortete Olivia glücklich.

Wenig später beendeten auch sie diesen schönen Abend und wünschten sich eine gute Nacht.

7

Über Nacht war ein regelrechter Schneesturm losgebrochen. Knapp einen halben Meter hoch lag der Schnee vor der Hüttentür. Als Olivia verschlafen zum Fenster über ihrem Bett hinausblinzelte, sah sie nur noch Weiß. Ein märchenhafter Anblick, der ihr Herz vor Freude hüpfen ließ. Schwungvoll stieg sie aus dem Bett. Annis Lager war bereits verlassen und ihre Zudecke hatte sie zum Auslüften über den Stuhl gehängt. Sogar Knöpfchen war schon draußen und hatte sie nicht wie üblich mit einer Schmuserunde begrüßt. Schnell schlüpfte sie in warme Kleidung und ging in die Stube. Olivia hatte länger als üblich geschlafen. Die Stube war leer, aber das Feuer im Kamin brannte bereits. Schallendes Gelächter und Gebell drangen von draußen herein und Olivia fragte sich, was Ruben und Anni wohl vor der Hütte trieben. Sie zog einen der Mäntel über, die an der Garderobe hingen und für jedermann bestimmt waren und öffnete die Eingangstür. *Pflatsch* – noch bevor sie richtig wusste, wie ihr geschah, landete ein Schneeball in ihrem Gesicht.

„Ups, … was ist denn hier los?“, rief sie lachend aus und wischte sich den Schnee ab. Anni und Ruben waren offensichtlich mitten in einer Schneeballschlacht und hatten beschlossen, Olivia mit einzubeziehen. Diese ließ sich nicht lange bitten und stapfte durch die weiße Pracht auf die beiden zu. Selbst Knöpfchen hüpfte laut bellend zwischen ihnen herum und fing das ein oder andere Geschoss in der Luft auf.

„Ist das nicht herrlich!“, juchzte die Alte und ließ sich rücklings in den Schnee fallen. Da lag sie nun erschöpft kichernd. „Huch, ihr Lieben, ich kann nicht mehr.“ Knöpfchen machte einen Satz zu seinem Frauchen und stellte sich breitbeinig über sie. Inbrünstig begann sie ihr Gesicht abzulecken und wedelte übermütig mit ihrem Schwanz. Olivia und Ruben prusteten los angesichts Annis hilfloser Lage. Diese versuchte, sich vor Knöpfchens Zunge zu retten. „Weg da mit deinem nassen Schlabberlappen, du Frechdachs!“, rief sie gicksend aus. Ruben eilte ihr zu Hilfe und schob die Hündin zu Seite. Auch Olivia kam herbei und ließ sich neben den dreien in den Schnee fallen.

„Jetzt bist du wenigstens schon gewaschen, Anni. Praktisch, so ein wohlerzogener Hund!“, grinste sie.

„Na na, nur nicht frech werden, Kindchen, sonst hast du für eine Woche Schippdienst“, drohte Anni feixend.

„Apropos *Schippdienst*“, mischte sich Ruben ein. „Meine ehrenwerte Mutter hat mich in ihrem jugendlichen Überschwang von der Arbeit abgehalten. Ich war nämlich gerade dabei, einen Weg um die Hütte herum zu bahnen. Aber ihrer freundlichen Aufforderung nach einer Schneeballschlacht konnte ich einfach nicht widerstehen. Unglaublich, wie du mich in den Schneehaufen geworfen hast, Mama. Ich frag mich immer wieder, woher du diese Kräfte nimmst.“

„Ich hab mir einfach vorgestellt, du wärst noch mein kleiner Junge von damals und da ging es ganz leicht mit dem Schubsen.“ Die Alte zwinkerte ihm zu.

„Wie konnte ich nur fragen? Hab ich eine andere Antwort erwartet? … So, nun werd ich aber mein Werk vollenden und hier draußen ein bisschen Ordnung schaffen. Und ihr beiden Grazien könntet eurem schwer schuftenden Hausmeister inzwischen ein deftiges Frühstück zubereiten.“

Schweren Herzens erhoben sich alle drei und gingen ihrem Tagwerk entgegen.

Nach dem Frühstück erklärte Ruben, er wolle zu seinem Wagen gehen und im Autoradio die Wettervorhersage anhören. „Anschließend werde ich noch deinen Holzvorrat auffrischen, Mama, damit ihr gut über den Winter kommt."

Olivia war in Versuchung, ihn zu bitten, ob sie ihn begleiten dürfe. Sie hatte das innige Bedürfnis, in seiner Nähe zu sein. Seit er da war, fühlte sie sich glücklich und froh. Er hatte sich in ihr Herz geschlichen und sie hoffte sehr, dass es ihm mit ihr ebenso erging. Bevor sie ihn jedoch fragen konnte, hatte Anni ihr schon die ersten Hausarbeiten zugeteilt – und wie bekannt, war hier Widerspruch zwecklos. Mürrisch machte sich Olivia daran, den Tisch abzuräumen, während Ruben sich auf den Weg machte.

Olivias Aufmerksamkeit beim Saubermachen ließ schwer zu wünschen übrig. Sie träumte verliebt vor sich hin und malte sich aus, wie sich wohl ein Kuss von Ruben anfühlen würde. Jäh zupfte Anni sie von hinten an der Schürze.

„Ich will dich ja nicht aufwecken, du Liebe, aber ein wenig bei der Sache sein solltest du schon, wenn wir heut noch mit der Arbeit fertig werden wollen."

Olivia zuckte zusammen und bemerkte jetzt erst, dass sie mit ihren Gedanken weit weg war. „Oh, entschuldige, Anni. Ich war in Gedanken."

„Du warst wohl eher in *Träumen*", schmunzelte die Alte verständnisvoll.

„Äh, ja, … es ist nur … ach Anni", seufzte Olivia.

Anni legte ihr die Arme um die Taille und zog sie zu sich heran. Eng standen sie voreinander, so, dass sie sich direkt in die Augen schauen konnten. Obwohl die Alte zu Olivia hochblicken musste, wirkte sie weder klein noch zierlich. Ihre Ausstrahlung hatte eine Würde und Kraft, dass Olivia ganz schwindelig wurde.

„Olivia, hör mir zu. Ich freue mich sehr, dass ihr beiden so gut miteinander auskommt. Es ist unübersehbar, dass euch viel aneinander liegt. Doch bitte überstürze nichts. Suche niemals nach äußerem Glück, bevor du es nicht im Innern erlangt hast. Im Außen ist nichts ewig, nichts ist stabil und gibt einem auf Dauer Halt. Lass dich nicht täuschen von den Illusionen, die dir dein Ego vorspielt. Erlange erst deine innere Stärke, Freude und Liebe zu dir selbst, dann wird's dir auch im Alltag nie daran mangeln, egal in welcher Situation du bist. Bleib bei dir!“ Die Eindringlichkeit, mit der die Alte sprach, traf direkt in Olivias Herz.

Sie glaubte zu verstehen, was Anni ihr sagen wollte. Ein Teil in ihr verstand es tatsächlich, doch drangen die Worte noch nicht ganz zu ihrem Verstand durch. *Sie spricht wieder von den zwei Seiten in mir, den beiden Ich's.* So viel hatte sie begriffen.

„Aber Anni, wenn ich im Herzen Glück empfinde, wenn mir ein Mann begegnet, dann ist dieses Glück doch in meinem Inneren. Was kann daran falsch sein?“

„Nichts ist daran falsch, Olivia. Aber das ist ein trügerisches Glück, sofern du es nicht schon vorher in dir hattest. Immer dann, wenn du erst durch einen äußeren Anlass zu derlei Glücksempfinden in der Lage bist, bist du mit deinem *Seligsein* davon abhängig, wie lange dieses scheinbare Glück andauert. Wenn dich der andere nicht mehr glücklich macht, stürzt du in den Abgrund und machst ihn für deine Wut und Trauer auch noch verantwortlich. Deshalb: Sorge zuerst für ein beständiges Glück in deinem Herzen, indem du dich daran erinnerst, wer du in

Wahrheit bist. So wirft dich kein Verlust oder misslicher Umstand gleich in Schmerz und Leid.“ Die Alte ergriff Olivia an den Schultern und zwang sie, ihr in die silbern leuchtenden Augen zu sehen. *„Olivia, du bist Teil dieser wundervollen Schöpfung. Das allein gibt dir das natürliche Recht auf Glück und Freude. Nichts und niemand kann dir dieses Recht nehmen. Und nichts und niemand ist davon je ausgeschlossen oder getrennt. Wir alle sind darin eins, sind es immer gewesen und werden es ewig sein.“* Olivia hörte die Worte der Alten nicht in ihren Ohren, sondern in ihrem Kopf. Sie klangen darin, als wären sie in einem Hörsaal gesagt worden. Dennoch hätte sie schwören können, dass Anni nicht laut gesprochen hatte. Entgeistert starrte Olivia auf die leuchtende Gestalt vor ihr. Anni wirkte strahlend hell, obwohl von nirgendwo her ein Licht in die Stube fiel. Sie hatte den Eindruck, dass es aus ihr selbst heraus leuchtete und dieses Leuchten sich langsam auf ihren eigenen Körper ausdehnte. Olivia verschwand darin, hatte das Empfinden sich aufzulösen und mit Anni zu verschmelzen. Ein unbeschreibliches Glücksgefühl erfüllte sie und eine alles umfassende Liebe. Nichts war davon ausgeschlossen. Hier gab es keine Feinde mehr, keine Probleme und Sorgen, hier herrschte eine Zuversicht und Gelassenheit, die es nirgendwo sonst gab. *„Hier ist dein Zuhause, hier sind wir alle gleich. Hier gibt es keine Trennung, kein Werten und Urteilen, kein Gestern und kein Morgen – hier ist nur das Jetzt!“* Olivia rauschten die Ohren und sie bemerkte plötzlich wieder den festen Griff von Annis Händen an ihren Schultern. Sie blinzelte ein paarmal verwirrt, schüttelte den Kopf und holte tief Luft. Ihr war, als hätte sie das Atmen vergessen. Dennoch war ihre Verwirrung nicht so groß wie bei ihren ersten Erlebnissen dieser Art. Es kam ihr natürlicher vor, nicht mehr ganz so fremd und beängstigend.

„Anni, ich glaube, ich habe verstanden, was du mit *Einssein* meinst. Es gibt einen Ort in uns, in dem wir alle miteinander verbunden sind. Dort spielen unsere Persönlichkeit und unsere körperliche Trennung keine Rolle mehr. Aber wie kann ich diesen Zustand und dieses Bewusstsein dauerhaft erleben?"

„In dem du dich immer wieder daran erinnerst. Es ist nicht so, dass du ein Mal diese Erfahrung machst und sie dann immerzu bewusst mit dir rumträgst. Viele geistig Suchende denken, dass es so einfach sei und verirren sich dann im spirituellen Hochmut. Vielmehr musst du dich darin üben, sie dir auch in schwierigen Situationen wieder ins Bewusstsein zu rufen und dir darin eine Stabilität und Festigkeit erarbeiten. Ich sage dir, beim nächsten Streit oder in der nächsten unangenehmen Situation hast du all das bereits wieder vergessen. Und es wird dir Mühe bereiten, dich in deiner Wut und Verzweiflung daran zu erinnern. Wenn du Glück hast, erinnerst du dich ein paar Stunden oder Tage später daran und kannst dich in deine Mitte bringen. Aber genau darin liegt die Aufgabe: lerne, dich immer öfter und schneller mit dieser Liebe zu verbinden und du wirst dich immer öfter beschützt und getragen fühlen. Unser Ego versucht uns ständig dazwischenzufunken, weil wir nicht gewohnt sind, die Kontrolle und das Recht-haben-Wollen aufzugeben. Das macht uns Angst und kränkt uns in unserer Persönlichkeit. Doch genau darum geht es, dass wir uns nicht auf unser wankelmütiges Ego verlassen, sondern Halt in dieser Kraft suchen."

Olivia nickte nachdenklich. Es war plötzlich unendlich leicht, den Sinn in Annis Worten zu verstehen. Nichts davon schien ihr mehr fremd oder falsch zu sein. Sie spürte einfach, dass es genauso war, wie die Alte es erklärt hatte.

„Ich danke dir von ganzem Herzen, Anni. Und ebenso sehr liebe ich dich auch!" Mit einem tiefen Gefühl der

Dankbarkeit und Demut drückte sie Anni an sich und küsste sie zum Abschluss herzhaft auf die Wange.

Die Alte lachte gelöst auf. „So, Kindchen, jetzt haben wir im Innern Ordnung geschaffen. Dann machen wir uns jetzt mal dran, sie auch im Außen wieder herzustellen. Hier ist dein Putzlappen!“

In Anbetracht Annis spontaner Sinneswandlung musste Olivia schmunzeln. Sie nahm den Lappen entgegen und machte sich befreit an die Arbeit. Jetzt erst vernahm sie das klopfende Geräusch von draußen. Ruben war offensichtlich vom Nachrichtenhören zurück und hatte sich ans Holzhacken gemacht. *Was für eine wundervolle Idylle hier oben!*, dachte sie beschwingt.

„Die Wettervorhersage hört sich nicht sehr berauschend an“, sagte Ruben beim späten Frühstück. „Für die nächsten zwei bis drei Tage ist weiterer Schneefall angesagt. Erst dann kommt wieder ein Hochdruckgebiet und es wird milder werden. Tja, Mama, da werde ich wohl noch eine Weile deine Fürsorge genießen müssen“, grinste er verschmitzt.

Die Alte nickte scheinbar streng. „Ja, ja, so ist es mit den Kindern. Sie suchen immer eine Möglichkeit, sich von Muttern umsorgen zu lassen. Gib zu, das mit dem Wetter hast du schon gewusst, bevor du hier hochgekommen bist, mein lieber Junge.“

„Aber Mama, was unterstellst du mir denn da?“, rief Ruben mit gespielter Empörung aus.

Olivia musste angesichts der Plänkeleien schmunzeln. Es gab ihr ein wundervolles Gefühl von Familie und Geborgenheit, etwas, was sie so nie kennengelernt hatte. Und dennoch verfiel sie nicht in die sonst übliche Trauer, sondern freute sich, daran teilhaben zu dürfen.

Anni schaute auf. „Ruben, hast du das Impfserum und frische Spritzen für Knöpfchen mitgebracht? Ich glaube, ich habe dir auch die Entwurmungstabletten aufgeschrieben."

Mit halbvollem Mund nickte Ruben bestätigend. „Ja, hab ich alles", murmelte er.

„Was denn für Impfstoffe? Ist Knöpfchen krank?", fragte Olivia besorgt.

„Nein, eben deshalb will ich sie ja impfen. Einmal im Jahr ist das schon nötig, damit die Wirkung anhält. Hier oben könnte sie sich leicht Tollwut oder andere Krankheiten holen. Und auch die regelmäßige Entwurmung muss sein", erklärte Anni.

Olivia überlegte. Da war wieder so eine verfängliche Frage in ihrem Kopf und sie wusste nicht, ob sie sie stellen sollte. Die Alte schaute sie nur auffordernd an. Olivia lächelte zurück. „Okay, ich frag ja schon. Wieso ist das alles nötig? Ich meine, bei einer Frau mit deinen Fähigkeiten und Heilkräften dürfte sich Knöpfchen doch stets bester Gesundheit erfreuen."

Ruben grinste Anni herausfordernd an, als wolle er sagen: *Da hast du's, Mama. Jetzt gib ihr darauf mal eine gute Antwort!*

Anni nahm die Herausforderung an. „Erstens soll man Gott nicht herausfordern, Liebes, und zweitens würde es an dumme Überheblichkeit grenzen, wenn ich behaupten würde, ich könne alles und jeden heilen. Da, wo es nötig ist, verlass ich mich auf Hilfe von oben. Aber da, wo man es im Vorfeld schon verhindern kann, werde ich dies auch tun. Schließlich leben wir ja noch auf dieser Welt, oder? Und an gewisse Regeln muss selbst ich mich halten", setzte sie in ihrem unverwechselbaren Humor hinzu.

Die Natürlichkeit, mit der Anni über diese Dinge sprach, beeindruckte Olivia immer wieder aufs Neue. Gerade das machte sie so umwerfend überzeugend.

8

Am Nachmittag war jeder mit sich selbst oder einer Arbeit beschäftigt. Olivia beschloss, ein wenig im Schnee spazieren zu gehen und einen der Waldpfade durch ihre Fußstapfen wieder begehbar zu machen. Bewegung würde ihr gut tun. Insgeheim hatte sie gehofft, dass Ruben sie begleiten würde, doch wollte er noch mehr Holz hacken, um Annis Vorrat aufzustocken.

Dick vermummt stapfte sie los und wählte einen der ihr bekannten Pfade, um sich ja nicht zu verlaufen. Inzwischen hatte sie die Umgebung schon recht gut kennengelernt. Sie lief den Weg zum Wasserfall entlang, da sie ihn regelmäßig nutzte, wenn sie zum Duschen ging. Jetzt wäre es dazu allerdings längst zu kalt. So abgehärtet war sie dann doch nicht. Um dort zu Verweilen und die Seele baumeln zu lassen, war der Platz aber genau richtig. Ihre Stiefel versanken tief im Schnee und sie machte extra kleine Schritte, um möglichst viel niederzutrampeln. Viel Zeit würde ihr jedoch nicht bleiben, da es schon recht früh dunkel wurde.

An dem kleinen Bachlauf angekommen, befreite sie einen Baumstumpf von der dicken Schneeschicht und setzte sich nieder. Ihr Stein, auf dem sie vor Kurzem noch mit Anni in der Sonne lag, war unter den weißen Massen nicht auszumachen. Versonnen schaute sie dem glitzernd dahinfließenden Wasser nach. In den letzten Wochen hatte sie so vieles gelernt, dass sie manchmal kaum zum Verarbeiten kam. Ihre intensiven Träume zeigten ihr dennoch, dass all das in ihrem Herzen Anklang fand und aufgenommen wurde. Unter Annis Anleitung hatte sie gelernt, entspannter und gelassener zu sein, die Dinge nicht mehr allzu persönlich zu nehmen und bewusster mit ihren Gedanken umzugehen. Einige Male schon hatte sie feststellen können, dass sie durch ihre geistige Arbeit einen erfüllteren und intensiveren Tagesablauf erleben durfte. Sie war konzentrierter bei dem, was sie gerade tat und ersparte sich dadurch auch viel Zeit. Ebenso ging sie die Dinge organisierter und geordneter an, wodurch sie wiederum unnötige Wiederholungen und Fehler vermied. Alles in allem erkannte sie sich in einigen Bereichen kaum wieder. Aber sie war noch nicht ganz zufrieden mit sich selbst. Wenn sie über ihre Mutter oder ihren unbekannten Vater nachdachte, spürte sie noch offene Wunden und die schmerzten nach wie vor. Auch was Manuel betraf, hatte sie keine Ahnung, wie es weitergehen sollte, wenn sie wieder nach Hause kam.

Was sie aber derzeit am meisten beschäftigte, war Ruben! Er ging ihr nicht mehr aus dem Kopf. *Wie stell ich es bloß an, dass wir uns näherkommen? Ich will mich ihm ja nicht vor die Füße werfen, aber er scheint ein wenig Anleitung zu brauchen. So schüchtern hätte ich ihn gar nicht eingeschätzt. Und ich spüre doch, dass ich ihm auch gefalle. Verflixt – jetzt könnte ich wirklich etwas göttliche Unterstützung brauchen.* Kaum hatte sie diesen Wunsch zuende gedacht, hatte sie eine Idee. *Anni sagt doch immer, dass man mit seiner Vorstellungskraft Situationen beeinflussen oder auch verändern kann. Wäre doch gelacht, wenn das in diesem Fall nicht funktionieren würde! Dann fang ich doch gleich mal mit dem Üben an.* Voller Zuversicht schloss sie die Augen und stellte sich intensiv Rubens Gesicht vor. Sie sah, wie er sie anlächelte und eine Hand liebevoll auf ihre Wange legte. Sie schmiegte ihr Gesicht hinein und fühlte das warme Kribbeln im Bauch. Sie blickten sich tief in die Augen und kamen sich näher und näher. In ihrer Vorstellung bereitete sie sich auf einen innigen Kuss vor und spürte tatsächlich all die körperlichen Reaktionen, die dieses Ereignis in ihr auslösen würde. *Na also,* dachte sie triumphierend, *das muss reichen. Da bin ich jetzt aber mal gespannt, in wie weit meine geistige Kraft schon ausreicht.* Sie öffnete die Augen, dehnte und streckte sich und machte sich munter und selbstbewusst auf den Rückweg.

An der Scheune traf sie auf Ruben. Er war gerade dabei, die Holzscheite aufzustapeln. Übermütig warf sie ihm eine Handvoll Schnee entgegen. Er lachte und hob scherzhaft drohend einen Holzscheit in die Luft. „Na, dir hat der Spaziergang offensichtlich gut getan. Warte bis ich fertig bin, dann bekommst du eine ordentliche Abreibung im Schnee."

Olivia grinste frech. „Au prima, da freu ich mich schon drauf!", sagte sie in anzüglichem Tonfall.

Ruben schaute sie prüfend an. Er wusste nicht so recht, was er von Olivias Stimmung halten sollte. „Ich bin gleich fertig hier. Dann mach ich mich noch frisch und komme in die Hütte. Es wird eh gleich dunkel. Anni bereitet schon das Abendessen vor."

Olivia verstand. Er wollte seine Arbeit noch in Ruhe fertigstellen und so ging sie zu Anni hinein, um ihr in der Küche zu helfen.

Die Alte spürte sofort, dass in Olivia eine Veränderung vorgegangen war. Misstrauisch beobachtete sie die junge Frau beim Brotschneiden. Olivia hatte ein selbstbewusstes Grinsen im Gesicht, welches ihr gar nicht gefiel. Anni hatte da so eine Vorahnung, beschloss aber, sich rauszuhalten. *Mädchen, deine Erfahrungen machst du ganz alleine. Zum Suppe auslöffeln kannst du ja dann zu mir kommen – ich geb dir den Löffel dazu!*, dachte sie schmunzelnd.

Das Abendessen verlief entspannt. Sie sprachen über das Wetter und das Leben im Dorf. Ruben erzählte, wer gestorben war, wer wen geheiratet hatte und wo Nachwuchs kam. Anni und Olivia hörten ihm zu – die eine interessiert, die andere nur mit halbem Ohr, da sie mit ihren eigenen Gedanken beschäftigt war. Die Alte warf hin und wieder einen abwägenden Blick auf Olivia und wusste, dass es nicht mehr lange dauern würde, bis diese eine weitere wichtige Lektion in ihrem Leben erhalten würde.

Ruben und Olivia setzten sich nach dem Essen wie schon am Vorabend auf die Bank vor der Hütte. Knöpfchen nutzte diese Gelegenheit, um noch ihren allabendlichen Kontrollgang über die Lichtung zu machen und sich ein letztes Mal vor der Nachtruhe ausgiebig zu lösen. Es schneite leicht; zarte Flocken fielen vom Himmel herab. Verzückt blickte Olivia auf die märchenhafte Winterlandschaft. Vertraut saßen sie nebeneinander. *Bis jetzt läuft alles nach Plan*, dachte Olivia zuversichtlich. Laut sagte sie: „Ist es nicht wundervoll hier oben? So romantisch!"

Ruben schaute sie von der Seite an. Ein kleines Signallämpchen leuchtete in ihm auf. „Du bist ja heute so verträumt. Was ist denn passiert?"

Mit ihrem strahlendsten Lächeln wandte sie sich ihm zu. „Das Leben ist einfach so schön. Findest du nicht?"

„Zweifellos! An einem Ort wie diesem sowieso", antwortete er zögernd. Ruben spürte, dass gleich etwas passieren würde.

„Weißt du, Ruben, deine Mutter hat mir beigebracht, dass es keine Zufälle gibt. Alles hat seine Bestimmung und folgt einem größeren Plan. Und so hab ich mich gefragt, weshalb wir beide uns ausgerechnet hier oben begegnen mussten? Das muss doch etwas zu bedeuten haben!" Herausfordernd schaute sie ihm in die Augen.

„Ähäm, darüber hab ich mir ehrlich gesagt noch keine Gedanken gemacht. Ich genieße es einfach, mit euch beiden – und Knöpfchen natürlich – beisammen zu sein."

Er versuchte, ein wenig die Spannung aus dieser prekären Situation zu nehmen.

„Ich habe mir *sehr wohl* Gedanken darüber gemacht. Überhaupt: Ich habe in dieser Abgeschiedenheit viel Zeit, um mein Leben neu zu ordnen und mir neue Ziele zu setzen – mit Hilfe deiner Mutter natürlich“, setzte sie schnell hinzu, um ihrer Aussage mehr Gewicht zu verleihen. Sie rutschte ein wenig näher an ihn heran und senkte ihre Stimme: „Ach, Ruben, mach es mir doch nicht so schwer. Du weißt doch genau was los ist.“

Liebevoll lächelte er sie an und legte zärtlich seine Hand auf ihre Wange. Glücklich schmiegte sie ihr Gesicht hinein, schloss die Augen und wartete. *Jetzt kommt's, jetzt küsst er mich endlich!*, triumphierte sie und streckte ihm vorsichtig ihre Lippen entgegen.

Nichts geschah.

„Olivia, schau mich an“, sprach Ruben leise.

Irritiert öffnete sie ihre Augen und hob den Kopf. „Wie? … Was ist denn?“, stammelte sie. Sein Lächeln gefiel ihr überhaupt nicht. Es hatte so gar nichts Männlich-Erotisches, vielmehr war es brüderlich und mitfühlend.

„Bitte, Olivia, sei mir nicht böse, aber so sehr ich dich auch mag, *das* wäre momentan nicht gut. Für keinen von uns!“

Olivia glaubte, vor Scham im Boden versinken zu müssen. *Das kann doch wohl nicht wahr sein! Wie bescheuert ist der eigentlich?* Wütend über die demütigende Situation, funkelte sie ihn an. „Du willst mir doch nicht etwa erzählen, du hättest kein Interesse an mir? Ich kann mich doch nicht so getäuscht haben?“

„Oh, das hast du auch nicht. Aber bedenk doch mal, Olivia, du bist nicht frei“, betonte er nachdrücklich.

„Was soll das heißen, ich bin *nicht frei*? Ich kann tun und lassen, was ich will, und bin keinem Rechenschaft schuldig“, wetterte sie.

„Du verstehst mich nicht – oder willst du mich nicht verstehen? Du bist *verheiratet*, Olivia! Muss ich dich daran etwa erinnern?“

„Natürlich musst du das nicht. Aber das zwischen Manuel und mir ist derzeit alles andere als eine Ehe. Wer weiß, ob sie jemals wieder funktionieren wird? Und wenn das mit dir und mir was werden würde, gäbe es für mich sowieso kein Zurück mehr zu ihm!“ Die Leidenschaft in ihren Worten ließ ihn zurückschrecken.

„Weißt du eigentlich, was du da sagst? Was soll ich denn von einer Frau halten, die so von ihrer Ehe und ihrem Mann spricht? Du entwürdigst euch beide damit. Du hast ihm vor langer Zeit dein Ja-Wort gegeben und es bis heute nicht aufgelöst. Und da gehst du hin, und würdest dich schon mit einem anderen zusammentun, bevor du das Alte abgeschlossen hast?“ Ruben zeigte sich nun ehrlich empört über Olivias Verhalten.

„Es ist doch nur noch ein Stück Papier, Ruben. Was bedeutet das schon noch, wenn man keine Liebe mehr im Herzen spürt“, rechtfertigte sie sich.

„Da täuschst du dich gewaltig, meine Liebe. Du hast ihm vor Zeugen dein Ja-Wort gegeben und es mit deiner Unterschrift besiegelt. Für die Seele ist das weit bedeutungsvoller, als du glaubst. Wieso sollten Menschen aller Kulturen seit Jahrtausenden dieses Ritual vollziehen, wenn es nicht eine tiefgreifende seelische Bedeutung hätte? Natürlich kann es passieren, dass man sich nicht mehr liebt und infolgedessen auch trennt. Aber dann sollte auch dieser Schritt bewusst vollzogen werden. Erst dann ist ein Abschluss möglich und man ist wieder frei für eine neue Partnerschaft.“ Ruben versuchte ihr nachdrücklich ins Gewissen zu reden. Er war enttäuscht von ihr und ließ sie das auch spüren.

Olivia verstand nicht, was er da von sich gab. Sie war voller Zorn und fühlte sich zurückgewiesen und verletzt.

Unmutig zischte sie ihm entgegen: „Ach was, es ist immer dasselbe mit euch Männern. Ihr seid doch alle gleich!"

Für Ruben waren diese Worte wie eine Ohrfeige. Er zog tief die Luft in seine Lungen und atmete langsam und konzentriert wieder aus. Bevor er eine vorschnelle Äußerung tat, musste er sich erst zur Ruhe mahnen. „Schade, dass du das so siehst. Aber ich kann dich auch verstehen. Im Laufe deines Lebens hast du schmerzhafte Erfahrungen mit Männern gemacht und die sind offensichtlich noch nicht alle verheilt. Wie sollte dein Blick auf sie dann auch anders ausfallen als mit Enttäuschung? Vergiss nicht, Olivia, du schaust die Männer mit *deinen Augen* an!"

„Was soll das denn nun heißen, du Klugschwätzer? Mit welchen Augen sollte ich sie denn sonst anschauen?" Ihr war bewusst, dass sie ihn gerade beleidigt hatte. Aber er sollte ruhig spüren, wie sehr er sie mit seinem Verhalten verletzte.

„Hat dir meine Mutter nicht erklärt, dass dir immer nur das widerfährt, was du insgeheim erwartest oder befürchtest? Ständig öffnen sich Schubladen in dir, aus denen heraus du die jeweilige Situation be- und auch verurteilst. Du bist nicht objektiv in deiner Betrachtung, Olivia. Keiner von uns ist das! Aber je mehr schmerzhafte Erfahrungen du in dir angesammelt hast, desto verletzter und enttäuschter reagierst du auf andere. Wie soll sich da etwas Neues entwickeln können?" Ruben gab sich alle Mühe, ihr Verständnis zu erlangen.

Olivia konnte all das nicht mehr hören. Ihre Enttäuschung und Wut waren viel zu groß, als dass sie die Bedeutung seiner Worte hätte verstehen wollen. Abrupt sprang sie auf. „Ich kann den Quatsch nicht mehr hören, Ruben. Du hättest auch ganz einfach nur sagen können: *Ich hab kein Interesse an dir, Süße. Also vergiss es.* Das hätte selbst ich verstanden. Du brauchst mir nicht all dieses

Gesäusel ins Hirn flüstern, um dich aus dieser peinlichen Situation zu retten. Gute Nacht!“ Sie stürmte in die Hütte und verschwand in ihrer Kammer, ohne Anni eines Blickes zu würdigen. Diese blickte ihr nur still vor sich hinnickend nach.

Unruhig wälzte sie sich im Bett hin und her. Sogar Knöpfchen hatte die Kammer verlassen und war zu Ruben und Anni in die Stube geflüchtet. Immer noch bebend hatte Olivia hinter der verunsicherten Hündin die Tür wieder geschlossen. Sie einfach zuzuknallen, hatte sie sich nicht getraut, obwohl sie gute Lust dazu gehabt hätte. Und nun lag sie in dem kalten Raum unter ihrer Bettdecke und zermarterte sich das Hirn. *Wie konnte er mir das bloß antun? Nie hätte ich gedacht, dass er mich so auflaufen lässt. Verfluchter Mist! Ich kann ihm nicht mehr in die Augen schauen. Wie soll ich die nächsten Tage nur in seiner Nähe aushalten? Bestimmt hat er schon alles ausführlich Anni erzählt.* Sie hörte die leisen Stimmen der beiden in der Stube. Durch die geschlossene Tür konnte sie nur das Murmeln vernehmen, aber leider kein Wort verstehen. An Schlaf war nicht zu denken. Sie schämte sich so abgrundtief, dass sie am liebsten davongelaufen wäre. Hätte sie einen Weg ins Tal gewusst, wäre sie jetzt sofort auf und davon und nie mehr zurückgekehrt. *Meine Güte, was wird Anni wohl jetzt von mir denken? Sie wird mich sicherlich mit Ruben zurück ins Tal schicken. Oh Gott, ich habe alles vermasselt.* Reue kam in ihr auf und brach sich einen Weg durch ihren kindlichen Trotz. Nur langsam beruhigte sie sich. Sie versuchte, sich mithilfe ihrer Atemübungen zu entspannen – sie brauchte jetzt unbedingt einen klaren Kopf. *Was hab ich denn falsch gemacht? Ich hab doch deutlich gespürt, dass er mich auch mag. Wieso redet er da von Manuel? Wer weiß, was der gerade macht. Womöglich vergnügt er sich mit seiner Sekretärin.* Da war sie wieder, die alte Eifersucht. Sie zwang sich, diese Bilder loszulassen, denn inzwischen hatte sie schon zu viel von Anni über destruktive Gedanken gelernt. Sie begann sich nun ernsthaft mit ihrem Verhalten auseinanderzusetzen und versuchte sich an Rubens Worte zu erinnern. *Du entwürdigst euch beide*, hatte er gesagt. Sie überlegte, was er damit gemeint haben konnte. Eigentlich wusste sie es schon, doch fiel es ihr schwer, sich selbst einzugestehen, dass er damit recht hatte. Manuel hätte es verdient, dass sie zuerst mit ihm reinen Tisch machen würde. Bildete sie sich tatsächlich ein, dass sie als reif und würdevoll wirken konnte, wenn sie sich so oberflächlich verhielt? Ein Mann wie Ruben würde so ein Verhalten wenig attraktiv finden. *Er muss sich vorkommen, wie ein Lückenbüßer. Solange ich noch keine Ordnung in meinem Leben geschaffen habe, würde ich jedem neuen Partner mein Chaos aufbürden und insgeheim hoffen, durch ihn würde alles von alleine gut und heil werden. Wie kindisch von mir! Ich hätte es doch wissen müssen.* Ihre Wut auf Ruben verklang langsam, nur, um sich nun gegen sie selbst zu richten. *Er war wirklich lieb und verständnisvoll gewesen und hatte souverän und männlich reagiert. Und ich blöde Kuh werfe ihm so einen Quatsch vor die Füße. Wenn ich so darüber nachdenke, ist es ihm sicherlich auch nicht leicht gefallen, auf einen Kuss zu verzichten.* Die Achtung, die sie plötzlich für Ruben empfand, war etwas völlig Neues für sie. Nie zuvor hatte sie derart zu einem Mann aufsehen können. Nicht mal zu Manuel. *Manuel … Was du wohl gerade machst? Es tut mir leid, was ich getan habe. Auch wenn wir zuletzt viele Unstimmigkeiten hatten, das hast du nicht verdient. Verzeih mir!* Ihre Augen füllten sich mit Tränen, als ihr das ganze Ausmaß ihres egoistischen Verhaltens bewusst wurde. Sie drehte ihr Gesicht ins Kopfkissen und weinte leise vor sich hin.

Ein sanftes Streicheln am Hinterkopf ließ sie innehalten.

„Na na, Kindchen, jetzt aber nicht auch noch in Selbstmitleid verfallen. Das hilft dir nicht weiter", hörte sie die Stimme der Alten neben sich flüstern.

Langsam richtete sie sich auf. Anni saß auf ihrer Bettkante. Sie hatte sie nicht eintreten hören. Auch die Tür hatte sie offensichtlich so leise geschlossen, dass Olivia nichts davon mitbekam. Die weiße Winterlandschaft warf ein sanftes Licht durchs Fenster über ihrem Bett und durchdrang die nächtliche Dunkelheit.

Olivia schluchzte und warf hilfesuchend ihre Arme um den Hals der Alten: „Anni, ich hab riesigen Mist gebaut!"

Anni lachte kurz auf: „Ja, Kindchen, so sind wir Menschen. Zuerst sind wir überheblich und selbstsicher, dann bauen wir Mist und erreichen nicht, was wir bezwecken wollten, und dann bemitleiden wir uns selbst."

„Er hat dir alles erzählt, nicht wahr?", jammerte Olivia.

„Das musste er gar nicht. Ich hab dir dein Vorhaben schon angesehen, als du vom Wald zurückgekommen bist."

„Und wieso hast du mich dann nicht von meinem blöden Plan abgehalten? Du hast doch bestimmt schon vorhergesehen, in welchen Fettnapf ich trete?", klagte Olivia.

„Dann hättest du ja nichts draus gelernt", antwortete Anni mit ruhiger Stimme.

„Meinst du nicht, dass du mir diese Lektion auch ohne meinen peinlichen Auftritt hättest beibringen können?", fragte Olivia mit weinerlicher Stimme.

„Ach, weißt du, was man am eigenen Leib verspürt, vergisst man nie wieder. Diese Erfahrung lehrt dich mehr, als tausend Worte, stimmt's nicht?"

Olivia nickte. *Stimmt*, dachte sie nur. „Wie soll ich ihm denn je wieder unter die Augen treten können? Ich schäme mich so!"

„Mach dir darüber keine Gedanken. Er versteht dich gut, ihm ging es ja einst auch nicht besser. Ruben wirft dir sicherlich nichts vor, dazu schätzt er dich viel zu sehr", tröstete Anni.

Olivias Herz machte einen kleinen Freudensprung. „Meinst du wirklich? ... Oh, das wäre schön." Sie träumte schon wieder vor sich hin.

Anni griff sie fest an ihren Schultern. „Langsam, Olivia. Heute Abend hast du gelernt, dass du andere nicht mit deinen Gedanken manipulieren sollst. Das hat was mit Magie zu tun und nicht mit Liebe. Spiel nicht mit den geistigen Kräften, vor allem nicht, um deine egoistischen Ziele zu verwirklichen. Bring dich zuerst in Einklang mit dir selbst. Dann sieh, was sich daraus entwickelt", sagte sie streng.

Olivia hatte verstanden. Das war der einzig wahre Weg. So konnte es nicht weitergehen. Mit Hilfe von Anni würde sie ihre Vergangenheit bewältigen und versuchen, in Zukunft ein sinnvolleres Leben zu führen. Sie musste ihre Ungeduld zügeln und wenn es ihre ganze Kraft kosten würde. *Es wird verdammt noch mal Zeit, dass ich erwachsen werde!*

„Oh, Anni, wenn ich dich nicht gefunden hätte, was wäre aus mir geworden? Ich will an mir arbeiten. Es ist nur manchmal so schwer. Hilfst du mir weiterhin dabei?", bat sie ernsthaft.

„Ich bin hier, Olivia." Mit diesen Worten beendete die Alte das Gespräch, drehte sich um und legte sich in ihr Bett. Kurz darauf war sie eingeschlafen.

Olivia lag noch lange wach und ließ sich die Ereignisse noch einmal durch den Kopf gehen. Ruhig und klar konnte sie jetzt alles erkennen, was vorgefallen war.

Das Geheimnis

1

Der nächste Tag begann etwas unbequem für Olivia. Sie musste Ruben wieder unter die Augen treten und wusste nicht, was sie zu ihm sagen sollte. Knöpfchen hatte sich ihrem Bett vorsichtig genähert. Womöglich wollte sie erst prüfen, ob Olivias Wutausbruch vom Vorabend tatsächlich verklungen war.

„Komm nur, meine Süße. Alles in Ordnung. Lass uns noch ne Runde schmusen", lockte sie die Hündin.

Diese ließ sich nicht zweimal bitten und legte ihren gesamten Oberkörper aufs Bett, um sich ausgiebig von Olivia kraulen zu lassen. Dieses morgendliche Ritual war für beide unverzichtbar geworden. „Wie soll ich je ohne dich zurechtkommen, du treue Seele? Du hast mein Herz erobert, weißt du das? … Ja, das weißt du!"

Knöpfchen blickte sie aufmerksam an und drückte ihren Kopf auf Olivias Brustkorb.

„Mit dir ist Liebe so einfach. Du gibst was du kannst, und ebenso nimmst du, was du bekommst. Und das alles ohne Bedingung. … Wenn ich dich jetzt küsse, verwandelst du dich dann in einen tollen Prinzen?", fragte sie verträumt lächelnd. Knöpfchen räkelte sich freudig und stieß sie immer wieder mit der Pfote an. „Ja, ja, ich steh ja schon auf. Weg da, du Quälgeist!" Sie schwang sich noch etwas träge aus dem Bett.

Wie üblich war Annis Bett längst leer. Ein Blick aus dem Fenster zeigte ihr, dass es in der Nacht wieder geschneit hatte. *Das bedeutet, dass Ruben heute nicht heimfahren kann*, folgerte sie. Sie schwankte zwischen Freude und Unruhe.

Mutter und Sohn saßen am Frühstückstisch und unterhielten sich lebhaft, als Olivia zu ihnen trat. Unschlüssig und verlegen stand sie vor ihnen und warf Ruben ein scheues Lächeln zu.

„Du kannst ja richtig lieb gucken!", grinste Ruben.

Mit diesen Worten hatte er den Bann gebrochen und Olivia fiel erleichtert in sein Lachen ein. Um mindestens 20 Kilo leichter setzte sie sich auf ihren Platz und griff hungrig nach dem Brot. Während sie sich Butter und Marmelade darauf schmierte, schenkte ihr Anni heißen, duftenden Kaffee ein.

„Oh, ich hab vielleicht einen Hunger. Als hätte ich tagelang nichts gegessen. Dabei kann ich mich über Mangelernährung wirklich nicht beklagen", sagte Olivia.

„Die frische Bergluft macht tatsächlich hungrig. Du verbrauchst hier oben mehr Energie, als unten im Tal", erklärte Anni. „Das geht übrigens auch den Tieren so. Wenn du Lust hast, kannst du mit uns nachher ein paar Futterstellen für die Rehe neu bestücken. Ruben hat für die Winterzeit drei Fässer Apfeltrester mitgebracht. Sie stehen an einem kleinen Unterstand in der Nähe seines Wagens. Von dort aus gehen wir nachher los und verteilen ein paar Eimer voll auf die Futtertröge."

„Hei, prima. Das hört sich gut an. Natürlich komme ich mit", freute sich Olivia. „Ich habe mich schon oft gefragt, wie die Tiere solch harte Winter überleben, vor allem wenn die Schneedecke geschlossen ist."

„Das ist fürwahr oft ein Problem", nickte Anni. „Solange sie noch die Schneedecke aufkratzen können, um an Pflanzen zu kommen, kommen sie einigermaßen durch.

Aber wenn erst mal alles zugefroren ist, dann wird es schwierig. Rehe können sich eine zeitlang auch gut mit Brombeerblättern und anderen kargen Pflänzchen über Wasser halten, auch junge Baumtriebe müssen dran glauben. Aber das ist natürlich weniger gut, da dadurch der Baumbestand zu sehr angegriffen wird. Und so füttern wir lieber zu. Außerdem haben die Pflanzen im Winter nicht so viel Nährstoffe in sich, um den Energiehaushalt bei Rehen und anderen Pflanzenfressern abzudecken. Deshalb verringert das Wild automatisch seinen Energiebedarf in Notzeiten, um mit den Gegebenheiten durchzukommen."

„Wäre das eigentlich nicht alles die Aufgabe des Jägers hier oben?", wollte Olivia wissen.

„Ist es ja auch", stimmte Ruben ihr zu. „Aber meine Mutter ließ sich noch keinen Winter davon abhalten, für *ihre Tierlein* zu sorgen. Im Grunde sind es ja tatsächlich ihre Tiere!"

„Wieso denn das?", hakte sie nach.

„Weil dieser Wald und die Hütte seit mehreren Generationen in unserem Besitz sind", antwortete Ruben.

„Wie bitte? Das alles hier oben gehört euch? Das muss ja ein riesiges Gebiet sein?", staunte Olivia.

„Ist es auch. In Teilen ist es sogar ein Naturschutzgebiet, da hier noch seltene Kräuter und andere bedrohte Pflanzen wachsen. Es ist weitgehend noch unberührte Natur. Und dadurch haben wir auch kaum Fremde hier. Dennoch muss das Wild hier oben bejagt werden, damit es kein Ungleichgewicht gibt. Schließlich leben in dieser Gegend weder Wölfe noch Bären. Es gibt also keine natürlichen Feinde mehr für Reh- und Rotwild. Um einen zu großen Baumverbiss und Überpopulation zu vermeiden, sind einige Jäger bei meiner Mutter angestellt, die nach dem Rechten schauen. Alle paar Monate kommen sie zur Hütte, um ihr Bericht zu erstatten. Aber in der Regel weiß Mama besser Bescheid, was hier oben los ist, als die Jäger. Stimmt's nicht, Mama?" Ruben grinste wissend seine Mutter an.

„Muss ich ja wohl auch. Schließlich ist es eine große Verantwortung, die mir das Leben zuteilwerden ließ. Aber es ist auch ein Geschenk, für dieses wunderschöne Stück Natur samt Tieren sorgen zu dürfen. So kann ich meinen kleinen Beitrag zu einer besseren Welt dazugeben." Immer, wenn Anni über die Natur sprach, bekam sie einen eigentümlich zärtlichen Gesichtsausdruck. Es lag ihr ernsthaft am Herzen, die Schönheit und Pracht in ihrem Umfeld zu erhalten, so gut es in ihrer Macht stand.

„Wer wird mal für all das Sorge tragen, wenn du nicht mehr hier bist?" hakte Olivia nach.

„Das werde ich sein!", entgegnete Ruben mit ernster Bestimmtheit. „Es steht für mich außer Frage, dieses bedeutsame Erbe weiterzuführen."

Er redet, wie seine Mutter!, dachte Olivia berührt. *Ich hätte auch gerne eine Aufgabe, die mich so fasziniert und mitreißt. Es muss ein schönes Gefühl sein, sich für seine Überzeugung engagieren zu können.* Laut sprach sie: „Ja, ich denke, genau darum geht es: einen Sinn in seinem Leben zu finden und zu wissen, wo der eigene Platz ist!"

„Es ist erfüllend und schwierig zugleich", meinte die Alte nachdenklich. „Erfüllend, weil man spürt, dass man am Puls seines Lebens ist und weil damit eine tiefe Dankbarkeit einhergeht. Aber auch schwierig, weil man nicht selten gegen Ignoranz und Arroganz diverser Menschen und Institutionen ankämpfen muss." Auf Annis Stirn zeigte sich eine tiefe Zornesfalte. „Manchmal ist es schon merkwürdig: Da weißt du genau, dass du deine Berufung gefunden hast, aber gleichzeitig musst du alle Kraft und allen Mut aufbringen, um sie zu verwirklichen. Als sei dieser Einsatz nötig, um zu beweisen, wie ernst es dir mit deiner Überzeugung ist. Und dabei fällt es sogar mir noch hin und wieder schwer, nicht den Weg der Liebe und Toleranz zu verlassen, wenn oberflächliche und unwissende Menschen meine Arbeit verurteilen oder gar verhindern wollen. Manchmal denke ich, diese Art Menschen müssen anderen die Freude an ihrer Berufung zerstören, weil sie ihren eigenen Platz noch nicht gefunden haben." Die Alte war wieder in ihrem Element.

Ruben zwinkerte Olivia zu. „Wie du siehst, ist sogar meine Mutter nicht immerzu in ihrer Mitte."

„Ja", erwiderte sie schmunzelnd. „Und das macht sie so wunderbar menschlich. Sonst käme ich mir in ihrer Nähe noch viel unwürdiger vor, als ich mich eh schon manchmal fühle."

„Aber, aber, ihr zwei, nur nicht frech werden!" Annis Ernst war verflogen. „Bevor ihr noch übermütig werdet, kümmern wir uns um die Fütterung. Dann könnt ihr euch körperlich ein wenig austoben. Faul rumsitzen tut euch nicht gut, wie ich soeben feststellen musste."

2

Schon einen Tag später war es soweit: Ruben würde abreisen. Die Temperaturen waren wieder gestiegen und die Wege einigermaßen passierbar. Leichtes Tauwetter hatte eingesetzt, das war ungewöhnlich um diese Jahreszeit. Aber in Zeiten des Klimawandels war nichts mehr so, wie man die Natur von früher kannte. Selbst die jahrtausendealten Gletscher der Alpen schmolzen Jahr für Jahr stärker ab. Einige waren schon ganz verschwunden und hatten einer unbekannten felsigen Landschaft Platz gemacht.

Olivia war es schwer ums Herz. Würde sie ihn eines Tages wiedersehen? Ihre Hoffnung hatte sie trotz ihres unrühmlichen Auftritts noch nicht aufgegeben. Zu sehr lag er ihr am Herzen. Mindestens vier Monate würde es dauern, bis er wieder auf den Berg kommen würde, es sei denn, es gäbe vorher eine stabile schneefreie Witterung. Sie wusste, sie hätte mit ihm hinabfahren können, aber das kam nicht in Frage. Sie wollte noch mehr Zeit mit Anni verbringen. Erschrocken hatte sie feststellen müssen, wie empfindlich sie noch war und wie viel unerlöster Schmerz und alte Erinnerungen sie noch plagten. So eine Möglichkeit, ihr Leben zu ordnen und einen kompletten Neubeginn vorzubereiten, bekäme sie vielleicht nie wieder. Und eine bessere Lehrerin als Anni konnte sie sich sowieso nicht vorstellen.

Ruben packte seine wenigen Sachen zusammen. Es war früh am Morgen und er wollte aufbrechen, sobald es hell geworden war. Noch ein letztes gemeinsames Frühstück und der Abschied stand bevor.

Sie standen alle vor der Hütte; seine Reisetasche hatte er umgehängt und noch einen zusätzlichen Rucksack auf dem Rücken.

„So, meine beiden Herzdamen, jetzt wird's Zeit für mich", sagte Ruben etwas verlegen. Er fühlte, wie Wehmut in ihm aufkam.

„Ja, mein Junge, sei vorsichtig beim Hinunterfahren. … Ach, wem sag ich das? Du kennst den Berg besser als jeder andere", winkte Anni mit einer schnellen Handbewegung ab. Sie umarmte ihren Sohn innig und küsste ihn zuerst auf die Stirn und dann auf den Mund.

„Ja, Mama, um mich brauchst du dich sicherlich nicht zu sorgen", bekräftigte Ruben. „Olivia, sobald ich unten bin, rufe ich deine Tante Luise an. Es ist ja erst eine Woche her, dass sie deinen Wagen gefunden haben und bei unserem Dorfpolizisten dauert alles immer ein wenig länger. Er hat sie bestimmt noch nicht ausfindig gemacht. Und für dich wünsche ich mir viel Ruhe und Erkenntnis hier oben." Er schmunzelte und zwinkerte seiner Mutter zu. Als er Olivia umarmte, schmiegte sie sich eng an ihn, als wolle sie ihn nicht gehen lassen. Für einen kurzen Augenblick vergaß sie die Zeit um sich herum. Auch Ruben hielt sie ein wenig länger und fester, als nötig. Olivia löste sich mit einem Ruck und schaute noch einmal in seine faszinierenden Augen.

„Dir alles Gute, du Lieber. Es war eine besondere Begegnung für mich und ich wünsche mir, dass es nicht die letzte war", flüsterte sie ernst. Ruben blickte ihr ebenso ehrlich entgegen und nickte ihr still zu.

Als er sich umwandte und losstapfte, fühlte Olivia ein paar Tränen in ihren Augenwinkeln. Verlegen wischte sie sich übers Gesicht. Sie wollte tapfer sein und sich nicht vom Abschiedsschmerz unterkriegen lassen. Knöpfchen lief noch eine zeitlang neben Ruben her. Bevor er den Pfad am Ende der Lichtung erreichte, drehte er sich noch einmal um und winkte ihnen zu. Mit einem kurzen Befehl schickte er den Hund zurück zur Hütte. ... Dann war er im Wald verschwunden.

„So, Kindchen, jetzt sind wir wieder alleine und haben viel Zeit in den nächsten Wochen. Lass sie uns sinnvoll nutzen", sagte Anni geheimnisvoll, als sie später in der Stube beieinandersaßen.

Olivia schaute sie neugierig an. „So viel gibt es ja im Winter hier oben nicht zu tun, Anni. Ich hoffe, uns wird nicht langweilig werden."

Die Alte lachte herzhaft auf. „Ich bin mir sicher, das wird es nicht. Es sei denn, du hättest keine Lust auf Unterricht."

„Was für einen *Unterricht*? Was hast du vor?" Olivias Spannung stieg.

Langsam begann Anni zu erzählen: „Ich habe mir immer gewünscht, dass ich eines Tages alles, was ich gelernt und erfahren habe, an eine willige Schülerin weitergeben könnte. Das, was ich zu lehren habe, kann man nicht aufschreiben, man muss es tun, um es zu erkennen. Meinem Sohn konnte ich das meiste vermitteln und es ist mir eine wahre Freude, zu sehen, wie der Samen in ihm reift. Und nun hat mir das Schicksal dich geschickt. Es hat mich nicht überrascht, als du kamst, das weißt du ja. Aber anfangs war ich mir nicht sicher, ob du tatsächlich schon diejenige sein würdest, um die ich täglich gebetet habe. … Nun bin ich sicher. Du bist es!"

Olivia hörte ergriffen zu. Sie empfand Dankbarkeit dafür, dass Anni ihr so viel Vertrauen entgegenbrachte. Mit aller Kraft würde sie sich dieses Vertrauens würdig erweisen, das nahm sie sich in diesem besonderen Augenblick fest vor.

„Ich hoffe, ich enttäusche dich nicht, Anni", flüsterte sie mit belegter Stimme.

„Das kannst du gar nicht, Olivia, denn ich spüre, dass es dir ernst ist. Es geht mir auch nicht darum, dich zu einem Perfektionisten zu machen. Im Gegenteil! Ich wünsche mir, dass wir beide den verschütteten Diamanten in dir ans Licht holen. Den, den jeder in sich trägt, der aber meistens ungeschliffen und unpoliert in den unbewussten Tiefen der Menschen schlummert."

„Ja, diesen Diamanten in mir würde ich auch mal gerne zu Gesicht bekommen", schmunzelte Olivia keck.

„Ich bin mir sicher, das wirst du!" Nach einer kurzen Pause fügte Anni noch hinzu: „Um dir zu zeigen, wie ich meinen Diamanten gefunden habe, werde ich dir heute Abend von meinem Leben erzählen."

Olivia riss die Augen auf. Sie konnte es kaum fassen:

Anni würde ihr ihre Geschichte anvertrauen. Wie oft hatte sie sich gefragt, was im Leben der Alten wohl vorgefallen sein mochte? Sie hatte zwar den ein oder anderen Hinweis erhalten, doch war dadurch ihr Interesse nur noch größer geworden. Und heute Abend würde sie von Anni selbst hören, was sie zu dieser würdevollen, weisen Frau werden ließ. Olivia wusste jetzt schon: die Stunden bis nach dem Abendessen würden ewig dauern!

3

„Ich war eine berühmte Pianistin." So begann Anni nach Einbruch der Dunkelheit mit ihrer Lebensgeschichte.

Olivia hatte den ganzen Tag über nach Beschäftigung gesucht, um sich bis zum Abend abzulenken. Sie hatte den Rehen die Futtertröge gefüllt, genügend Brennholz in die Hütte gebracht, die Betten frisch überzogen und noch so einiges mehr erledigt. Das Abendessen kam ihr unendlich lange vor, wo sie doch sowieso kaum Hunger hatte. Ihretwegen hätten sie es auch ausfallen lassen können. Wie dem auch sei: Anni und sie saßen sich nun beim Schein der Petroleumlampe und frisch gebrühtem Pfefferminztee am Tisch gegenüber. Zur Feier des Tages hatte sie sogar getrocknete Bananenscheiben und eingelegte Birnen als Nachtisch bereitgestellt. Olivia bedankte sich artig für die Aufmerksamkeiten, brachte jedoch keinen Bissen hinunter. Unruhig rutschte sie auf ihrem Stuhl hin und her und wartete gespannt, dass Anni endlich erzählte. Und das tat diese dann auch … .

Schon beim ersten Satz wusste Olivia, dass es eine ungewöhnliche Erzählung werden würde. *Eine Pianistin! Darauf wäre ich nie gekommen. Wow!*

„Ja, meine Eltern waren beide musikalisch und liebten Konzerte. Meine Mutter brachte mir schon sehr früh das Klavierspielen bei. Ich stamme aus einer wohlhabenden alten Handelsfamilie, in der es üblich war, dass schon die jungen Töchter zur Erbauung der Gäste ein Musikinstrument spielen lernten oder Gesangsunterricht erhielten. Auf unserem Weingut am Rhein fanden stets Gesellschaften statt. Das gehörte damals noch zum guten Ton und war für meinen Vater wichtig, um neue Geschäftsverbindungen zu knüpfen. Ich war das einzige Kind meiner Eltern und so wurde mir eine umfangreiche Ausbildung zuteil, nicht nur im musischen Sinne. Ich durfte, was für die damalige Zeit äußerst ungewöhnlich war, eine kaufmännische Ausbildung absolvieren und lernte von meinem Vater alles, was man über den Weinhandel wissen musste. Er war seiner Zeit weit voraus, denn in den Dreißigerjahren war es immer noch äußerst unschicklich, wenn ein Mädchen aus besseren Kreisen zu gebildet war. Mein Vater stellte sich vor, dass ich einmal in eine andere große Weinhändlerfamilie einheiraten würde und unser Gut dadurch in meinen Händen bleiben könnte. Er hatte allerdings nicht mit meiner musikalischen Begabung gerechnet.“ Sie lächelte verschmitzt.

„Als junges Mädchen, ich war gerade zwölf Jahre alt, wurde ein bekannter Komponist zu einer unserer Gesellschaften geladen. Er erkannte mein Talent und überredete meinen Vater, dass er mich ausbilden und fördern dürfe. Nach langem Hin und Her willigte er schließlich ein. Schon mit vierzehn Jahren hatte ich meinen ersten großen Auftritt als Pianistin in einem deutschen Konzertsaal. Das war der Anfang meiner Karriere. Zwei Jahre lang reiste ich um die ganze Welt, gab Konzerte auf den größten Bühnen und hatte mir einen guten Namen in der Musikwelt erarbeitet, da kam der Krieg. Mein Vater befürchtete, dass wir alles verlieren könnten und wollte mit der neuen Staatsführung nichts zu tun haben. So beschlossen wir, in die Vereinigten Staaten auszuwandern." Anni hielt in ihrer Erzählung inne. Ihr war anzusehen, dass sie all die Bilder wieder lebendig vor Augen hatte, als liefen sie für jeden sichtbar auf einer großen Leinwand ab. Sie erzählte so lebendig, dass selbst Olivia den Eindruck hatte, sie wäre leibhaftig dabei gewesen.

„Ich fürchtete, dass dadurch mein Leben für die Musik ein jähes Ende finden würde. Das Gegenteil war der Fall: Im Land der unbegrenzten Möglichkeiten ging meine Karriere tatsächlich weiter und ich wurde auch dort ziemlich bekannt. Unfassbar! Der Glamourfaktor war in den Staaten natürlich noch um ein Vielfaches größer. Bald schon gab auch ich große Gesellschaften, so wie meine Eltern zuvor in Deutschland. Meine Mutter genoss dieses exquisite Leben sichtlich. Sie fühlte und benahm sich selbst wie ein Star. Mein Vater hingegen zog sich mehr und mehr aus dem Gesellschaftsleben zurück. Er hatte sich das Auswandern leichter vorgestellt. Uns fehlte es zwar an nichts, aber sein Weingut vermisste er doch sehr. Er begann, sich mit Philosophie und Geisteswissenschaften zu beschäftigen und fand darin seine Erfüllung.

Es gehörte zum guten Ton, dass man wenigstens einmal im Jahr an einem noblen Wintersportort Urlaub machte. Ich war gerade fünfundzwanzig Jahre alt geworden und in der Blüte meiner Karriere und meines Lebens. Meine Eltern sorgten sich, weil ich noch immer keinen Mann an meiner Seite hatte, wo sie sich doch sehnlichst Enkel wünschten. Bei besagtem Skiurlaub lernte ich Franz kennen, den Skilehrer. Er kam aus Süddeutschland und war ebenfalls wegen des Krieges in die Staaten ausgewandert." Anni lächelte verträumt vor sich hin. „Du kannst dir ja denken, was dann kam. Es war Liebe auf den ersten Blick!

Schon bald war uns klar, dass wir zusammenbleiben würden. Doch gestaltete sich das äußerst schwierig. Ich wollte meine Karriere noch nicht beenden, und Franz wollte zuerst so viel verdienen, dass er auch aus eigener Kraft eine Familie ernähren könnte. Für ihn kam es nicht in Frage, dass er von meinem Geld leben würde. Und so dauerte es noch weitere drei Jahre, bevor wir heiraten konnten. In dieser Zeit hatte sich auch Franz einen Namen als Skirennfahrer gemacht. Gerade zu der Zeit war endlich der Krieg vorüber und wir beschlossen, nach Deutschland zurückzukehren, zumal ich auch kurz nach der Hochzeit feststellte, dass ich bereits schwanger war." Sie lächelte verträumt. Es war offensichtlich nicht erst in der Hochzeitsnacht zum ersten Beisammensein gekommen.

„Meine Eltern freuten sich mit uns und dennoch beschlossen sie, ihren Lebensabend in den Staaten zu verbringen. Sie wollten nicht nochmals von vorne anfangen. Und so landete ich allein mit meinem Franz hier in den Alpen. Im Dorf unten hatte sein Vater, wie Rubens bereits erzählte, eine Geigenbauwerkstatt und so ließen wir uns hier nieder. Du kannst dir wohl denken, was das für mich verwöhntes Gör bedeutete! Ich war große Gesellschaften, Luxus und intellektuelle Gespräche mit Persönlichkeiten aus allen Schichten gewohnt – und dann lande ich hier im Niemandsland!" Anni lachte ihr herbes kehliges Lachen. Offensichtlich amüsierte sie sich prächtig über ihr damaliges Schicksal.

„Anfangs war es wahrhaftig nicht leicht für mich. Das fing schon beim Dialekt an: ich verstand kein Wort! Und obwohl die Leute im Dorf mich recht herzlich aufgenommen hatten, fühlte ich mich zunächst sehr fremd und heimatlos. Franz trug mich auf Händen und versuchte, mir den Alltag so angenehm wie möglich zu gestalten. Er kaufte ein Klavier und richtete mit größter Liebe und

Sorgfalt das Kinderzimmer ein. Nach der Geburt unseres ersten Sohnes Roman, folgten im Laufe der nächsten Jahre unsere Töchter Lisa und Maria. Als letzter kam Ruben zur Welt. Da war ich etwas älter, als du heute. Recht spät für damalige Verhältnisse.

Unser Leben funktionierte gut und ich hatte mich mit einem weniger spektakulären Alltag als Mutter und Ehefrau abgefunden. Natürlich leisteten wir uns etwas mehr Luxus als andere, denn schließlich war ich nicht unvermögend und, wie ich erst etwas später erfuhr, auch mein Mann nicht. Seine Familie besaß seit Generationen viele Ländereien und Wälder hier in der Gegend.

Einige Jahre lang ging alles gut. Doch dann verstarb plötzlich mein Vater und das Schlimmste daran war, dass ich nicht mal rechtzeitig zur Beerdigung hinfliegen konnte. So kurzfristig war das kaum möglich. Als ich wenige Tage nach der Bestattung bei meiner Mutter in den Staaten ankam, war ich erschüttert über ihren Zustand. Sie hatte all ihren Glanz verloren und brauchte mich dringend. Ich vereinbarte mit Franz, der mit den älteren dreien in Deutschland geblieben war, dass ich einige Wochen bei meiner Mutter bleiben würde. Ruben hatte ich mitgenommen, er war gerade mal fünf Jahre alt und wäre ohne mich niemals zu Hause geblieben." Nun verdunkelte sich Annis Miene. Sie atmete tief ein, als wolle sie sich auf einen schweren Gang vorbereiten.

„Tja, und dann hat mich das Leben einer noch härteren Prüfung unterzogen, als ich es mir je hätte vorstellen können! ... Ich war kaum eine Woche bei meiner Mutter, als ich ein Telegramm von meinem Schwiegervater aus Deutschland erhielt. Ich solle mich bitte umgehend mit ihm in Verbindung setzen, da er mich telefonisch nicht erreichen könne. Das wunderte mich nicht, denn meine Mutter hatte die Angewohnheit, für mehrere Stunden am

Tag den Telefonstecker rauszuziehen, wenn sie ihre Ruhe wollte. Mir war klar, dass Schwiegerpapa so eine Aktion niemals starten würde, wäre nicht etwas Einschneidendes passiert. So rief ich mit mulmigem Gefühl bei ihm an. Ich wusste, Franz war nicht zu Hause, da er mit den Kindern für ein paar Tage zum Skifahren wollte. Abends erreichte ich dann Franz' Vater." Anni atmete etwas heftiger und presste einmal kurz ihre Lippen aufeinander, als die Erinnerung noch einmal lebendig wurde. „Er sagte, Franz und die Kinder seien am Tag zuvor bei einem Seilbahnunglück ums Leben gekommen!"

Olivia traf diese Mitteilung wie ein Schlag. Auf so was war sie nicht vorbereitet gewesen. Es war ihr, als säße sie selbst am Hörer und hätte soeben die Nachricht über den Tod der Familienmitglieder erhalten. Ohne, dass sie es bemerkte, liefen ihr still die Tränen über die Wangen hinab. Sie war nicht in der Lage, irgendetwas zu sagen. Betroffen über Annis Schicksal starrte sie vor sich hin und versuchte sich vorzustellen, wie ein Mensch so etwas unbeschadet überstehen konnte.

Anni gab sich einen kurzen Ruck und richtete sich wieder auf, so wie damals, als sie erkannte, dass sie leben musste – für Ruben!

„Ich nahm Ruben und meine Mutter und flog mit ihnen zurück nach Deutschland. Für mich stand fest, dass meine Mutter nicht mehr in die Staaten zurückkehren würde. Einem befreundeten Notar überließ ich die Regelung und Auflösung aller Geschäfte und Güter vor Ort. ... Die Beerdigung erlebte ich wie im Nebel. Von weit her waren Menschenmassen angereist, die mich oder meines Mannes Familie kannten. Das kleine Dorf war komplett überlastet. Doch Franz' ältere Schwester und sein Vater hatten für alles gesorgt. Wie sie das fertiggebracht haben, ist mir ein Rätsel. Denn der Schmerz hatte auch sie voll im Griff. Als ich den großen und die drei kleinen Särge in der Dorfkirche stehen sah, war ich nicht mehr zu halten. Schreiend lief ich darauf zu und warf mich davor auf den Boden. Später hat man mir erzählt, dass ich ärztlich versorgt wurde und vorsichtshalber für ein paar Tage in eine Klinik eingeliefert wurde. Mein kleiner Ruben, der arme Junge, musste all das miterleben und war doch selbst so furchtbar alleine. Er blieb bei seinem Großvater und seiner Tante. Sie kümmerten sich rührend um ihn und doch musste er mich sehr vermisst haben. Lange Zeit sprach er kein einziges Wort. Wochenlang verbrachte er in Schweigen, doch mein Schwiegervater brachte es mit seiner Liebe und Geduld fertig, ihn aus seiner Erstarrung zurückzuholen. Er nahm ihn mit in die Werkstatt und zeigte ihm alles, was es über Geigenbau zu lernen gab. Auch machte er mit seinem jüngsten Enkelsohn stundenlange Spaziergänge durch die Wälder.

Als ich nach drei Wochen wieder nach Hause kam, war mein kleiner Sonnenschein völlig verändert. Es war, als sei er über Nacht erwachsen geworden. Sein kindliches Lachen hörte ich lange nicht mehr, an dessen Stelle war tiefer Ernst getreten. Mir wurde klar, dass ich ganz schnell wieder zu Kräften kommen musste, um meinem Sohn noch einen Rest von Kindheit zu retten. Damals verbrachten wir zum ersten Mal einige Zeit hier oben in der Hütte. Als er dann in die Schule kam, besserte sich sein Zustand merklich. Er spielte wieder mit anderen Kindern und konnte auch wieder lachen. Doch einen Teil dieser Schwere hat er nie ganz verloren."

Olivia hatte die ganze Zeit über schweigsam zugehört. Sie war erschüttert. *Woher nimmt ein Mensch die Kraft, derartige Schicksale zu überstehen?*, wunderte sie sich insgeheim. Mit bewegter Stimme wollte sie von Anni wissen: „Wie bist du aus diesem schweren Leid wieder herausgekommen? Das kann doch kein normaler Mensch überstehen!"

Die Alte wandte ihren Blick nach innen – sie schaute zurück in die Vergangenheit, bis zu jenem Zeitpunkt, der die Wende brachte.

„Hm, in dieser Zeit passierte etwas Merkwürdiges … Meine Mutter wurde vor lauter Schmerz und Trauer schwer krank. Ich hatte sie bei mir aufgenommen und sorgte so gut ich konnte für sie. Nach wenigen Wochen war offensichtlich, dass sie es nicht überleben würde. Mir war klar, dass ich nichts tun konnte, außer sie zu pflegen und für sie da zu sein. Das Leben hatte sie immer verwöhnt, … so, wie auch mich. Im Schmerz wuchsen wir zusammen und fanden zu einer Innigkeit, die wir bis dahin nicht kannten. Zum ersten Mal in meinem Leben erfuhr ich, was es bedeutet, Tochter zu sein. Ich spürte ihre Stärke und Kraft und konnte zu ihr aufsehen und gleichzeitig wusste ich, dass ich all das von ihr nehmen durfte. In ihrer Krankheit entwickelte sie eine Würde und Größe, die ich ihr niemals zugetraut hätte. Die Weisheit, die nun aus ihr sprach, war lange Zeit unter ihrer Oberflächlichkeit verborgen gewesen. Eines Tages, es ging spürbar ihrem Ende zu, rief sie mich zu sich ans Bett. Sie hielt meine Hand und schaute mir tief in die Augen. Obwohl sie müde und ausgezehrt war, leuchtete dieses Licht aus ihr heraus, welches sie in den Wochen zuvor immer wieder umgab. Ich weiß noch, wie verwundert ich sie angestarrt hatte…. Da war plötzlich etwas an ihr, das mich innerlich berührte; etwas Erhabenes. Sie sagte zu mir: ‚Liebes, hinter all dem Schlimmen, was du erleben musstest, verbirgt sich ein großes Glück für dich. Ich bitte dich, versprich mir, dass du es suchst und nicht aufgibst, bevor du es gefunden hast. … Heute Nacht erschien mir Dein Vater im Traum und sagte, dieses Leben sei nur ein Spiel. Ein Ort, um Erfahrungen zu sammeln, um uns zu erinnern, dass wir nie etwas anderes waren als Liebe. Wir sind immer im Jetzt und genau darin liegt unser Glück und Friede. Alles ist im Jetzt möglich. Vergangenheit und Zukunft gibt es nicht! ...' Zunächst verstand ich nicht, was sie mir damit sagen wollte. Erst nach ihrem Tod fand ich Ruhe und Zeit, um darüber nachzudenken. Ich begann zu meditieren, so wie ich es eben konnte, obwohl ich es nie gelernt hatte. Ich verließ mich auf meinen Instinkt und kurze Zeit später sah ich in meinem Innern all meine Lieben um mich herum. Da waren meine Eltern, meine Kinder und mein Mann. Alle schauten voller Liebe auf mich. Sie schenkten mir Kraft und Zuversicht und ich begriff, dass ich all das von ihnen nehmen darf. Von da an spürte ich sie stets hinter mir, all meine Ahnen, als eine unendliche Quelle der Kraft und Liebe. ... Olivia, ich sage dir, diese Kraft ist so unendlich groß und kommt von so weit her, dass man über kurz oder lang einfach fühlen *muss*, dass wir mit allem eins sind! Wenn du dich darauf einlässt, verschmilzt du mit dieser Größe, einfach so. Damals habe ich gelernt, dass es tatsächlich keine Vergangenheit und Zukunft gibt, sondern jeder Augenblick ein neues *Jetzt* ist, in dem ich neu entscheiden kann, wohin ich will!" In den letzten Sätzen kam abermals die Inbrunst in der Alten ans Licht, die sie bei Gesprächen wie diesen überkam. Es sprudelte nur so aus ihrem Herzen. Olivia konnte sich der Emotionalität ihrer Worte nicht entziehen. Wie eine große Welle zog es sie mit in die Tiefe dieses großen, unendlichen Bewusstseins.

Anni kam zum Schluss ihrer Geschichte. „Als Ruben dann zu seinem Jurastudium ging, zog ich mich hierher auf den Berg zurück. Hier lehrte mich die Natur viele große Geheimnisse. Und ich lernte gern von ihr, denn sie tut es sanft, aber gewaltig, mit Liebe, aber auch mit Autorität. So stelle ich mir Gott vor!"

An diesem Abend gab es nicht viel mehr zu sagen. Trotz der Schwere des Schicksals, welches sie über Anni erfahren hatte, fühlte sie sich erfüllt und entspannt. Ihre Seele war für heute gesättigt und so schlief sie in dieser Nacht tief und fest.

4

Die folgenden Tage und Wochen vergingen wie im Flug. Täglich lernte Olivia mehr von der weisen Frau. Ihr Trotz und Stolz hatten an Macht über sie verloren und so standen die Türen ihres Herzens bereitwillig offen.

Sie lernte alles über die hiesigen Kräuter und Pflanzen, den Ablauf der Jahreszeiten und den damit verbundenen Zyklen. Brachte Anni ein Stück erlegtes Wild nach Hause, so half sie ihr beim Abziehen und Zerlegen. Vor Monaten noch hätte sie bei dieser Arbeit Ekel und Abscheu empfunden. Doch seit sie sich immer mehr mit der Natur verbunden fühlte, begegnete sie dieser Arbeit mit Respekt und Achtung. Anni hatte ihr hierzu eine Geschichte erzählt: „Bei den Aborigines und vielen Ureinwohnern Südamerikas war und ist es üblich, vor der Jagd ein Gebet an die Seelen der Tiere zu richten. Darin fragen sie, ob eine Tierseele bereit ist, sich an diesem Tag den Jägern als Nahrung für ihre Familien zur Verfügung zu stellen. Und wenn die Jagd von Erfolg gekrönt war, dann nur deshalb, weil es im Einklang mit der Schöpfung und mit Erlaubnis der Tierseele stattfand. Dementsprechend dankten sie dieser Seele auch im Anschluss an die Jagd und zollten ihr ihren Respekt."

Sie lernte, dass ihr kaum etwas widerfahren konnte, was sie nicht auf irgendeiner Ebene in sich selbst herbeigerufen hätte. Alles diente nur dazu, um daran zu wachsen und zu reifen ... und nicht, um daran zu verzweifeln. Es war ein hartes Stück Arbeit, diesen Grundsatz zu akzeptieren. Er stellte all ihre bisherigen Überzeugungen massiv in Frage und stürzte sie zunächst in ein großes, inneres Chaos. Sie musste zugeben, dass sie noch lange nicht jede Meinung mit Anni teilte und so manches sie an ihre Grenzen brachte. Doch je mehr sie sich mit Annis Lebensprinzipien auseinandersetzte, desto mehr erkannte sie die Wahrheit dahinter.

Olivia wusste, dass ihre Zeit bei Anni langsam dem Ende zu ging. Nicht mehr lange, und sie würde zurückkehren in ihre Wohnung und ihr früheres Leben. Es war schon Anfang Februar und sie war schon fast ein halbes Jahr von zu Hause fort. Sie würde sich all dem Unerledigten, das sie zurückgelassen hatte, stellen müssen – früher oder später.

Trotz all der Harmonie und des Friedens, die sie in Annis Hütte erfahren durfte, hatte sie es immer noch nicht geschafft, der Alten ihr Geheimnis anzuvertrauen. Nach wie vor schämte sie sich, darüber zu sprechen. Ruben hatte sie einmal beinahe dazu gebracht, sich ihm mitzuteilen, wäre damals ihre Angst vor Verurteilung nicht zu groß gewesen. Sie wusste, dass die Zeit nahte, in der sie sich Anni öffnen würde. *Womöglich weiß sie sowieso schon Bescheid. Aber wieso hat sie mich dann noch nie darauf angesprochen?* Ihr Gewissen nagte an ihr und sie spürte den Druck, der sich mehr und mehr in ihrer Brust ausdehnte. Lange konnte sie dem nicht mehr standhalten. *Es ist wohl gut so. Ich hoffe nur, dass sie mich verstehen wird.*

„Olivia," Anni nannte sie immer seltener *Kindchen*, „es ist möglich, dass in den nächsten Tagen einer der Jäger zur Abschlussbesprechung in die Hütte kommt. Ende Januar ist das Jagdjahr vorüber. Drei Monate lang ist nun Schonzeit, da sich die Tiere auf das Frühjahr und die Geburt ihrer Jungen vorbereiten."

Olivia wurde hellhörig. Etwas in Annis Stimme verriet ihr, dass sie ihr eine wichtige Mitteilung machen wollte. Offensichtlich fiel es sogar der Alten schwer, mit dem eigentlichen Grund herauszurücken. Sie stellte sich vor Olivia und nahm sie bei den Händen. Die folgenden Worte fielen ihr sichtlich schwer: „Was ich damit sagen will ist, dass es nun an der Zeit für dich ist, dein Leben zu Hause zu ordnen."

Obwohl sie es bereits ahnte, traf es Olivia wie ein Schlag. Erschüttert sah sie auf Anni herab. Beinahe war sie froh, in dem alten Gesicht so etwas wie Trauer zu sehen. Es tröstete sie, dass es offensichtlich auch Anni nicht leicht fiel, Abschied zu nehmen.

„Ja, … ich weiß, Anni." Sie nickte niedergeschlagen. „Es wird nicht leicht für mich sein, hier wegzugehen – auch wenn es von Anfang an klar war, dass es irgendwann sein muss. Ich dachte allerdings, dass Ruben kommen und mich ins Dorf mitnehmen würde."

„Ruben kann jetzt noch nicht. Er wird erst später mit einer neuen Lieferung herauffahren. Für ein voll beladenes Fahrzeug sind die Wege noch nicht sicher genug. … Mein Liebes, glaub mir, wir bleiben in *Verbindung*."

Fast hätte Olivia gefragt, wie das möglich sein solle, ohne Telefon und Internet, da wusste sie plötzlich, welche Art von *Verbindung* Anni meinte. „Hoffentlich bin ich schon so weit, den Kontakt auf diese Weise mit dir aufrechtzuerhalten", warf sie zweifelnd ein.

„Wir werden sehen, Liebes."

Ich kann nicht weg von hier, bevor ich Anni alles erzählt habe, grübelte Olivia beim Abendessen. Die Beklemmung in ihr wurde immer stärker und es erdrückte ihr fast das Herz. Kaum einen Bissen brachte sie hinunter. Ihr Hals war wie zugeschnürt. Immer wieder spürte sie Annis Blick auf sich ruhen. Sie tat allerdings so, als würde sie es nicht bemerken. Beim Abräumen und Spülen schwieg sie eisern. *Anni denkt bestimmt, ich bin wegen der bevorstehenden Abreise so bedrückt*, versuchte sie sich einzureden. Da stieg ganz sanft und leise ein Lächeln aus der Tiefe ihres Herzens auf, als wolle da jemand in ihr sagen: *Glaubst du das tatsächlich?* Nein, sie wusste, dass sie das nicht wirklich glaubte. Im Gegenteil: Ihr war klar, dass Anni schon längst spürte, dass sie ihr etwas zu sagen hatte. *Wozu also noch dieses dumme Spiel, Olivia? Setz dich mit ihr hin und fang einfach an zu reden!*, schalt sie sich selbst.

„Anni, … ich … ich muss dir noch was sagen", fing sie stotternd an. „Bitte setzt dich zu mir an den Tisch."

Die Alte versuchte erst gar nicht, ein zufriedenes, wissendes Lächeln zu unterdrücken.

Olivias Überraschung über Annis Reaktion hielt sich in Grenzen. *Klar weiß sie es schon lange! Wie konnte ich je daran zweifeln?*

Die Alte schenkte sich noch ihren abendlichen Kräutertee ein und setzte sich bequem auf ihren Stuhl. In Erwartung eines längeren Gesprächs legte sie ihre Beine auf den Hocker und stopfte sich noch ein Kissen in den Rücken. Ihr Blick ruhte auf Olivia und gab dieser somit das Zeichen, dass sie beginnen konnte.

Unruhig rutschte Olivia auf ihrem Stuhl hin und her. Sie spürte die Röte über ihr Gesicht ziehen und fühlte sich äußerst unwohl. Mit einem Ruck straffte sie ihren Rücken und setzte zu ihrer Geschichte an: „Anni, … äh, … ich weiß gar nicht … ach, es ist so schwer!" Verzweifelt verbarg sie ihr Gesicht in ihren Händen.

Die Alte blieb ganz still, legte weder ihre Hand tröstend

auf Olivias Arm, wie sie es sonst tat, noch sagte sie etwas Beruhigendes. Sie wartete einfach ab, bis Olivia soweit war fortzufahren.

Diese atmete tief ein, richtete sich auf und nahm allen Mut zusammen, nochmals von vorn zu beginnen. „Vor langer Zeit, um genau zu sein war ich damals gerade siebzehn Jahre alt geworden, hatte ich meine erste richtige Beziehung zu einem jungen Mann. Ich war verliebt bis über beide Ohren und vertraute ihm blind. Sein Name war Steffen. Er war aus gutem Hause und seine Eltern recht vermögend. Natürlich imponierte mir das, vor allem auch deshalb, weil ich nicht gerade im Wohlstand aufgewachsen bin. Steffen war schon zwanzig und machte auf mich einen reifen, weltmännischen Eindruck. Meine Freundinnen beneideten mich um diesen tollen Fang, zumal er auch äußerlich was hermachte. Ich genoss die unbekümmerte Zeit mit ihm. Er gab mir die Möglichkeit, von zu Hause rauszukommen. Er lud mich ein ins Kino, zum Essen, zum Tanzen, ... ja, ich war mir sicher, ich hatte den Richtigen gefunden. Ich malte mir aus wie es wäre, mit ihm zusammenzuleben, versorgt und beschützt zu sein, nie wieder finanziell im Engpass leben zu müssen. Ich träumte von einer rosigen Zukunft. Mir war klar, dass sein Geld von seinen Eltern kam, denn er hatte noch nicht einmal eine Ausbildung und übte auch keinen Beruf aus. Wozu auch? Er hatte es nicht nötig, zu arbeiten. ... Nach ungefähr sechs Monaten merkte ich, dass er immer öfter mit Freunden ausging und immer weniger Zeit für mich hatte. Ich begann, mir Sorgen zu machen. Auf keinen Fall wollte ich ihn verlieren. Er war doch mein Fahrschein in die Freiheit! ... Da ließ ich es drauf ankommen! ... Ich dachte mir, seine Eltern würden nie zulassen, dass er mich verlässt, wenn ich ihren Enkel im Bauch trage. Und tatsächlich: kurz darauf war ich schwanger!“ Olivia schluckte schwer.

Sie merkte jetzt erst, wie sehr sie bei den letzten Worten außer Atem gekommen war. Sie schloss die Augen und versuchte sich zu beruhigen. All die Bilder von damals, die sie so tief weggeschlossen hatte, strömten nun wieder in ihr Bewusstsein. Es war, als wäre es gestern gewesen. „Ich war mir so sicher, Anni“, flüsterte sie verzweifelt. „Die mulmige Vorahnung, die mich damals beschlich, schob ich einfach zur Seite. Ich wollte mir einreden, dass Steffen sich über die Nachricht meiner Schwangerschaft freuen würde. Ich hatte es mir so schön ausgemalt. … Nachdem ich vom Frauenarzt kam, rief ich ihn an und teilte ihm mit, dass wir was zu feiern hätten. Er solle mich doch am Abend in ein schönes Restaurant einladen. Sein Zögern überhörte ich, denn letztendlich ging er auf die Verabredung ein. Ich machte mich besonders schick zurecht und kaufte als Überraschungsknüller zwei Babysöckchen, die ich ihm beim Essen auf den Teller legen wollte. … Der Überraschungsknüller funktionierte; allerdings nicht so, wie ich es mir ausgemalt hatte. Wir saßen also in einem Restaurant und ich legte ihm freudestrahlend die Söckchen auf den Teller. … Noch bevor ich irgendetwas sagen konnte, sprang er von seinem Stuhl auf und zischte mir zu: ‚Vergiss es, du Schlampe! Das haben schon andere vor dir versucht.' Und dann stürmte er aus dem Lokal und ließ mich sitzen. … Völlig verstört ging ich nach Hause. Ich wusste nicht, was ich tun sollte. Meiner Mutter konnte ich nichts davon erzählen. Ich fürchtete, sie würde mich glatt rausschmeißen. Mehrmals versuchte ich, Steffen zu erreichen, vergeblich. Da erhielt ich ein paar Tage später einen Brief von seinem Vater, in dem dieser mir mitteilte, dass sie nicht vorhätten, mich oder das Kind in die Familie aufzunehmen. Gerne würde er aber für die Kosten einer schnellen Lösung aufkommen, falls ich diese in Betracht ziehen wolle. Ich war geschockt! Er riet mir doch tatsächlich, mein Kind abtreiben zu lassen! … Die folgenden Tage verbrachte ich wie im Nebel. Ständig kreisten meine Gedanken darum, was schief gelaufen war und wie ich die Situation noch retten könnte. Doch da gab es nichts zu retten. Ich steckte völlig in der Klemme. Nur langsam dämmerte mir, dass ich alleine für das Kind nicht sorgen könnte und mein Stolz verbot mir, irgendetwas von Steffen oder seiner Familie anzunehmen. Niemals würde ich vor ihnen im Dreck kriechen und betteln. Ich knackte mein Sparbuch, welches ich mit kleinen Jobs im Laufe der Jahre einigermaßen gefüllt hatte, und fuhr übers Wochenende heimlich in eine Klinik über die Grenze. … Danach fuhr ich wieder nach Hause und tat so, als sei nichts vorgefallen. Keiner hat je davon erfahren und ich beschloss, diesen *Vorfall* einfach zu vergessen. … Von Steffen hab ich nie wieder etwas gehört." Olivia schloss mit müder Stimme.

Kraftlos sank sie in sich zusammen. Nach einer Weile des Schweigens spürte sie eine Welle der Erleichterung durch sich fließen. Als wären ganze Berge von ihren Schultern und ihrem Herzen genommen worden, die einer unendlichen Erlösung Platz gemacht hätten. Seit Beginn ihrer Erzählung hatte sie es vermieden, Anni anzusehen. Nun hob sie den Kopf und sah wieder dieses Leuchten um die Alte. Still nahm sie das Licht in sich auf, verschmolz damit und dankte insgeheim für den Frieden, den es ihr schenkte.

Annis Gesichtszüge wirkten beinahe glatt und jugendlich, als sie zu sprechen begann: „Ich danke dir erneut für dein großes Vertrauen, Olivia. Und ich bin dankbar dafür, dass du den Mut aufgebracht hast, die Schwelle zu diesem düsteren Zimmer in dir zu überschreiten. Es ist nie leicht, eine Tür zu öffnen, die eine dunkle Geschichte verbirgt und so lange geschlossen war. Du hast dir selbst den größten Dienst damit erwiesen, mein Liebes."

Olivia war froh über Annis Reaktion. Sie hatte zwar nicht wirklich mit einer Verurteilung gerechnet, doch auf dieses Verständnis hatte sie kaum zu hoffen gewagt.

„Ach Anni, jetzt wo alles raus ist, bin ich sehr erleichtert darüber. Du hast mich nicht verurteilt, sondern vergibst mir auch noch! Das beschämt mich umso mehr. ... Ich hatte immer geglaubt, ich könnte es vergessen. Aber tief im Innern hat es mich stets geplagt. ... Wie kann ich diese Schuld nur jemals wieder ausgleichen? Es ist so schrecklich, was ich getan habe", schluchzte Olivia. Sie konnte die Tränen nicht länger zurückhalten. Schmerz und Scham überwältigten sie.

Langsam erhob sich die Alte von ihrem Stuhl, kam um den Tisch herum, nahm Olivia bei der Hand und führte sie in ihre Kammer. Dort drückte sie sie sanft aufs Bett und legte sich zu ihr nieder. Von Angesicht zu Angesicht lagen die beiden Frauen beieinander. Anni hob die Zudecke über sie beide und kuschelte sich an Olivia, wie eine Mutter an ihr weinendes Kind. Zärtlich streichelte sie ihre Wange.

„Wie kann ich dich verurteilen, mein Kleines. Niemand könnte das! Keiner hätte je das Recht dazu. Die Einzige, die hier urteilt, bist du selbst. Dein Gewissen tut das. Dein Schmerz und Leid in all den Jahren waren ein hoher Preis, den du bezahlt hast. Zu hoch! Es muss ein Ende haben damit. ... Lerne, dir selbst zu vergeben – dann kannst du es auch bei allen anderen, wenn sie Fehler machen. Und die machen wir alle. ... Aber erst, wenn du dir vergeben hast, wird es dir möglich sein, in Zukunft anders zu handeln und bessere Entscheidungen zu treffen. Schuldgefühle und Gewissensbisse blockieren dein Herz ebenso, wie Groll und Hass. Solange sie da sind, wirst du immer wieder Situationen erleben, die Schuld und Wut hervorrufen. Aus einer derart belasteten Seele kann keine Liebe mehr fließen, weder für dich selbst, noch für irgendjemand anderen.“ Anni sprach leise und eindringlich. Still und bewegungslos lag Olivia neben ihr und saugte jedes ihrer Worte in sich auf. In der Dunkelheit der Kammer sah sie nur die Umrisse der Alten. Ihre ganze Konzentration galt Annis Stimme und den Worten, die sie sprach. „Du hast deine Lektion aus deinen Fehlern gelernt; nun erinnere dich, wer du in Wahrheit bist. In den Augen der unendlichen Liebe, in den Augen deines Schöpfers bist du unschuldig. Er weiß, dass du lernst und lässt es zu, dass du Fehler machst. Aus seiner Sicht warst du nie getrennt von ihm. Wie könnte ein Teil *Seiner Selbst* schuldig sein? … Befreie dich aus deinem Gefängnis und triff in Zukunft liebevollere Entscheidungen. Denn hast du erst aus deiner Vergangenheit gelernt, spielt sie keine Rolle mehr. Und vergiss nicht: Die Zukunft findet immer im Jetzt statt!“

Still und leise hatte sich Knöpfchen zu den beiden Frauen ins Bett gelegt. Zusammengerollt lag sie zu ihren Füßen und rührte sich nicht, so als würde man sie nicht bemerken, wenn sie sich klein und unsichtbar machte. Alle drei schliefen in dieser Nacht das erste und einzige Mal zusammen in einem Bett.

Der Abschied

1

Der Tag, an dem Jäger Hubert zur Hütte kommen sollte, rückte immer näher. Doch anders als vor einigen Tagen war Olivia nicht mehr ganz so mulmig vor dem Abschied zumute. Inzwischen hatte sich auch eine gewisse Neugier und Vorfreude in die Trauer über ihre Abreise gemischt. Seit der Nacht in Annis Armen fühlte sie sich beschützt und gestärkt. Sie hatte keine Angst mehr nach Hause zu fahren, sondern wusste, dass sie sich allem stellen konnte, was dort auf sie wartete.

In den Tagen nach ihrer Beichte eröffnete sich ihr eine Erkenntnis nach der anderen. Es kam einer *Kronleuchterkonstellation* gleich: Ein Lichtlein nach dem anderen wurde in ihr angeknipst und brachte Klarheit in bisher dunkle Regionen ihres Unterbewusstseins. Eine dieser Erkenntnisse betraf sie und ihre Mutter: Sie war ihr ähnlicher, als sie dachte. Auch Sofie hatte Verbitterung ein Leben lang im Herzen getragen, auch sie hatte ihre Gefühle unter Verschluss gehalten und niemandem mehr wirklich vertraut. Zudem erinnerte sie sich an das, was Tante Luise ihr erzählte: *Sofie hatte mit siebzehn Jahren abgetrieben!* Wieso war ihr diese Duplizität nie zuvor aufgefallen? Olivia fand immer mehr Verständnis für deren Leben und Handeln. Es ging sogar so weit, dass sie Mitgefühl und Bedauern für sie empfand. *Wenn ich wieder zu Hause bin, muss ich sofort zu ihr. Ich muss ihr sagen, wie leid mir alles tut. …*

An ihrem letzten gemeinsamen Abend bereitete Anni noch ein Festmahl vor. Aus der von einem kleinen Generator betriebenen Kühltruhe im Schuppen – der einzige Luxus, den sie sich gönnte – entnahm sie eine Rehkeule und bereitete sie nach einem uralten Rezept zu. Speziell hierfür hatte sie einen geheimen Kräutersud mit Essig und Rotwein vorbereitet. Auch Wein gab es nur zu besonderen Anlässen.

„Heute Abend gönnen wir uns einen guten Tropfen, Olivia. Den hab ich noch aus meiner Zeit als Pianistin. Also ein sehr alter, wertvoller Wein. Erzähl das bloß im Dorf nicht weiter, sonst hab ich plötzlich das Haus voller ungebetener Gäste“, lachte sie ausgelassen.

Anni gab sich alle Mühe, keine wehmütige Stimmung aufkommen zu lassen. Doch ganz verhindern konnte sie es nicht.

Olivia war gespannt, was sie ihr noch an Ratschlägen auf den Weg mitgeben würde. Es fiel ihr schwer, sich vorzustellen, zu Hause vor ihrer Wohnungstür zu stehen. In wenigen Tagen würde sie es wissen. Zunächst aber freute sie sich darauf, Ruben morgen wiederzusehen. Sie wollte auf jeden Fall bei ihm noch in der Werkstatt vorbeischauen, bevor sie die endgültige Heimreise antreten würde. Sie musste ihn unbedingt noch treffen – und sich eine letzte Umarmung von ihm abholen. Die Hoffnung auf eine gemeinsame Zukunft hatte sie noch nicht aufgegeben! Auch wenn das Manuel gegenüber ziemlich unfair war. Aber in der letzten Zeit hatte sie immer weniger an ihn gedacht. Die Monate, in denen sie sich nicht gesehen hatten, waren bei Weitem nicht mit der Sehnsucht angefüllt, die sie erwartet hatte. Früher wäre es unvorstellbar für sie gewesen, von ihm längere Zeit getrennt zu sein. *Schade eigentlich. Er war doch mal meine große Liebe gewesen!* Dennoch war sie gespannt, wie Manuel bei ihrer

Rückkehr reagieren würde, sofern er überhaupt zu Hause war.

Vieles ging Olivia durch den Kopf, während sie den Spätzleteig schabte. Anni hatte ihr auch das beigebracht. Früher wäre so ein Aufwand für Olivia undenkbar gewesen; ab in den Supermarkt, eine Packung Nudeln kaufen, ins kochende Wasser kippen und fertig. Inzwischen bereitete es ihr große Freude, ihre Speisen selbst zuzubereiten.

„So, Liebes, jetzt wären wir dann soweit. Ich decke noch den Tisch und du kannst Knöpfchen hereinrufen. Sie ist schon lange genug draußen rumgestreunt. Es ist bereits dunkel und es wird Zeit, dass sie reinkommt. Schließlich darf sie an unserem letzten gemeinsamen Abend nicht fehlen, gell."

Als dann endlich auch Knöpfchen unter dem Tisch lag und leidenschaftlich an einem abgeschabten Knochen herumnagte, konnten sich die beiden Frauen ihrem Festessen widmen. Frisches Gemüse, selbst gemachte Spätzle, Preiselbeeren und vor allem ein vorzüglicher Rehbraten! Olivia war sich sicher, noch nie derart lecker gespeist zu haben. Der alte Rotwein erwies sich als besonders edler Tropfen, wie Anni es vorhergesagt hatte. Die Alte schlürfte genießerisch an ihrem Wein. Ein zufriedenes Nicken zeigte ihre Anerkennung.

„Der ist übrigens noch aus den Kellereien meines Vaters. Den hat er anlässlich meines ersten großen Auftritts abfüllen lassen", erklärte sie Olivia. Ihre Augen wurden feucht, als ihr all die alten Erinnerungen wieder in den Sinn kamen. Ein tiefer Seufzer entschlüpfte ihren Lippen. „Ach, ich weiß gar nicht, was mich gerade befällt. Ich bin regelrecht sentimental. So was aber auch!"

Auch Olivia wunderte sich über die sensible Stimmung der Alten. So kannte sie Anni gar nicht. Zudem bemerkte sie eine leichte, kaum merkliche Veränderung in deren Gesicht. *In den letzten Tagen sah sie älter aus, aber dennoch viel schöner als zuvor. Merkwürdig.* Einen Moment lang überlegte Olivia, was das bedeuten konnte. Da unterbrach Anni sie in ihren Grübeleien.

„Hubert kommt schon im Morgengrauen und wir machen zuerst einen Streifzug durch den Wald, um die Hochsitze und Futterstellen zu kontrollieren. Anschließend kommt er dann zur Hütte und holt dich ab. Ich denke, es wird so um die Mittagszeit sein. Halte dich also bitte bereit. Im Übrigen ist Hubert ein netter Kerl; allerdings nicht sehr redselig. Also wundere dich nicht, wenn er wenig spricht. … Ach ja, Knöpfchen nehme ich natürlich mit, also verabschiede dich schon heut Abend von ihr."

Olivia warf Anni einen erstaunten Blick zu. „Wieso heute Abend? Kommt ihr denn nicht mit Hubert zurück zur Hütte?"

„Nein. … Ich bin so schlecht im *hinterm-Auto-herwinken*", stellte Anni betreten fest.

„Oh. … Schade!" Olivia wunderte sich immer mehr über Annis Verhalten. Das sah ihrer Lehrerin so gar nicht ähnlich. Der Abschied schmerzte sie offenbar mehr, als sie zugeben wollte. Olivia spürte einen kurzen Stich im Herzen. Dass es so schwer für sie beide werden würde, hatte sie nicht erwartet.

„Anni, dann müssen wir uns ja schon heute Abend *Auf-Wiedersehen* sagen! … Ich weiß gar nicht, … oh Gott, Anni! … Wie wird es für mich weitergehen? Jetzt bekomm ich doch ein wenig Angst. Ich kann mir nicht vorstellen, wie ich ohne dich in Zukunft klarkommen soll! Bitte, Anni, sag mir, dass wir uns wiedersehen werden!", flehte sie.

Zum ersten Mal in all den Monaten sah Olivia Schmerz in den Zügen der Alten. Diese presste ihre Lippen aufeinander und schluckte schwer.

„Liebes, wir werden uns ganz bestimmt *wiedersehen*! Vielleicht nicht unbedingt so, wie du es dir vorstellst. Aber wir werden auch weiterhin in Verbindung bleiben – so, wie wir es schon immer waren.“ Die Eindringlichkeit in Annis Worten war Olivia inzwischen vertraut und lieb geworden. „Ich habe dir vieles beigebracht, jedenfalls so viel ich konnte. Den Rest findest du selbst heraus, durch deine eigenen Erfahrungen. Nimm nicht alles, was du von mir gelernt hast, als Tatsache hin, sondern suche deine Wahrheit. Du bist auf einem guten Weg und solange du lebst, wird er auf Erden auch nicht enden. Geh ihn weiter und befrage dein Herz bei allem, was du tust. Verlass dich stets auf die Kraft in dir. Sie weiß, wohin sie dich führen will. Mehr kann ich dir nicht mitgeben auf deine Reise.“

Während die Alte sprach, geschah etwas Unglaubliches: Eine hell leuchtende Träne rollte im Feuerschein glitzernd über ihre Wange! Olivia starrte fassungslos auf den strahlenden Tropfen. Es schien, als würde er zu einem Diamanten erstarren und jeden Augenblick klirrend zu Boden fallen. Da war es um ihre Beherrschung geschehen. Laut aufschluchzend fiel sie ihrer Lehrerin um den Hals. Sie kniete neben deren Stuhl, schlang ihre Arme um sie und drückte ihr feuchtes Gesicht an deren Brust. Zitternd und bebend beweinte sie die Trennung von ihr – und wohl auch sich selbst, da sie nun ihren eigenen Weg gehen musste.

Anni hielt Olivia fest umschlungen. Zwischendurch streichelte sie mit unendlicher Zärtlichkeit über deren Haar. Sie summte eine ihrer melancholisch-tröstlichen Melodien und wiegte die junge Frau sanft hin und her, wie eine Mutter, die ihr Kind in den Schlaf wiegt.

Nach einer Weile schob sie Olivia ein Stück von sich fort und blickte sie ernst an. „Du musst mir versprechen, dich irgendwann auf die Suche nach deinem Vater zu machen, Olivia. Er ist ein Teil von dir, genauso, wie deine Mutter. Du musst herausfinden, wer er ist und was er für eine Geschichte hat. Erst dann wirst du dich selbst besser kennen und verstehen. Ohne eine respektvolle Haltung zu deinen Wurzeln wirst du deinen Platz im Leben nur schwer finden, denn du bist der Schössling, der aus diesen Wurzeln heraus entstanden ist. … Bis du ihn gefunden hast, verbinde dich so oft wie möglich liebevoll in deinen Gedanken mit ihm. Das alleine bewirkt schon wahre Wunder. … Suche ihn und gib ihm seinen Platz in deinem Herzen. Versprichst du mir das?“

Unfähig zu sprechen, nickte Olivia heftig mit dem Kopf.

„So, *Kindchen*,“ bei diesem Wort mussten beide lächeln, „nun wird es Zeit ins Bett zu gehen. Knöpfchen weiß sicherlich auch schon Bescheid. Sie wird dir heute Nacht nicht von der Seite weichen. … Ein letztes Mal wünsche ich dir erfüllende Träume in deiner Kammer. Es wird deine Kammer und dein Bett bleiben, bis zu dem Tag, an dem du wieder hierher *heim kommst*. … Ich geh noch ein wenig um die Hütte. Schlaf gut und gute Reise, mein Kind.“ Anni drückte sie noch einmal herzhaft an sich, stand dann abrupt auf, nahm ihren Mantel vom Haken neben der Eingangstür und war schon halb hinausgetreten, da drehte sie sich nochmals um. „Olivia, vergiss nicht: *Ich liebe dich*!“ Sie schloss die Tür und Olivia blieb, immer noch neben dem Stuhl kniend, allein in der Hütte zurück.

Benommen legte sie sich kurz darauf in ihr Bett. Die Dunkelheit hüllte sie ein, wie ein tröstender Mantel. Eine Weile noch starrte sie ins Nichts, dann schloss sie müde die Augen. An der Grenze zum Traumland murmelte sie noch leise vor sich hin: „Ich liebe dich auch, Anni!“ Dann schlich sich der Schlaf der Erlösung in ihr Bewusstsein.

2

Wie verabredet, kam um die Mittagszeit Annis Jäger zur Hütte. Olivia saß mit ihrem kleinen Bündel bereits auf der Bank neben der Tür und erwartete ihn. Sie hielt es kaum noch aus, länger hierzubleiben, denn mit jeder Minute wurde es ihr schwerer ums Herz. Sie wollte endlich los – los in ihr neues Leben!

„I bin der Hubert. Kommst mit?“ Der mittelgroße, untersetzte Mann blickte sie fragend an. Er sprach wirklich nicht sehr viel, nur das Nötigste. Anni hatte sie vorgewarnt. Dennoch wirkte er nicht unfreundlich, nahm sogar ihren Rucksack auf und ging ihr über die Lichtung voraus. In seinen schweren Bergstiefeln und dem dunkelgrünen Lodenmantel wirkte er wie ein Waldkauz. Unter seinem Hut kringelten sich ein paar kleine graue Löckchen hervor. Er mochte die Sechzig sicherlich schon überschritten haben, wirkte aber dennoch kraftvoll und entschlossen. Olivia folgte ihm zügig. Sie hatte sich fest vorgenommen, sich nicht noch einmal umzudrehen und einen letzten Blick auf ihre liebgewordene Heimat der letzten Monate zu werfen.

Heute Morgen war sie noch einmal um die Hütte gegangen, hatte sich jede Einzelheit eingeprägt und ebenso ein letztes Mal den Tieren im Wald *Auf-Wiedersehen* gesagt. Sie meinte, was sie sagte – sie würde wiederkommen! Sie hatte ihr Bett abgezogen, die Küche aufgeräumt und frische Holzscheite in den Kamin gelegt, damit es für Anni schön warm war, wenn sie heimkam. Bei all dem hatte sie unendlich viele Tränen vergossen, musste oft innehalten, um nicht in die Knie zu sinken vor Schmerz. Nun war es Zeit, diesen für sie heiligen Ort zu verlassen und in ihr eigenes Leben zurückzukehren.

Hubert ging einen schmalen Pfad durchs Unterholz entlang. Schweigend folgte sie ihm. Nach etwa fünfzehn Minuten strammen Gehens erreichten sie das Ende des Weges. Es lag überall noch recht viel Schnee, doch war er nicht mehr gefroren, sondern nass und schwer. Für Ende Februar war das Wetter eindeutig zu mild. Das Dickicht lichtete sich und sie standen auf einem breiten Waldweg. Hundert Meter weiter entdeckte Olivia den Geländewagen des Waidmannes. Eilig ging er darauf zu, öffnete mit einem kurzen *Klick* seines Funkschlüssels die Verriegelung, legte ihren Rucksack auf die Rückbank und stieg ein. Kaum dass Olivia die Beifahrertür neben sich schließen konnte, fuhr er auch schon los. Sein Allrad kam gut voran. Die Fahrrillen auf dem Weg deuteten darauf hin, dass er in den letzten Tagen mehr als einmal hier oben gewesen sein musste.

Olivia schaute nochmals zurück, um sich die Abbiegung zum Pfad einzuprägen – sodass sie bei ihrer Wiederkehr wüsste, wo es hoch zur Lichtung ging. Doch der Pfad war wie ausgelöscht. Als wäre er nie da gewesen. Die Bäume schienen ihn wegzuschließen, um neugierigen Blicken das Geheimnis ihres Inneren zu verbergen. Fast mutete es Olivia wie ein Traum an, aus dem sie gerade erwachte. War sie jemals hier gewesen? Hatte sie das alles nur geträumt? Gab es Anni, Knöpfchen, die Hütte auf der Lichtung und die letzten Monate tatsächlich? Benebelt schüttelte sie ihren Kopf und rieb sich die Augen. Nachdenklich rutschte sie tiefer in ihren Sitz und starrte mit halbblindem Blick zum Beifahrerfenster hinaus. Sie achtete nicht mehr darauf, wann Hubert abbog oder wie die Landschaft aussah, es interessierte sie nicht, ebenso wenig die Zeit, die während der Fahrt verstrich. Sie ruhte in ihrer eigenen inneren Welt, angefüllt von all den Erlebnissen mit Anni.

Sie sah sich in jener verregneten Spätsommernacht nass und schmutzig durch den Wald stolpern, sah sich ängstlich am Fenster neben dem Hütteneingang stehen und hineinblicken, sah eine gebeugte Gestalt am Tisch sitzen, die sie anschließend so vertraut und herzlich empfing. Sie erinnerte sich an die Kämpfe, die sie mit sich selbst ausstehen musste, während sie versuchte, Annis Lektionen zu verinnerlichen und umzusetzen. Wie schwer es ihr doch gefallen war, all die Weisheiten der Alten anzunehmen und zunächst einfach nur für sich zu prüfen? Wie sehr hatte sich ihr Verstand dagegen gewehrt, seine bisherigen Sichtweisen aufzugeben? Alles in ihr hatte sich damals gesträubt gegen Worte wie: Liebe, Respekt, Achtung, Eigenverantwortung. Und nun saß sie in diesem Wagen auf dem Weg zurück in eine unbekannte Zukunft. Sie lehnte den Kopf ans Polster, schloss die Lider und ließ ihren ganz persönlichen Film einfach laufen.

Hubert störte sie nicht bei ihrem inneren Abschiednehmen. Er war womöglich froh, keine laut schnatternde Großstädterin neben sich zu haben. Aber so eine wäre auch sicherlich nicht so lange bei Anni geblieben.

„Wir send bald em Dorf, Olivia." Hubert sprach sie vorsichtig von der Seite an, als wolle er sie nicht erschrecken. *Wie rücksichtsvoll er doch ist,* dachte Olivia dankbar. *Und meinen Namen weiß er auch. Ob ihm Anni von mir erzählt hat?*

„Oh, schon da? … Tja, wo bekomm ich denn einen Wagen für die Heimreise her? Gibt es in der Nähe eine Autovermietung?" Sie war wieder ganz bei sich und versuchte die nächsten Schritte zu klären.

„Jo, der Ruben hot wohl en kloina Campingbus besorgt ond vor der Polizeiwache geparkt. I han ghört, dass dein alter Bus hinüber isch." Bei Huberts Dialekt musste Olivia unwillkürlich schmunzeln.

„Oh, prima. Ich muss sowieso noch meine Sachen dort abholen und vielleicht noch die ein oder andere Formalität klären. Anschließend möchte ich gerne noch zu Ruben. Kannst du mir sagen, wie ich zu seiner Werkstatt komme?" Vorfreude keimte sachte in ihr auf.

„Der Ruben isch gar net do. Der isch mit nem jungen Weibsbild für a paar Tage verreist. Der kommt ersch nächste Woche wieder hoim."

In Olivia brach eine Welt zusammen. *Er ist fort? Mit einer jungen Frau?* In ihrem Kopf drehte sich alles. Hubert hatte bereits vor der Polizeiwache angehalten und war ausgestiegen. Olivia musste alle Kraft zusammennehmen, um den Wagen zu verlassen. Ihre Knie zitterten und boten kaum festen Stand. Obwohl sie versuchte, sich nichts anmerken zu lassen, sah sie Huberts besorgten Blick. Doch er fragte nicht nach. Er reichte ihr den Rucksack, drückte ihr zum Abschied herzhaft die Hand und wünschte ihr freundlich eine gute Reise. Dankbar nickte sie ihm zu und ging mit schweren Schritten in Richtung Amtsgebäude.

Nachdem sämtliche Formalitäten erledigt waren, bat sie den Dorfpolizisten, das Telefon benutzen zu dürfen. Sie wollte kurz bei Tante Luise anrufen, um ihr mitzuteilen, dass sie in zwei bis drei Tagen wieder zu Hause wäre. Ruben hatte ihr sicherlich Bescheid gesagt, dass alles in Ordnung wäre.

Nach einigen Klingelzeichen hörte sie Tante Luises Stimme im Hörer.

Sie schluckte vor Rührung, bevor sie antwortete: „Hallo Tantchen, ich bin's, Olivia. Ich bin in wenigen Tagen wieder zu Hause."

Die Rückkehr

1

Während der ersten Kilometer kam ihr wieder der Gasthof in den Sinn, in dem sie auf der Hinfahrt Halt gemacht hatte. Einem inneren Drang folgend, fuhr sie kurz darauf in eine Parkbucht vor dem Restaurant. Sie wollte unbedingt die freundliche Wirtin wiedersehen, die ihr aus reiner Gastfreundschaft einen ganzen Wurstring für die Fahrt schenkte. Es schien ihr, als sei ihr letzter Besuch schon Jahre her. Alles kam ihr vor, wie aus einer fernen, fremden Welt. Sie stapfte durch den Schneematsch auf den Eingang zu. Drinnen schaute sie sich nach einem freien Platz um. Es war bereits später Nachmittag und die ersten Ausflügler kamen von ihren Wanderungen zurück und kehrten nun ein, um ein deftiges Vesper zu sich zu nehmen. Am Fenster stand ein kleiner Tisch mit zwei freien Plätzen. Olivia ließ sich dort nieder. Schon sah sie die freundliche, dralle Wirtin mit der Speisekarte auf sich zukommen. Die fröhliche Frau trat neben sie, legte kurz den Kopf schief, verengte grübelnd die Augen und riss sie kurz darauf wieder auf, als Zeichen des Erkennens. Herzlich strahlte sie Olivia an.

„Jo, do schau her! Sie sind doch des junge Fräulein, welches letztes Johr im Spätsommer auf a Hütte nauf wollte. So a Freud! Wie isches Ihne denn ergangen? Sagen Se bloß, Sie waren die ganze Zeit dort droben? … ." Ihr Redeschwall nahm kaum ein Ende. Währenddessen schüttelte die Wirtin kräftig Olivias rechte Hand.

Olivia freute sich ehrlich über die innige Begrüßung. Offen lächelte sie ihr entgegen. „Ja, ich freu mich auch, wieder hier zu sein. Mein Aufenthalt in den Bergen hat doch länger gedauert, als ich erwartet hatte. Aber durch einen Zufall bin ich in der Hütte einer alten Frau gelandet und bin geblieben."

Die Wirtsfrau machte große Augen. „Sagens bloß, Sie waren bei der Anni?", fragte sie staunend.

„Ja. Kennen Sie sie?", fragte Olivia zurück.

„Jo freilich! Wer kennt die Anni net? Bei uns heißt sie nur *die Alte vom Berg*. Des war früher a berühmte Pianistin, bevor ihr Mann sie herbracht hat. Und dann des schwere Unglück mit der Seilbahn, ... arme Frau. ... Aber die muss jo schon über achzig sein! Die lebt doch scho Jahrzehnte im Berg ond koiner woiß, wo genau ihr Hütte steht, außer a paar Jäger und ihr Sohn, der Ruben. Ond dia saget nix. ... I wusst gar net, dass sie überhaupt no lebt. Über die Anni gehen viele Gerüchte um. Sie sei a sehr weise Frau und hätte besondere Kräfte, sagt man. Stimmt des etwa? Manche moinet au, dass se einfach bloß spinnt."

Olivia musste unwillkürlich schmunzeln. *Anni, wenn du wüsstest ...!* Zu der Wirtin sagte sie nur: „Ja, die Anni lebt noch und es geht ihr gut. Sie hat mir vieles über die Natur beigebracht und es ist mir prächtig ergangen dort oben. Ich war sicherlich nicht das letzte Mal hier." Olivia wollte hiermit das Gespräch eigentlich beenden, doch die redselige Frau sprach einfach weiter.

„Habens den Ruben etwa auch kennenglernt? A prächtiger Bursch is der, gell. Dass der no net die richtige Frau gfundn hot, des wundert uns alle. Vor a paar Tagen hot er hier kurz Rast gmacht mit einem jungen, hübschen Weibsbild."

Olivia horchte auf. Das hatte Hubert ihr auch schon erzählt. „So? ... Ja, ich habe ihn leider knapp verpasst und konnte mich nicht mehr von ihm verabschieden. Würden sie ihm liebe Grüße von mir ausrichten, wenn er wieder zurückkommt?"

„Des mach i gern. Soweit i weiß, isch er mit der jungen Frau auf einer Geschäftsreise. Sie isch wohl a berühmte Geigenspielerin. … So, aber jetzt nehm i Ihre Bestellung auf, sonst beschweren sich no die andern Gäste.“

Olivia bestellte sich einen großen Salatteller mit Putenstreifen. Anschließend schaute sie versonnen zum Fenster hinaus. Ihr Blick ging direkt auf den Berg, von dem sie erst vor wenigen Stunden heruntergekommen war. Das alles schien bereits eine Ewigkeit zurückzuliegen. Ihr wurde klar, dass ihr neues Leben schon begonnen hatte. *Mit einer Geigenspielerin auf Geschäftsreise, hm, … wer weiß, was da sonst noch läuft zwischen den beiden?* Plötzlich hörte sie leise Annis warnende Stimme in sich. *Vergiss nicht, was ich dich gelehrt habe. Sei achtsam!* Dumme Eifersucht! Sie sah Anni sehr lebendig vor sich; ihr Lächeln, ihr strahlender Blick mit den silberleuchtenden Augen. *Anni, ich vermiss dich jetzt schon!*

Nachdenklich nahm sie ihr Essen zu sich und verabschiedete sich eine Stunde später von der Wirtsfrau. Sie versprach, sie würde wiederkommen.

2

Alle Zeit der Welt schien sie auf ihrer Heimreise zu begleiten. Sie hatte es nicht eilig. Früh genug würde sie erfahren, was während ihrer Abwesenheit zu Hause alles vorgefallen war. Einzig die bevorstehende Begegnung mit Manuel machte sie nervös. Ob er wieder in ihrer gemeinsamen Wohnung lebte? Sie hatte noch keinerlei Vorstellung, wie es ihr ergehen würde, wenn sie ihm das erste Mal nach einem dreiviertel Jahr wieder gegenüberstand.

Wie würde er reagieren? Welche Gefühle würde sein Anblick in ihr auslösen? Viele Fragen schwirrten in ihrem Kopf umher.

Seit zwei Tagen war sie nun schon unterwegs. Von Süd nach Nord. Zwei Tage, in denen sie sich mit vielem nochmals auseinandersetzen konnte. Gemächlich fuhr sie hauptsächlich die Landstraßen entlang und legte mehrere Stopps ein. Sie hatte es nicht eilig – und keine Lust auf das hektische Treiben auf der Autobahn. Überhaupt stellte sie fest, dass ihr Gemüt noch lange nicht auf den Rhythmus der *Zivilisation* eingestellt war. Zu friedlich und still hatte sie die vergangenen Monate verbracht, als dass es sie nach dieser lauten Welt dürstete. Ihr war, als würde sie sämtliche Eindrücke und Strömungen um sie herum viel intensiver aufnehmen als damals, bevor sie zu Anni kam.

Das Wetter war trüb und stürmisch. Alles grau in grau. Sie vermisste die weiße, unberührte Landschaft der Berge und Wälder, ihre Lichtung und die Wärme des Kaminfeuers. Während der langen Fahrt überlegte sie hin und wieder, was sie denn künftig beruflich machen wollte. Der Wunsch nach einer eigenen Boutique hatte sich komplett aufgelöst. Wie so oft, wenn sie keine Lösung fand, fragte sie im Geiste ihre Tochter: *Na, Lenimaus, was meinst du den, was Mami künftig machen soll? Du hast dort oben doch denn besseren Überblick.* Still lächelte sie vor sich hin. Sie wusste genau, dass es kein *dort oben* gab, sondern dass Leni in ihrem Herzen weiterlebte. Aber in ihrer Vorstellung sah es einfach schöner aus, Leni auf einem Stern sitzen zu sehen. Und Leni war es sicherlich völlig egal, in welcher Form sie im Geiste ihrer Mutter weiterexistierte. Ob als Engel oder als weißes Licht, es spielte keine Rolle. Olivias Herz war seit Langem leicht und entspannt, wenn sie an ihre Tochter dachte oder mit ihr sprach. Die tiefe Verzweiflung und der zerstörerische Schmerz fanden keinen Boden mehr in ihr, auf dem sie sich einnisten konnten. Die Dunkelheit, in der sie so viele Monate gelebt hatte, war einer lebensbejahenden Zuversicht gewichen. Sie bildete sich nicht ein, dass sie nie wieder Probleme haben würde, doch glaubte sie fest daran, künftig gute Lösungen zu finden, bevor sie je wieder in diese bodenlose Schwärze abstürzen könnte.

Sie kehrte wieder zurück zu ihren beruflichen Zielen. Sie würde in keinem Büro oder Geschäft sitzen wollen, das stand fest. Dort würde sie mit ihrer neu entdeckten Liebe zur Natur verkümmern. Sollte sie von zu Hause aus arbeiten? Was gäbe es für Möglichkeiten, die ihrem Können entsprachen? Kleider entwerfen oder eine Typberatung gründen? *Nein, das ist alles nichts. Das wäre es früher vielleicht gewesen, aber jetzt nicht mehr.* Da kam ihr das verletzte Reh in den Sinn, welches sie gesund gepflegt hatte. Sie erinnerte sich an die Freude und Erfüllung, die sie dabei empfunden hatte. *Tierpflege! Das ist es!* Unvermittelt erschien Lenis lachendes Gesicht vor ihrem inneren Auge. Da wusste sie, wer ihr diese Eingabe geschickt hatte. *Danke, mein Schatz. Das war eine gute Idee von dir.* Sie überlegte, ob sie hierfür ein Studium benötigte oder welche Voraussetzungen für diese Tätigkeit nötig wären. *Ach, was mach ich mich verrückt. Und wenn ich bloß auf einem Gnadenhof für alte und ausgesetzte Tiere mitarbeite. Ich kann ja auch in einem Zoo anfragen. Helfer werden sicherlich immer gebraucht in diesem Bereich.*

Voller Vorfreude und Zuversicht blickte sie ihrer neuen beruflichen Laufbahn entgegen.

Eines hatte sie insgeheim schon längst beschlossen: Sie würde sich einen kleinen Hund zulegen. Ohne so einen treuen Gefährten wollte sie nicht mehr sein.

Gegen Abend bog sie in die vertraute Straße ein. Der kleine Wohnkomplex mit vier Wohneinheiten lag still vor ihr. Sie blickte hinauf in den ersten Stock. Brannte dort etwa Licht? Ja, im Wohnzimmer konnte sie hinter zugezogenen Vorhängen einen schwachen Lichtschein erkennen. Manuel war also zu Hause. Sie parkte den Mietwagen am Straßenrand und zog den Zündschlüssel ab. Für einen kurzen Moment hielt sie den Atem an. Sie spürte, wie sie sich verkrampfte und verstohlen auf den Lippen herumkaute. Da dachte sie an die Hütte und an Anni; sie lehnte sich im Sitz zurück, schloss die Augen und betete. *Ich vertraue auf die liebende Kraft und Weisheit in mir. Ich nehme an, was auch immer jetzt kommen mag. Es ist zu meinem Besten.* Anni hatte ihr diese Art des Gebets beigebracht. Zumindest sorgte es dafür, dass sie nun ruhiger wurde.

Sie nahm ihr Gepäck und suchte nach dem Hausschlüssel. Als sie ihn in Händen hielt, kam er ihr fremd vor, fast so, als wäre es nicht ihrer, einfach eine Verwechslung eben. Doch er passte ins Schloss der Eingangstür. Alles beim Alten. Im Treppenhaus war es still. Die Bewohner saßen wohl beim Abendessen oder hatten es sich zum Feierabend auf dem Sofa bequem gemacht. Die Stufen in den ersten Stock kamen ihr leichter zu nehmen vor, als zuletzt. An der Wohnungstür angekommen, zögerte sie einen Moment, dann steckte sie auch hier den passenden Schlüssel ins Schloss und drehte ihn vorsichtig um. Schon sprang die Tür sachte auf. Leise Stimmen drangen aus dem Wohnzimmer. Manuel schaute fern. Er hatte sie offenbar noch nicht bemerkt. Sie legte ihr Gepäck im Flur ab, hängte ihren Mantel an die Garderobe und ging zum Wohnzimmer.

Sie wollte ihn nicht erschrecken und so sagte sie beim Eintreten leise: „Hallo, ich bin wieder …“

Bevor sie ausgesprochen hatte, sah sie ihn friedlich schlafend auf dem Sofa liegen. Vorsichtig schlich sie um den Tisch herum, schaltete im Vorbeigehen den Fernseher aus und setzte sich auf den Sessel neben ihm. Sie konnte nicht anders, als liebevoll sein Gesicht zu betrachten. *Du bist älter geworden, mein Lieber. An deinen Schläfen sind einige graue Härchen mehr und auf deiner Stirn zeigen sich Grübelfalten,* sprach sie zu ihm in Gedanken. Er sah immer noch sehr gut aus. Ein paar Kilos hatte er offensichtlich auch verloren. Stand ihm nicht schlecht, aber etwas kräftiger gefiel er ihr besser. Sie war versucht, ihm über die Stirn zu streicheln, wollte ihn aber nicht wecken. So hatte sie auch selbst erst einmal Zeit für sich, um wieder anzukommen und sich zu sammeln. Entspannt lehnte sie sich im Sessel zurück und fuhr in ihrer Betrachtung fort. Sie fragte sich, was sie für ihn empfand. Hätte sie nicht glücklicher sein müssen, ihren Mann nach so langer Zeit wiederzusehen? Wo waren die stürmischen Gefühle und das Kribbeln geblieben, die sie früher in seiner Nähe hatte? Dennoch war da Wärme in ihr, Zuneigung und auch Liebe. Doch welcher Art diese Liebe war, konnte sie nicht sagen. Schwesterlich etwa? … Nein. … Es war eine stille, ehrliche Liebe, auch ein bisschen zärtlich, … aber nicht leidenschaftlich. Jetzt wusste sie, was fehlte: Dieses Sehnen nach ihm war verschwunden! Wie ausgelöscht, als hätte es nie existiert. Beinahe erschrak sie bei dieser Erkenntnis. Trauer mischte sich in ihre Überlegungen. *Reicht es noch für eine Ehe aus? Kann es noch mal werden mit uns?* … Mit diesen Fragen schlief sie schließlich erschöpft ein.

3

„Olivia!" Aus weiter Ferne hörte sie jemanden leise ihren Namen rufen. Zuerst vermischte sich dieses Rufen mit ihrem Traum, den sie soeben von Anni träumte. Dann spürte sie den leichten Druck einer Hand auf ihrem Arm. Kurz zuckte sie zusammen, öffnete erschrocken ihre Augen und blickte direkt in Manuels Gesicht. Zärtlich und ängstlich zugleich sah er sie an.

„Oh, ... hallo Manuel. ... Du bist ja wach! ... Da bin ich wohl glatt eingeschlafen", murmelte sie benommen. Entspannt streckte sie ihre Beine und Arme aus und richtete sich im Sessel etwas auf.

„Schatz, wo warst du die ganze Zeit? Ich habe mir solche Sorgen um dich gemacht. Ich habe zwar deinen Brief gelesen, den du mir hingelegt hast und auch Tante Luise meinte, dir ginge es gut, aber ich hatte keine Ahnung, wo ich dich finden könnte." Seine Stimme schwankte zwischen Vorwurf und Flehen.

Er tat Olivia leid, wie er so vor ihr saß. Er wirkte verzweifelt und erschöpft, so als hätte er lange nicht mehr richtig geschlafen. „Wieso wolltest du mich denn finden? Ich dachte, es sei auch für dich Okay, wenn wir mal eine Weile getrennte Wege gingen. Es war doch dein Vorschlag gewesen." Sie sprach sanft und einfühlsam.

„Aber doch nicht so lange! Ich dachte an drei, vier Monate. Nicht an ein dreiviertel Jahr. Und so, wie ich dich zurückgelassen hatte, musste ich mir doch ernsthaft Gedanken um dich machen. Es tut mir alles so schrecklich leid, Olivia. Ich habe viel nachgedacht."

„Ja, ich auch. ... Mir geht es übrigens sehr gut. Ich habe eine interessante Reise hinter mir und dabei viel gelernt. Auch mir tut manches leid, Manuel. Aber lass uns das alles in Ruhe besprechen. Ich denke, wir beide haben uns viel zu erzählen." Sie hörte ihren Magen knurren. „Sollen wir uns Pizza bestellen? Ich hab riesigen Hunger." Ihre Müdigkeit war wie weggeblasen und sie strahlte ihn munter an.

Offensichtlich freute er sich über ihre entspannte, gelassene Art, denn er lächelte zurück und griff zum Telefonhörer, um den Pizzaservice anzurufen. Insgeheim wunderte er sich aber über die deutliche Veränderung, die in ihr stattgefunden hatte. War da etwa ein anderer Mann im Spiel?

Genüsslich biss sie in ihre Pizza. Es war lange her, dass sie so etwas zuletzt gegessen hatte. Sie kaute langsam, prüfte den Geschmack und musste feststellen, dass es ihr nicht mehr ganz so gut schmeckte, wie ehemals. Anscheinend hatten sich auch ihre Geschmacksnerven verändert. Bei Anni gab es nur Selbstgemachtes, mit Kräutern aus dem Garten und wenig Gewürzen. *Ich werde wohl wieder mehr selbst kochen müssen*, stellte Olivia insgeheim fest.

„Du siehst umwerfend aus, Schatz. Es muss dir wirklich gut ergangen sein, dort wo du gewesen bist." Manuels Feststellung hatte einen gewissen Unterton, der Olivia nicht verborgen blieb.

„Danke. Dort ist es mir wahrhaftig gut ergangen!", entgegnete sie schmunzelnd.

Manuel musterte sie nachdenklich. *Was ist nur vorgefallen? Was hat sie so verändert? Ich erkenne sie kaum wieder.* Eifersucht war bei ihm nie ein Thema gewesen, denn er konnte sich Olivias Liebe stets sicher sein. Mit dieser neuen Situation konnte er schlecht umgehen. Er suchte nach verräterischen Zeichen in ihrem Gesicht, an ihrer Haltung, ihrer Gestik – und er musste leider feststellen, dass so gut wie alles an ihr anders wirkte, als früher. Er bekam Angst.

„Olivia, bitte, spann mich nicht auf die Folter. Was ist passiert mit dir?“, flehte er.

Sie legte ihren Kopf schief, überlegte, sammelte sich und atmete zuerst einmal tief durch, dann richtete sie sich auf, schob ihren Teller ein Stück beiseite, legte ihre Arme verschränkt vor sich auf den Tisch und schaute ihm tief in die Augen.

Manuel schluckte schwer. Olivia strahlte eine umwerfende Selbstdisziplin und Ruhe aus. Ihr einstmals unbeherrschtes, temperamentvolles Wesen hatte sich geglättet wie ein Ozean nach dem Sturm. Dennoch sprühte sie vor Lebenskraft und wirkte alles andere als langweilig. Der Reiz, den sie auf ihn ausübte, raubte ihm fast die Luft.

Langsam setzte sie zum Reden an. „Wie du von Tante Luise vielleicht schon erfahren hast, bin ich mit einem alten Campingbus in den Alpen gelandet. Ich suchte dort nach einem ruhigen Plätzchen, an dem ich Ruhe und Zeit zum Nachdenken finden konnte. Ich war ziemlich durcheinander, wie du dir ja denken kannst. Ich wollte zu einer Bergalm, ähnlich derer, auf der wir damals unser erstes gemeinsames Silvester feierten. Ich erinnerte mich daran, wie romantisch und schön es dort war. Auf meiner Suche hab ich mich schließlich im Wald verirrt und der Bus hatte zu allem Übel auch noch den Geist aufgegeben.“ Sie machte eine Pause, um einen Schluck Wein zu trinken. Sinnend drehte sie das Glas mit dem roten Trunk in ihren Händen hin und her.

„Ja, Tante Luise hat mir erzählt, dass ein Mann aus Süddeutschland sie angerufen hätte. Er sollte sie wohl informieren, dass es dir gut ginge und du mit seiner Mutter auf einer Hütte in den Bergen leben würdest. ... Olivia, war dieser Mann auch mit dir auf der Hütte?“ Manuel konnte sich nicht länger zurückhalten. Er musste Antworten auf die quälenden Fragen in seinem Kopf bekommen.

„Ja, ein paar Tage", antwortete Olivia schlicht.

Manuel erschrak. „Wie? … Was soll das heißen *ein paar Tage*? War was zwischen euch?"

Sie blickte ihm offen in die Augen. „Nein. Jedenfalls nicht das, was du meinst. … Leider!" Sie wollte ehrlich zu ihm sein.

Ihm hatte es die Sprache verschlagen. Sein Gesichtsausdruck hatte beinahe etwas Dümmliches. Er ließ sich schwer in seinen Stuhl zurückfallen und starrte sie nur an.

„Nun krieg dich wieder ein!" Olivia konnte ein Grinsen nicht unterdrücken, obgleich sie sich gewiss nicht über ihn lustig machen wollte. Doch sein Ausdruck hatte eine komische Dramatik. Dann wurde sie wieder ernst. „Ich muss zugeben, dass dort droben auf der Hütte alles so wundervoll weit weg war. Ich wollte wieder leben, sehnte mich nach Nähe und Zärtlichkeit und vor allem wollte ich nicht mehr über meine Vergangenheit grübeln. … Als ich dort ankam, war ich so unendlich müde und erschöpft von den Monaten zuvor, dass ich zwar noch funktionierte, aber nicht mehr am Leben teilnahm. Und da kam Ruben, der Mann, der bei Tante Luise angerufen hatte. Er ist Annis Sohn. …", sie stockte, da sie sich nicht sicher war, wie weit sie in ihren Erzählungen gehen konnte.

Manuels fragender Blick forderte Erklärungen. Sie wusste, dass sie ihm diese nicht schuldig war, aber dennoch schenken wollte. Still horchte sie in sich hinein. Inwieweit konnte sie ihm von Anni und all dem anderen berichten? Würde sie ihn überfordern mit ihren Erfahrungen, die sie auf dem Berg gemacht hatte? Sie schloss die Augen und wartete auf ein Zeichen aus ihrem Innern.

Nach einer Weile, in der Manuels Anspannung schon den ganzen Raum ausfüllte, stiegen wie feine weiße Fäden sanft die Worte in ihr auf. Zaghaft begann sie ihm von Anni, Ruben, Knöpfchen, dem Wald und den Tieren zu erzählen.

Konzentriert lauschte Manuel ihrer Geschichte. Zwischen Faszination und Zweifel schwankte er bei jedem neuen Satz hin und her. Manches war für ihn interessant und spannend, anderes wiederum ließ ihn ungläubig den Kopf schütteln. An den Stellen, an denen Olivia von den geistigen Lektionen berichtete, zog er ironisch die Augenbraue nach oben und lächelte selbstgefällig. Diese Passagen gingen ihm dann doch zu weit ins Reich der Märchenerzählungen.

Olivia bemerkte sehr wohl die feinen Stimmungsschwankungen bei Manuel. Sie nahm ihre unterschiedlichen Auffassungen sofort wahr. Es versetzte ihr einen leichten Stich im Herzen, als Manuel ihre spirituellen Erlebnisse belächelte. Dennoch ließ sie sich nicht beirren. Sie mutete ihm ihre Geschichte in aller Offenheit einfach zu. Wenn er das nicht aushalten könnte, wäre jedes weitere Gespräch sowieso überflüssig.

Fast eine Stunde lang schwelgte sie noch einmal in ihren Erinnerungen und ließ Manuel durch ihre lebendige und leidenschaftliche Erzählweise daran teilhaben. Schließlich, als sie geendet hatte, lehnte sie sich erfüllt und zufrieden in ihrem Stuhl zurück und griff zu ihrem Weinglas. Aufmerksam beobachtete sie sein Mienenspiel. Als sie ihn so betrachtete, war ihr, als läse sie in einem offenen Buch. *Merkwürdig*, dachte sie überrascht, *früher war er für mich oft undurchschaubar. Und jetzt sind seine Gefühle so klar und deutlich zu erkennen.* Er konnte kaum vor ihr verbergen, dass er nicht von all ihren Erlebnissen so überzeugt und mitgerissen war wie sie selbst. Manches schien ihm zu fantastisch und verrückt zu sein, als dass er es ernst nehmen konnte.

Zweifelnd schaute er sie an. „Hm, … tja, … da hast du ja wirklich einen richtigen Abenteuertrip hinter dir. Ich muss schon sagen, das hätte ich dir nicht zugetraut, zum Beispiel die Story mit dem Reh. Interessant, interessant, …", wie zur Bestätigung nickte er vor sich hin. Dann fasste er Mut, um auch seinen Einwänden Raum zu geben. „Okay, ich muss aber auch gestehen, dass mir diese mystischen Geschichten schon ziemlich abgehoben vorkommen. Um ehrlich zu sein, hört sich das für mich schon sehr nach dem ganzen Esoterikquatsch an, den man so mitkriegt. Ich hoffe nicht, dass du jetzt anfängst, die Leute zu missionieren und Pendel zu schwingen." Er versuchte entschuldigend zu lächeln, was allerdings gewaltig misslang. Sie verstand ihn sehr wohl.

Was sollte sie auch von ihm erwarten? Sie waren beide jahrelang einen gutbürgerlichen, überschaubaren Weg gegangen, hatten ihre Ziele verfolgt, waren ihrer Arbeit nachgegangen, hatten Urlaube gemacht und ein geselliges Leben mit Freunden und Bekannten geführt. Nichts davon war falsch gewesen. Es war eben einfach ihr bisheriges Leben – bis zu jenem Zeitpunkt, an dem Leni starb. Ihr Tod hatte alles aus den gewohnten Fugen gerissen. Es war, als wäre eine Bombe in ihrem oberflächlichen Leben explodiert und hätte alles auseinandergefetzt. Jetzt erst erkannte Olivia, dass sie so nie wieder würde leben können. Dazu war zu viel passiert – und dazu hatte sie bei Anni zu viel erfahren, was ihr neue Sichtweisen und Gefühle offenbarte.

Traurig schaute sie ihren Mann an. Nach wie vor waren sie verheiratet – Mann und Frau. Würde das auch in Zukunft noch möglich sein? Würden sie auch mit solch unterschiedlichen Sichtweisen noch miteinander leben und lieben können? Wieder fühlte sie tief in sich hinein. Sie suchte nach den Gefühlen, die er einstmals in ihr auslöste, nach etwas Bekanntem, Vertrautem, etwas, was sie früher miteinander teilten und verband. Sie suchte … und fand kaum etwas davon wieder. Erschüttert hielt sie Ausschau in sich, nach dem, was dieser Ehe noch Sinn geben könnte. Sie wollte nicht einfach so aufgeben, alles hinschmeißen – auch wenn sie noch vor wenigen Monaten bereit war, mit Ruben eine Beziehung einzugehen. Sie wollte um das Wertvolle, das sie stets in ihrer Ehe gesehen hatte, kämpfen. Sicherlich war das eine große Herausforderung für sie beide, allerdings hatten sie auch schon die ein oder andere gemeinsam gemeistert. Sie fühlte Kraft in sich, Zuversicht; den Glauben an ihrer beider Reife.

Hoffnungsvoll wandte sie sich Manuel zu. Dieser deutete ihr langes Schweigen so, dass er sie mit seinen Äußerungen verletzt hatte. Dann entdeckte er die Offenheit in ihrem Blick und war erleichtert.

„Manuel, ich kann gut verstehen, dass dir einiges aus meinen Erlebnissen recht fremd vorkommt. Ich kann dich beruhigen, ich habe nicht vor, als Missionarin durch die Gegend zu tingeln und jedem meine neue Sicht ungefragt aufs Auge zu drücken. Ich habe auch nicht vor zu pendeln, und wenn ich es täte, dann weil ich vielleicht Spaß daran hätte, aber sicherlich nicht in dem Glauben, dass ich darin meine Rettung und Heilung finden könnte. Anni hat mich einen direkteren Weg der inneren Kommunikation gelehrt.“ Wider Erwarten wurde ihr Tonfall heftiger. „Im Übrigen finde ich es anmaßend von dir, dich darüber so herablassend zu äußern. Es steht dir nicht zu, Menschen zu verurteilen, die auf der Suche nach sich selbst das ein oder andere Experiment wagen. Früher oder später wird sie vielleicht gerade diese Neugier zu ihrem Selbst führen. Das ist immer noch besser, als gar nicht erst anzufangen zu hinterfragen und stur zu behaupten, da gäbe es nichts anderes, als diese äußere, sichtbare Welt und dieses eine Leben."

Manuel machte einen reuigen Eindruck, den ihm Olivia aber nicht ganz abkaufen konnte. „Sorry, sorry, … ich war wohl etwas zu voreilig. Ich wollte niemanden verletztten, vor allem nicht dich. Entschuldige bitte, Schatz. Sicherlich war all das, was du erlebt hast, sehr wichtig für dich. Aber ich habe es nun mal *nicht* miterlebt und du musst zugeben, dass manches davon schon etwas kurios klingt." Er versuchte, an ihren Verstand zu appellieren und zog die Wissenschaft zu Hilfe. „Im Übrigen gibt es keinerlei Beweise für derartige Phänomene, wie du sie geschildert hast. Geistheilung, Telepathie und das ganze Zeug sind eben sehr umstritten, da musst du mir nun aber Recht geben." Er beharrte eisern auf seiner Sichtweise.

Unvermittelt kicherte Olivia herzhaft los. Manuel verstand die Welt nicht mehr. *Was ist denn nur mit ihr passiert? Dreht sie nun völlig durch?*, schoss es ihm durch den Kopf.

„Meine Güte, … was hab ich für ein Glück, dass wir nicht mehr im Mittelalter leben!", rief sie fröhlich aus. „Da wäre ich doch glatt auf der Streckbank oder dem Scheiterhaufen gelandet. … So wie du redest, frage ich mich, wie lange es her ist, als wir noch auf einer *Scheibe* lebten!" Sie bekam ihr Kichern kaum in den Griff. Mehrmals musste sie innehalten, um ihre Stimme unter Kontrolle zu bringen.

Manuel fand ihre Art Humor zum ersten Mal gar nicht witzig. Er fühlte sich angegriffen und zeigte dies auch mittels einer beleidigten Schnute. Da konnte Olivia sich erst recht nicht mehr bremsen und prustete los. „Du erinnerst mich an jemanden, der noch vor einigen Monaten genauso dasaß und von einer alten Frau ausgelacht wurde!" Das Lachen trieb ihr die Tränen in die Augen und jetzt erst verstand sie, wie es Anni anfangs mit ihr ergangen sein musste. Sie sah sich selbst wieder in der Hütte sitzen, empört und beleidigt, während sich die Alte kräftig über sie amüsierte.

Manuel sprang von seinem Stuhl so abrupt auf, dass dieser nach hinten wegkippte. „Jetzt reicht's! Ich weiß ja nicht, was für eine Gehirnwäsche du hinter dir hast, aber offensichtlich kann man sich mit dir nicht mehr vernünftig unterhalten. Du spinnst ja völlig!"

Vor seinem heftigen Ausbruch war Olivia erschrocken zurückgewichen. Überrascht sah sie zu ihm auf. Drohend und mit hochrotem Kopf stand er vor ihr. Nie zuvor hatte sie ihn derart in Rage erlebt. Für einen kurzen Moment konnte sie sich sogar vorstellen, dass ihm die Hand ausrutschen würde. Doch diesen Gedanken verwarf sie schnell wieder.

„Manuel, beruhige dich. Ich wollte dich nicht auslachen, aber du redest wirklich wie im Mittelalter. Was ich erlebt habe, hat nichts mit Hexerei oder Magie zu tun. Ich stecke keine Nadeln in Puppen und hebe auch keine Berge empor. Ich spreche doch nur von unserer Seele, von der Schöpfung und dieser großen Kraft und Liebe, die uns alle miteinander verbindet. Und ich sage dir, dass es da Dinge gibt, die tatsächlich schwer zu glauben sind. Aber ich hab sie nun mal erlebt!" Sie wartete einen Moment, bis sein Wutausbruch abkühlte.

Er hob seinen Stuhl vom Boden auf und ließ sich bewusst langsam darauf nieder. Dann schenkte er sich Wein nach und nahm einen großen Schluck davon.

Beschwichtigend sprach sie weiter. „Nur weil die Wissenschaft noch nicht alles beweisen und erklären kann, bedeutet das noch lange nicht, dass es diese Kraft nicht gibt. Ein Forscher, der behauptet, dies oder jenes sei nicht machbar oder würde niemals möglich sein, nur weil er noch keine Erklärung dafür gefunden hat, entbehrt jeglicher Seriosität. Ein Wissenschaftler mit einer solchen Haltung hat den Grundsatz seines Berufes verfehlt. Außerdem: Wer würde es wagen wollen, Gott zu beweisen?“

„Nun hör aber auf, Olivia. Du magst ja mit vielem recht haben, aber in diesem Zusammenhang von Gott zu sprechen, halte ich doch für sehr überzogen.“ Manuel hatte ihr widerwillig zugehört. Er musste sich eingestehen, dass ihn die ein oder andere Erläuterung von ihr überzeugte. Aber die Sache mit Gott ging ihm doch zu weit. Derlei Grundsatzdiskussionen ging er normalerweise nicht aus dem Weg – als Anwalt schon gar nicht. Nichtsdestotrotz wurde ihm bei diesem Thema unwohl.

Olivia ließ ernüchtert die Schultern sinken. „Lass uns schlafen gehen. Es ist schon weit nach Mitternacht und es war ein anstrengender Tag. Ich bin hundemüde und freu mich schon auf mein eigenes Bett.“

Erschöpft stand sie auf, räumte die Gläser in die Küche, verschwand anschließend im Badezimmer und duschte sich gründlich ab. Zuerst ließ sie nur das kalte Wasser über ihren Körper fließen, bis ihr einfiel, dass es ja auch noch den Warmwasserhahn gab. Wie lange hatte sie darauf verzichtet? So genoss sie den warmen Strahl und entspannte ihre von der Fahrt verkrampften Muskeln.

Als sie ins Schlafzimmer kam, brannte nur noch das Licht ihrer Nachttischlampe. Manuel lag schon dick eingemummelt unter seiner Decke und schnarchte leise vor sich hin. *Unglaublich! Da war aber einer ganz schön erledigt.* Sie legte sich auf ihre Bettseite, kuschelte sich in ihre Federn und knipste das Licht aus. Lange lag sie noch wach, suchte und fand in der Schwärze der Nacht Annis Bild und hielt es sich bis in ihre Träume hinein lebendig vor Augen.

4

„Hallo, Tante. Da bin ich wieder!“ Mit diesen Worten fiel Olivia am nächsten Morgen Tante Luise glücklich um den Hals.

„Oh, endlich! Meine Güte, Kind, ich hab mir schon Sorgen gemacht. … Lass dich anschauen.“ Luise rückte Olivia ein wenig von sich ab, um sie genau in Augenschein zu nehmen. Von oben bis unten wurde diese nun inspiziert. Anschließend nickte Luise anerkennend und schnalzte mit der Zunge. „Na, so schrecklich scheinen die einsamen Berge gar nicht zu sein. Du siehst prächtig aus … und völlig verändert. Irgendwie strahlender, lebendiger … ach, ich weiß gar nicht, wie ich es beschreiben soll. … Nu komm erst mal rein in die warme Stube.“ Die ältere Dame war völlig aus dem Häuschen vor Glück.

In der etwas altmodischen, aber gemütlichen Wohnstube ließ sich Olivia entspannt auf das dicke Polstersofa fallen. Ein Relikt aus längst vergangener Zeit. Die gestickten Landschaftsbilder an der Wand hatte Luise selbst in jungen Jahren angefertigt. Darauf war sie besonders stolz. Während sich Olivia in dem vertrauten Zimmer umsah, werkelte Luise in der Küche mit Tassen und Tellern herum. Kurz darauf kam sie mit einem Tablett frischer Brötchen und Kaffee an den Tisch.

„So, Liebes, jetzt werden wir erst mal frühstücken. Ich bin es gar nicht gewohnt, dich so früh zu sehen. Früher bist du doch kaum aus den Federn gekommen. Wo ist denn Manuel?“

„Der schläft noch. Wir haben ziemlich lange geredet gestern Abend. Und bei mir hat sich wohl mein Biorhythmus verschoben. Ich bin zur Frühaufsteherin mutiert“, antwortete Olivia augenzwinkernd.

„Da ist wohl noch viel mehr in dir *mutiert*, wenn ich dich so anschaue. Du bist völlig verändert. Deine Haare sind es nicht, obwohl sie natürlich länger geworden sind. Vielmehr strahlst du von innen heraus. So hab ich dich noch nie erlebt. Was ist denn alles passiert auf deiner Bergtour? Du musst mir alles genau erzählen." Luise konnte es kaum erwarten. Sie freute sich stets auf die Besuche ihrer Nichte – in ihr hatte sie jemanden zum Bemuttern. Seit einigen Jahren war sie Witwe und fühlte sich doch oft allein in ihrem kleinen Vororthäuschen.

„Gerne. Aber zuerst muss ich wissen, wie es Mama geht." Olivia hatte ein ungutes Gefühl und musste unbedingt Klarheit bekommen.

„So hast du Sofie aber schon lange nicht mehr genannt! *Mama* ... wie ungewöhnlich, dieses Wort aus deinem Mund zu hören. Aber es klingt gut!" Luise staunte immer mehr über die Verwandlung ihrer Nichte. „Ich hab aber leider keine guten Nachrichten für dich." Ihre Gesichtszüge wirkten plötzlich müde. „Deine Mutter liegt seit geraumer Zeit im Krankenhaus. Vor einigen Wochen hat man bei ihr Brustkrebs entdeckt. Leider im fortgeschrittenen Stadium. Eine Brust mussten die Ärzte ihr schon abnehmen und bei der anderen will man erst noch die Chemo abwarten."

Olivia wurde blass. Damit hatte sie nicht gerechnet. Ihre Unruhe bezüglich ihrer Mutter hatte also einen Grund. „Oh Gott, nein. ... Brustkrebs! Wie furchtbar! ... Wie geht sie denn mit all dem um? Und was sagen die Ärzte?"

„Nun, sie ist schon sehr schwach. Kein Wunder nach all den Behandlungen und der OP. Die fehlende Brust scheint komischerweise nicht mal so sehr ihr Problem zu sein. Es kommt mir eher so vor, als würde sie sich mit ganz anderen Dingen beschäftigen und herumplagen."

„Wie meinst du das?" Olivia horchte auf.

„Ich weiß nicht genau, wie ich es ausdrücken soll. ... Hm, ... als würde sie ihr Leben nochmals betrachten und verarbeiten. Sie fragt mich viel über früher und wie ich das ein oder andere aus heutiger Sicht sehen würde. Und ob sie meiner Meinung nach dies oder jenes hätte anders machen sollen. ... Auch über dich spricht sie sehr viel. Immer wieder sagt sie, dass es ihr leidtue." Luise runzelte irritiert die Stirn, als suche sie nach Erklärungen.

Olivia wurde unruhig. Trotz der Tragik machte ihr Herz einen Freudensprung. Sie hatte so ein vages Gefühl ... Kaum wagte sie zu hoffen, dass eine entscheidende Wende zum Guten in ihrer Mutter passiert sei.

„Ich muss gleich nachher zu ihr ins Krankenhaus. Es gibt noch viel mit ihr zu besprechen. Ich würde es nicht ertragen, wenn ich mit ihr nicht mehr rechtzeitig ins Reine käme." Olivia sprach, als würde ihre Mutter bald sterben. Selbst überrascht von ihrer Bemerkung, musste sie sich eingestehen, dass sie genau das befürchtete.

„Ja, Olivia, das ist eine gute Idee. Ich bin sicher, dass es ihr gut tut. Vielleicht gibt ihr das ja wieder einen neuen Kraftschub und alles kommt wieder in Ordnung!" Luise hatte Tränen in den Augen, Tränen der Hoffnung und des Schmerzes. Sie betete täglich für ihre Schwester, dass Gott sie ihr noch nicht nehmen solle. Sofie war ja noch nicht mal sechzig Jahre alt, und zudem die Jüngere von ihnen beiden! Viel zu früh, um zu sterben. Das konnte nicht Recht sein.

Trotz der tragischen Neuigkeiten blieb Olivia noch lange genug bei ihrer Tante, um ihr alles zu erzählen. Sie wollte nicht einfach aufspringen und sie so niedergeschlagen zurücklassen. Was musste sie in den letzten Wochen durchgemacht haben? Olivia hatte fast ein schlechtes Gewissen, machte sich aber sofort klar, dass sie nichts hätte verhindern können, wäre sie vor Ort gewesen. Es musste wohl alles so sein.

Im Gegensatz zu Manuel war Luise tief beeindruckt von Olivias Erlebnissen. Als wäre die eine oder andere Erfahrung ihr selbst nicht fremd, nickte sie zustimmend bei den Erzählungen über Annis Lehren. Auf ihrem Gesicht erschien ein wissendes Lächeln, als fühle sie sich bestätigt. Olivia war überrascht über deren Offenheit. Das hatte sie dann doch nicht erwartet. Umso mehr freute sie sich darüber, in ihr eine vertraute Seele gefunden zu haben.

Gegen Mittag verabschiedete sich Olivia und versprach, die nächsten Tage wieder bei ihr vorbeizuschauen, um vom Besuch bei Sofie zu erzählen. Dann machte sie sich eiligst auf zum Krankenhaus. Sie musste nun endlich zu ihrer Mutter!

5

Ihr Herz klopfte bis zum Hals, als sie vor der Tür zu Sofies Krankenzimmer stand. Sie zupfte noch einmal ordnend über ihre legere Kleidung, klopfte zaghaft an und öffnete vorsichtig die Tür. Schon beim Eintreten sah sie eine blasse Frau im Bett liegen. Sie musste zweimal hinsehen, um in der Kranken ihre Mutter wiederzuerkennen. Olivia versuchte sich zu beherrschen, um sich ihren Schrecken nicht anmerken zu lassen.

„Hallo, Mama!“, sagte sie sanft und trat an deren Bett.

Sofie schaute sie ungläubig an. Sie wirkte müde und schwach, hatte aber einen klaren Blick. „Olivia!“ Sie verzog ihre Lippen mühevoll zu einem ehrlichen Lächeln und hob leicht ihre Hand zum Gruß. Olivia ergriff sie mit beiden Händen.

Vorsichtig setzte sie sich auf die Bettkante und betrachtete bestürzt die ganzen Apparaturen und Schläuche, an die ihre Mutter angeschlossen war. Es tat ihr weh, Sofie so leiden sehen zu müssen.

„Es ist gut, dass du da bist, Kind.... Ich hab lange auf dich gewartet. ... Es steht nicht gut um mich, ... aber das ist nicht so schlimm. Schlimmer ist, dass ich Angst hatte, dich nicht mehr rechtzeitig zu sehen. ... Wir müssen reden!" Sie sprach gebrochen und hatte sichtlich Mühe, sich klar auszudrücken. Es stand schlechter um sie, als Olivia befürchtet hatte.

„Ich weiß, Mama. Als Tante Luise mir heute Morgen von deiner Krankheit erzählte, hat es mich sofort zu dir gezogen. Sie hat dir sicherlich ausgerichtet, dass ich eine Weile weg war. Es tut mir so leid, Mama." Sie hatte Tränen in den Augen.

„Ja, meine liebe Schwester Luise. So ein gutes Herz. Hätt ich das nur auch gehabt", wehmütig blickte Sofie auf ihre Bettdecke. „Du darfst Luise nicht sagen, wie es wirklich um mich bestellt ist. Sie hofft, ich werde wieder. Aber der Krebs hat schon zu viele Drüsen und anderes Gewebe angegriffen. Da ist nicht mehr viel zu retten. Damit hab ich schon meinen Frieden gemacht, ... aber da gibt es noch was, womit ich nicht im Reinen bin, mein Kind." Olivia wollte etwas einwenden, aber Sofie hob beschwichtigend die Hand. „Unterbrich mich bitte nicht, sonst schaff ich es nie." Sie stockte, atmete schwer und schloss für einen Moment die Augen. Eine Träne drückte sich leise aus ihrem Augenwinkel und bahnte sich zögernd einen Weg über ihre Schläfe. „Ich weiß nicht, was geschehen ist, oder was der Auslöser war. Aber in den vergangenen Monaten, noch bevor der Krebs festgestellt wurde, hatte ich so merkwürdige Träume. Ich träumte von dir und deinem Vater. Wie ihr die Arme nacheinander ausstrecktet, aber nicht zueinander konntet. Ich war es, die euch davon abhielt. Ich hab es verhindert. Es war so schrecklich. Du hast geweint und warst wütend auf mich, hast mich angefleht, dich zu deinem Vater zu lassen. Als ich aufwachte, lief mein ganzes Leben vor mir ab. Es gab so viel zu bereuen, Kind. Was hab ich dir nur angetan? Ich war dir keine gute Mutter. In meinem eigenen Schmerz und meiner Verbitterung gefangen, war ich nicht für dich da, hab dir sogar deinen Vater genommen. ... Eigentlich hab ich keine Ahnung, was in deinem Leben wirklich alles passiert ist. Sicherlich bist du mit deinem Kummer nicht zu mir gekommen, sondern zu Tante Luise gegangen. Und ich kann es verstehen. Wo hättest du auch hin sollen?" Sofie sprach hektisch.

Olivia wollte sie nicht unterbrechen – wer weiß, wie lange Sofie noch genug Kraft zum Sprechen hätte. Und sie spürte, wie sehr all dies auf ihrer Mutter Seele lastete. Bewegt hörte sie ihr zu.

„Ich weiß nicht, was Luise dir schon alles über meine Jugend und die damaligen Ereignisse erzählt hat, aber du sollst es nochmals aus meinem Munde hören. Du sollst wissen, wie sehr ich deinen Vater geliebt habe ... und er mich! Du bist ein Kind der Liebe, Olivia! Leider war ich nie stark genug, um mich meinem Vater zu widersetzen. Er war ein Familienoberhaupt der alten Schule, dem man nicht widersprach. Ich hatte Schande über die Familie gebracht und musste sie irgendwie wieder ausbügeln. Da hab ich mich Vaters Wünschen gebeugt. ... Ich war nie wieder so glücklich, wie mit deinem Vater Alfredo. ... Ein so wunderschöner Mann! So zärtlich, ... so liebevoll!" Sofies Gesichtsausdruck verwandelte sich in den einer jungen, verliebten Frau. Verträumt blickte sie in weite

Ferne, als sähe sie am Ende der Zeit ihren Geliebten auf sie warten.

Voller Rührung und mit tränennassem Gesicht sah Olivia auf ihre in die Vergangenheit entrückte Mutter hinab. So hatte sie Sofie noch nie erlebt. Der Glanz, die Wärme und Zärtlichkeit in ihren Augen machten aus ihr eine völlig veränderte Frau. *Mama, ich lieb dich so sehr!*, schoss es Olivia durch den Kopf. Dieses Gefühl hatte sich während des Gesprächs immer mehr in ihrem Herzen ausgedehnt und war nach oben in ihr Bewusstsein gestiegen. Nun konnte sie es nicht mehr zurückhalten. Ihr Herz quoll über vor Liebe zu ihr und so schlang sie vorsichtig die Arme um ihre Mutter und schmiegte sich an sie. Sie spürte die dicken Verbände um Sofies Brustkorb und nahm ein wenig Abstand, um ihr nicht weh zu tun. Halb rutschte sie zu der Kranken ins Bett, legte einen Arm um ihre Taille und ließ ihren Kopf auf das Kissen sinken. Nun lag sie von Angesicht zu Angesicht bei ihr und musterte sie fasziniert. *Ich sehe sie gerade zum ersten Mal in meinem ganzen Leben!* Friedlich und erstaunt zugleich lächelte sie in sich hinein.

Sofie wandte sich ihr zu. „Kind, kannst du mir jemals verzeihen?“ Mit flehendem Blick sah sie auf ihre Tochter.

„Du konntest es nicht besser, Mama. Was soll ich dir da verzeihen? Du hattest es schwer und hast dennoch dein Bestes gegeben. In Anbetracht deiner damaligen Situation war es womöglich das Einzige, was du tun konntest, um dir und mir eine gesicherte Zukunft zu bieten.“

„Ja, schon möglich. Aber ich habe dir deinen Vater gestohlen!“, schluchzte Sofie erschüttert über ihr Handeln.

„Du gibst ihn mir ja gerade wieder.“ Olivia streichelte ihr zart über die eingefallene Wange.

Da gab es noch etwas, was Sofie bedrückte: „Schatz, dein Vater ist schon lange tot.“

Nun war es Olivia, die ihre Enttäuschung nicht mehr verbergen konnte. „Oh!", murmelte sie nur.

Sofie war ihr eine Erklärung schuldig. „Er hatte im selben Monat, als deine Leni auf die Welt kam, einen tödlichen Verkehrsunfall. Es war ein Unglück und keiner hatte Schuld daran. Ich hatte ihm noch geschrieben, dass er Opa werden würde. Er war so glücklich darüber! ... Wir hatten immer Kontakt gehalten, nicht oft, aber doch so, dass er über dich informiert war. Er hatte sich damit abgefunden, dass ich eine Begegnung zwischen euch beiden nicht zulassen würde und so begnügte er sich wenigstens mit ein paar Briefen von mir, um an deinem Leben teilhaben zu können. Dein Vater war sehr stolz auf dich!"

„Wie hast du von seinem Tod erfahren?"

„Seine Mutter lebt noch und auch zwei seiner Schwestern, deine Tanten. Du wurdest nach deiner Oma benannt, wusstest du das? Es war sein Wunsch gewesen. ... Falls du deine Verwandten je aufsuchen oder anrufen möchtest, ich habe ihre Daten zu Hause in meinem Schreibtisch liegen. Da findest du auch alle seine Briefe und Fotos – und schau auch in deinem alten Kinderzimmer nach. Sogar ein kurzer Videofilm von seinem letzten Geburtstag mit seiner Familie ist dabei. ... Er hat übrigens nie geheiratet und du warst sein einziges Kind." Sofie war ihre Erschöpfung nun deutlich anzusehen. Nur mit Mühe konnte sie noch laut genug sprechen, dass Olivia sie gerade noch verstehen konnte.

„Mama, ich danke dir so sehr. Ich hatte immer gehofft, dass du mir eines Tages davon erzählen würdest. Du hast mich sehr glücklich gemacht!", sagte Olivia dankbar, doch Sofie war schon eingeschlafen. „Ich liebe dich, Mama", flüsterte sie ihr noch ins Ohr.

Langsam erhob sie sich vom Bett, setzte sich noch eine Weile auf einen Stuhl und dachte nach über all das, was sie soeben erlebt und erfahren hatte. Erfüllt schloss sie die Augen und fing an zu beten. Für ihre Mutter, ihren Vater und dessen Familie, ihre Tochter Leni – und vor allem für Anni.

Wendepunkte

1

„Wo warst du denn den ganzen Vormittag?“, wollte Manuel wissen, als Olivia zur Wohnungstür hereinkam. Sein Ton war vorwurfsvoll und sie spürte einen unangenehmen Druck in sich.

„Ich war bei Tante Luise und anschließend bei meiner Mutter im Krankenhaus“, entgegnete sie knapp.

„Oh, stimmt. Das hatte ich dir gestern vergessen zu sagen. Luise hatte mich angerufen und mir die Sache mit deiner Mutter erzählt. … Tut mir leid für sie. Geht's ihr schon besser?“ Er wunderte sich darüber, dass Olivia tatsächlich Sofie im Krankenhaus besucht hatte. Damit hätte er nicht gerechnet.

„Es sieht nicht gut aus. Sie wird sterben.“ Tränen stiegen ihr in die Augen.

Betroffen blickte Manuel auf seine Frau. Was war nur mit ihr geschehen? Sie hatte sich so verändert. Er war sich noch nicht sicher, ob ihm das gefiel oder nicht. Aber dass sie nun sogar um ihre Mutter weinte, war für ihn kaum fassbar. Zögernd ging er auf sie zu, als wolle er erst prüfen, ob sie ihn an sich heranlassen würde. Langsam zog er sie zu sich und hielt sie fest. Da brach all der Schmerz aus ihr heraus und sie ließ den Tränen freien Lauf.

Leise schluchzte sie an seiner Schulter: „Es ist so traurig. Kaum hab ich meine Mutter *gefunden*, verlier ich sie auch schon wieder. Genau, wie bei meinem Vater!“

Er verstand nicht, schwieg aber.

Sie klammerte sich an ihn, wie jemand, der in stürmischer See zu ertrinken drohte. Es tat ihr gut, dass er bei ihr war und dankte ihm im Stillen dafür. Sie fühlte sich geborgen und getröstet. Nur langsam beruhigte sie sich, fand ihre Fassung wieder und nahm ihn an der Hand.

„Lass uns in die Küche sitzen und eine Tasse Kaffee trinken", bat sie ihn.

Nachdem sie ihm alles erzählt hatte, was sie von Sofie erfahren hatte, traf sie eine Entscheidung. „Ich werde in die Staaten fliegen und meine Verwandten besuchen. Ich will auch zu Papas Grab. Ich möchte sehen, wie er gelebt hat und alles über ihn erfahren." Als sei sie schon dort, starrte sie nachdenklich auf ihre Kaffeetasse. „Zunächst werde ich mir aber einen Job suchen und mir ein wenig was dazuverdienen. Die Reise wird sicherlich nicht billig."

Er schüttelte den Kopf. „Mach dir keine Sorgen über die Kosten. Meine Kanzlei läuft recht gut und an Geld mangelt es nicht. Du musst nicht arbeiten gehen."

„Danke für dein Angebot. Aber ich will tatsächlich etwas Nützliches tun. Ich möchte als Tierpflegerin arbeiten und werde mich gleich heute mal im Zoo und auf einem Gnadenhof vorstellen. Außerdem fliege ich sowieso erst dann in die Staaten, wenn die Situation mit Mama klar ist. … So oder so", schloss sie traurig.

Manuel staunte. *Tierpflegerin? Auf was für Ideen kommt sie denn plötzlich? Früher hätte sie sich nie die Finger schmutzig gemacht!* Er musste zugeben, dass ihm Olivias Entscheidung imponierte.

„Na dann wünsch ich dir für heute viel Erfolg. Wenn du Hilfe brauchst, melde dich. Ich bin nachher noch in der Kanzlei", bot er ihr an. „Gehen wir heut Abend essen zur Feier deiner Rückkehr? Was meinst du?"

„Ja, gerne. Ich denke, wir müssen eh noch über einiges sprechen. Vor allem über uns." Voller Zuversicht lächelte sie ihn an. Inzwischen hatte sie das sichere Gefühl, dass ihre Ehe noch nicht am Ende angelangt war. Sie beschloss, ihnen beiden noch eine Chance zu geben.

Er drückte ihre Hand, beugte sich über den kleinen Küchentisch und küsste sie zärtlich auf den Mund. „Ich bin froh, dass du wieder bei mir bist. Es war sehr einsam ohne dich, mein Schatz." Er stand auf, strich ihr liebevoll über die Wange und ging in den Flur hinaus.

Versonnen blickte sie vor sich hin. *Es tut gut, seine Nähe zu spüren.*

Am Nachmittag gab sie den Mietwagen zurück, machte den einen oder anderen Besorgungsgang und schaute sich bei einem Autohändler nach einem gebrauchten Kleinwagen um. Dadurch, dass sie die vergangenen Monate kein Geld benötigt hatte, war ein kleinerer Betrag auf ihrem Konto angewachsen. Eigentlich war es das Haushaltsgeld, das sie von Manuel monatlich überwiesen bekam, aber es stand auch zu ihrer persönlichen Verfügung. Prompt fand sie schon beim ersten Händler das passende Fahrzeug. Es hatte zwar schon einige Kilometer auf dem Buckel und wirkte nicht mehr ganz so frisch, doch genügte es ihren Ansprüchen vollkommen. Neuen TÜV hatte es außerdem. Intuitiv entschied sie sich zum Kauf und konnte schon wenig später mit dem Wagen vom Hof fahren.

Sie fuhr direkt zum Zoo, um sich dort nach einer Tierpflegerstelle zu erkundigen. Ihr war klar, dass sie nicht die nötigen Referenzen vorlegen konnte. Dennoch war sie zuversichtlich.

Schon nach dreißig Minuten verließ sie enttäuscht das Büro des dortigen Personalchefs. Sie seien derzeit vollbesetzt, teilte er ihr bedauernd mit. Sie solle es aber im Sommer nochmals versuchen, da könnte wieder ein Platz frei werden. So lange wollte sie nicht warten. Schnurstracks fuhr sie anschließend zu dem Gnadenhof, von dem sie gehört hatte. Sie ließ sich nicht entmutigen. So schnell gab sie ihren Plan nicht auf. Während der Fahrt dachte sie an Anni und sah, wie sie ihr aufmunternd zuzwinkerte.

Der außerhalb liegende Hof schmiegte sich idyllisch in die Landschaft. Schon auf dem Weg zur Einfahrt kam sie an Koppeln vorbei, auf denen Pferde und Ponys neugierig zu ihr herüberäugten. Ihnen schien das diesige Wetter nichts auszumachen, denn sie galoppierten munter eine Weile am Koppelzaun neben ihr her, als wollten sie die Fremde willkommen heißen.

Als sie das Auto abstellte, kam eine großgewachsene Frau aus einer der Stalltüren herausgestiefelt. Mit einer Mistgabel in der Hand blieb sie stehen und betrachtete die Besucherin.

Olivia stieg aus und schritt hoffnungsvoll auf die wartende Frau zu.

„Hallo, ich suche den Besitzer oder Leiter dieses Hofes. Ich will mich erkundigen, ob hier eine Stelle für mich frei ist."

„Ich bin beides. Mir gehört dieses Gut", antwortete die Fremde freundlich und streckte ihr eine schmutzige Hand entgegen. Ihr Händedruck war kräftig.

Olivia drückte ebenfalls herzlich zu. „Oh, fein. Ich heiße Olivia und würde gerne hier mitarbeiten."

„Hm", die Besitzerin musterte Olivia von oben bis unten. Offensichtlich war sie einverstanden mit dem, was sie sah. „Ja, das wär schon nicht schlecht. Ich könnte noch eine helfende Hand brauchen. Nur mit der Bezahlung wird's nicht so üppig werden. Wir leben hauptsächlich von Spenden und einem großzügigen Gönner. … Ich bin übrigens die Margret."

„Das wäre nicht so schlimm, Margret. Ich bin ja auch keine ausgebildete Tierpflegerin und müsste noch viel lernen. Aber ich hab mir nun mal in den Kopf gesetzt, mit Tieren und der Natur zu arbeiten. Wäre super, wenn das klappen würde." Olivias Herz schlug schneller in Erwartung einer Zusage.

„Lass uns einfach in die Küche gehen und drüber reden. … Es ist doch in Ordnung, wenn ich dich duze?", schlug Margret vor.

Olivia nickte fröhlich und folgte in das angrenzende alte Bauernhaus.

Schnell stellte sich heraus, dass sie auf gleicher Wellenlänge waren. Sie verstanden sich prächtig und so wunderte es nicht, dass Olivia den Job bekam. Zunächst sollte sie nur vormittags kommen, um zu sehen, wie sie sich anstellte. Erst ab dem Frühjahr würde wieder so viel Arbeit anfallen, dass sie ganztags kommen könne. Schon am folgenden Morgen sollte sie um sechs Uhr zur Arbeit antreten.

Voller Glück fuhr sie in die Stadt zurück und wollte kurzerhand bei Manuel in der Kanzlei vorbeisehen, um ihm von ihren Neuigkeiten zu berichten. *Läuft doch alles wie am Schnürchen,* dachte sie glücklich.

2

Der Tag neigte sich schon dem Abend zu und sie war sich nicht sicher, ob sie Manuel noch antreffen würde. Möglicherweise war er selbst schon auf dem Heimweg. All ihre Erledigungen hatten doch länger gedauert, als erwartet. Nichtsdestotrotz war sie stolz auf sich. Sie hatte alles reibungslos geschafft, was sie sich für heute vorgenommen hatte. Einen eigenen Wagen, einen neuen Job, und bald wieder ihr selbstverdientes Geld. Sie freute sich riesig über diese berufliche Herausforderung. Ihr Gefühl sagte ihr, dass der Hof genau der richtige Platz für sie war und zwischen Margret und ihr könnte sich sogar eine Freundschaft entwickeln.

Langsam bog sie in die kleine Seitenstraße ein, in der Manuels Kanzlei lag. Es war schon dämmrig, als sie gegenüber des Geschäftshauses einparkte. Gerade als sie aussteigen wollte, öffnete sich die Eingangstür und Manuel trat auf den Gehweg. *Das passt ja wie abgesprochen*, freute sich Olivia. Unmittelbar hinter ihm erschien eine junge, blonde Frau. Olivia zögerte. Beide blieben vor der Tür stehen und machten den Eindruck, als hätten sie noch etwas Wichtiges zu besprechen. Die elegante Blondine griff entschlossen nach Manuels Arm und sprach eindringlich auf ihn ein. Manuel winkte ab und war offensichtlich wütend. Die junge Frau wirkte verzweifelt, klammerte sich an ihm fest und warf sich ihm sogar an den Hals. Sie versuchte ihn zu küssen, wurde jedoch von ihm weggedrückt. Abrupt drehte er sich um und ließ sie stehen. Mit schnellen, weitausholenden Schritten lief er den Gehweg zur Tiefgarage entlang. Sie rief ihm noch etwas hinterher, was Olivia in ihrem geschlossenen Wagen nicht verstehen konnte. Irritiert hatte sie die Auseinandersetzung der beiden beobachtet. Eine dunkle Ahnung tauchte langsam in ihr auf. *Was war das denn?* Fassungslos lehnte sie sich in ihren Sitz zurück und wartete, bis Manuels Wagen die Tiefgarage verließ. Die junge Frau stand immer noch an derselben Stelle. Mit verweintem Gesicht schaute sie ihm nach, wie er in die Hauptstraße abbog.

Olivia überlegte, was sie tun sollte. Sie war kurz davor, zu ihr hinüberzugehen, um sie zu fragen, was denn vorgefallen sei. Unentschlossen nahm sie den Türgriff in die

Hand und öffnete die Fahrertür. Gerade als sie aussteigen wollte, lief die Fremde mit hängenden Schultern und gesenktem Kopf davon, so, als würde sie sich vor einem Regenschauer in Sicherheit bringen.

Statt der erwarteten Wut fühlte Olivia eine seltsame Ruhe in sich. Früher wäre sie explodiert und hätte Manuel sofort eine Szene gemacht. Sie war selbst überrascht über ihre Reaktion. Während der Heimfahrt überlegte sie, was zu tun war. *Am besten warte ich erst mal ab, wie er sich nachher verhält. Vielleicht ergibt sich ja beim Essen eine Gelegenheit, darüber zu reden. Möglicherweise gibt es eine ganz einfache Erklärung und er fängt von selbst an, davon zu erzählen.* Sie wollte ihn keinesfalls vorab verurteilen, sondern ihm die Chance geben, sich zu äußern. Schließlich konnte der Vorfall auch nur ein Missverständnis sein. Vielleicht handelte es sich um eine hartnäckige Verehrerin. *Aber was mache ich, wenn er so tut, als sei nichts gewesen?* In ihrem Kopf purzelten die Gedanken hin und her und sie bemerkte, wie sie langsam in Verwirrung geriet. Da tauchte spontan Annis Gesicht wieder vor ihr auf. Sie schien ihr etwas sagen zu wollen. *Anni, ich versteh nicht, was du mir sagen willst. Was geht hier vor? Was hat diese Frau mit Manuel zu tun?* Annis Augen leuchteten. Die Alte wollte Olivia eindeutig beruhigen. Da *hörte* sie in ihren Gedanken Annis vertraute Stimme sprechen: *Sorge dich nicht, Liebes. Alles geschieht zu deinem Besten. Hab Vertrauen!* Olivia entspannte sich und beschloss, den Verlauf des Abends abzuwarten.

„Guten Abend, Schatz“, begrüßte Manuel sie gelassen, als sie die Wohnung betrat. Er kam gerade aus dem Badezimmer und hatte sich wohl schon umgezogen. Er trat nahe an sie heran, legte seine Arme um ihre Taille und küsste sie. Sein frisch aufgetragenes Rasierwasser stieg ihr angenehm in die Nase. „Ich bin auch gerade erst heimgekommen und mach mich zum Essengehen zurecht. Von mir aus könnten wir gleich los. Ich hab einen Mordshunger!"

Olivia wunderte sich über seine Gelassenheit. *Nachdem, was er gerade erlebt hat, müsste er wesentlich unruhiger sein*, überlegte sie misstrauisch. *Und dass er sich so schnell umgezogen hat, ist auch nicht normal. Sonst setzt er doch erst mal in die Küche und macht sich einen Kaffee.*

Laut sagte sie zu ihm: „Gib mir zehn Minuten zum Frischmachen und Umziehen. Ich hab viele Neuigkeiten. Mein Nachmittag verlief sehr erfolgreich – bis auf ein paar Kleinigkeiten." Sie konnte sich nicht verkneifen, diesen Zusatz mit einem anzüglichen Ton anzuhängen. Er schien ihre Anspielung nicht zu bemerken.

Wenig später waren sie unterwegs zu ihrem Lieblingsrestaurant. Zum Glück hatte Manuel über seine Sekretärin eine Reservierung veranlasst, denn das vornehme Speiselokal war schon ungewöhnlich voll. Der Ober führte sie zu ihrem Stammplatz in einer kleinen, intimen Nische. Eine Kerze brannte bereits auf dem eingedeckten Tisch. Mehrere Gläser für diverse Getränke, das passende Besteck für Vor-, Haupt- und Nachspeise und ein Platzset mit einem silbernen Unterteller unterstrichen das noble Ambiente. Leise, entspannende Musik spielte im Hintergrund und alles schien darauf zu warten, dass sich zwei liebende Seelen hier niederließen, um einen romantischen Abend zu erleben.

Wie üblich gab Manuel die Bestellung für sie beide auf. Er kannte Olivias Geschmack zu gut und ging davon aus, dass sich daran nichts geändert hatte. Auch mit der Weinkarte kannte er sich perfekt aus und wählte einen trockenen Portugiesen aus, auf den ihn der Ober mit Empfehlung des Hauses verwies. Olivia musste kurz an den letzten Abend bei Anni denken: Zum Rehbraten und zu den selbst geschabten Spätzle tranken sie den alten Rotwein aus Annis elterlicher Kellerei. Wehmut kam in ihr auf, als sie an ihren Abschiedsabend dachte – und Sehnsucht nach der friedlichen Idylle auf dem Berg.

Manuel unterbrach sie in ihren Erinnerungen. „Woran denkst du denn gerade? Du siehst so verträumt aus."

„Oh, ich dachte gerade an Anni und unser Abschiedsessen. Es war schön und traurig zugleich. Ich vermisse sie."

Er schien pikiert zu sein, dass ihr sehnsuchtsvoller Gesichtsausdruck nicht ihm galt, sondern einer alten Frau aus der Wildnis. „Nun ja, das ist ja nun leider Vergangenheit. Aber du kannst sie ja irgendwann mal wieder besuchen. Jetzt stoßen wir erst mal auf unsere gemeinsame Zukunft an, mein Schatz." Er hob ihr sein Weinglas entgegen. Olivia nahm seine Aufforderung an.

Langsam verströmte der Wein sein trockenes, vollmundiges Aroma in ihrem Mund. Zufrieden schluckte sie ihn hinunter. Manuel hatte sie fasziniert beobachtet. Die Art, wie sie den Wein kostete, strahlte eine enorme Erotik auf ihn aus. Überhaupt fühlte er sich immer stärker zu ihr hingezogen. Ihr neues Selbstbewusstsein machte ihn etwas unsicher, aber dennoch reizte ihn gerade dies. Heute Abend umgab sie eine ganz besondere Aura.

„Olivia, ich kann es gar nicht erwarten, bis wir wieder zu Hause sind!", flüsterte er ihr mit rauer Stimme zu.

Prüfend zog sie eine Augenbraue nach oben und musterte ihn lange. Dann sah sie ihm tief in die Augen und sagte: „Bevor es soweit ist, haben wir noch das ein oder andere zu besprechen, meinst du nicht? ... Nachdem ich dir ja bereits über meine Erlebnisse berichtet habe, bist jetzt du dran mit erzählen. Was hast *du* eigentlich in den vergangenen Monaten so erlebt?" Gespannt auf seine Reaktion, wartete sie ab.

Manuel legte den Kopf schief und schob gleichgültig die Unterlippe nach vorn. Er zuckte mit den Schultern, als wolle er sagen, dass es nichts Ungewöhnliches zu erzählen gab.

„Ach, weißt du, ich habe mich wieder um meine Kanzlei gekümmert. Sie hatte sehr gelitten in der Zeit vor unserer Trennung. Die Arbeit war eine gute Ablenkung von all den Grübeleien. Mich hat das mit Leni und uns doch sehr mitgenommen, auch wenn du das nicht so gesehen hast. Auch für mich war es nicht leicht gewesen, all das zu verarbeiten. Aber ich hatte wenigstens meine Aufgabe und das war gut so. … Ansonsten hab ich nichts Besonderes erlebt in den vergangenen Monaten."

Etwas an ihm ließ sie zweifeln. Er sagte den letzten Satz betont gelassen – zu gelassen! Sie glaubte ihm, dass ihn Lenis Tod und ihre Streitereien ebenso belastet hatten, wie es bei ihr der Fall war. Aber dass er sich nur um seine Kanzlei gekümmert haben will, nahm sie ihm nicht ab. Manuel war schon immer der Typ, der Abenteuer und Bewegung im Leben suchte. Sie konnte sich nicht vorstellen, dass er fast ein Jahr lang keinerlei sonstige Erlebnisse, außer die seiner Arbeit gehabt haben wollte. Und im Gegensatz zu ihr hatte er keine Metamorphose erlebt, die ihn zu einer Wesensveränderung veranlasst hätte!

„Das hört sich aber ziemlich einsam und langweilig an", bemerkte sie knapp.

„Stimmt. Beides trifft zu. Was hätte ich denn sonst tun sollen, während ich auf deine Rückkehr wartete? Ich wusste ja nicht, wann du wieder heimkommst. Und außerdem hab ich mir Sorgen gemacht, wie es dann mit uns weitergehen würde."

Er schien nicht gewillt zu sein, über seine heutige Auseinandersetzung mit der fremden Frau vor seiner Kanzlei zu sprechen. Olivia horchte in sich. Sie wollte nicht vorschnell Vermutungen anstellen, dennoch ließen die Zweifel sie nicht los. Er verbarg etwas vor ihr. Etwas, was sie wissen sollte. Sie würde abwarten, was der Abend noch für sie bereithielt.

Das Essen war vorzüglich und nach etwa zwei Stunden machten sie sich auf den Heimweg. Manuel bereitete sich offensichtlich auf eine innige Nacht vor, denn er verhielt sich betont zärtlich und fürsorglich ihr gegenüber.

Zu Hause machten sie es sich auf der Couch gemütlich. Er hatte eine zweite Flasche von dem Portugiesen gekauft und entkorkte diese nun mit einem gekonnten Dreh aus dem Handgelenk. Olivia hatte schon einen leichten Schwips, dennoch konnte sie erstaunlich klar denken. Gerne hätte sie sich ihrem Mann hingegeben. Sie sehnte sich nach Zärtlichkeit und Nähe. Und außerdem hatte der Sex zwischen ihnen schon immer gut funktioniert. Gerne dachte sie an ihre erotischen Erlebnisse, die sie in ihrer Zweisamkeit erleben durften. Es war eine logische Folge dieses Abends, dass Manuel sie fordernd an sich zog und auf eine äußerst prickelnde Art ihren Hals küsste.

War es der Wein oder einfach nur der Wunsch, die frühere Vertrautheit zwischen ihnen aufleben zu lassen, was Olivias Schranken löste? Sie wollte ihn wiederhaben, so wie es einst zwischen ihnen war – mit all der Hingabe und dem blinden Vertrauen zueinander. Hungrig danach schlief sie mit ihm und forderte ihn zu immer neuen Beweisen seiner Liebe heraus. Wild und stürmisch nahmen sie sich – doch eine unsichtbare Schranke verwehrte ihr den Weg zu seinem tiefsten Inneren.

Während sie danach beieinanderlagen, eng umschlungen, suchte sie nach dieser Innigkeit. Sie suchte in ihren Erinnerungen und verglich das eben Erlebte damit auf

Ebenbürtigkeit. Sie fand sie nicht. Verwirrung und Trauer besetzten ihre Seele und so schlief sie schließlich ein.

3

Ihr erster Arbeitsvormittag war anstrengender als sie dachte. Der Wein und die lange Nacht hatten es ihr schwergemacht, am Morgen aus dem Bett zu kommen. Als sie gegen fünf Uhr aufstand, blickte sie noch einmal nachdenklich auf Manuel. Friedlich und entspannt schlief er halb auf ihrer Seite liegend. Sie würde ihn nicht wecken.

Margret empfing sie überglücklich. Sie war offensichtlich dankbar für die Hilfe, die sie nun bekam und es gab wahrhaftig viel zu tun. Olivia mistete die Ställe aus, streute Futter in die Tröge, half beim Striegeln der Pferde und Ponys und ließ anschließend die etwa fünfzehn Hunde auf einen großen, umzäunten Auslauf hinaus. Wild und ausgelassen tobten die jüngeren herum. Die älteren unter ihnen – und die waren in der Überzahl – trotteten gemächlich umher. Manch einem Tier sah man seinen ehemaligen Leidensweg noch an. Trübe Augen, eine herabhängende Rute und ein geduckter, vorsichtiger Gang waren die Zeichen für manch eine Qual, die ihre früheren Besitzer ihnen angetan hatten.

Olivia setzte sich auf eine Bank im Hundegatter und wartete ab. Sie begann mit ihrer Meditation und konzentrierte sich auf das Licht, welches sich in ihrem Brustkorb auszudehnen begann. Sie hatte inzwischen gute Übung darin, sich auf diese Kraft in ihrem Herzen zu konzentrieren und hielt diesen Zustand immer länger aufrecht.

Es dauerte nicht lange, da kam schon die erste alte Hündin auf sie zugetrottet. Vertraut legte sie sich zu Olivias Füßen. Vorsichtig begann sie, die Hündin zu streicheln und sprach leise auf sie ein, wie sie es mit Knöpfchen getan hatte. Diese legte sich entspannt auf die Seite und genoss die Zuwendung. Einige Meter entfernt wurden sie von einem Münsterländer-Rüden beobachtet. Neugierig legte er seinen Kopf schief und schien zu überlegen, ob er näher kommen sollte. Olivia ignorierte ihn bewusst. Er sollte sich nicht von ihr bedroht fühlen. Sie fuhr mit ihren Streicheleinheiten fort und sah im Augenwinkel, wie der Rüde prüfend näher kam. Etwa einen Meter vor ihr hielt er an und setzte sich hin. Sein Kopf wiegte einmal kurz nach links, dann nach rechts und gleich wieder zurück. Interessiert betrachtete er das entspannte Treiben vor sich. Schließlich erhob er sich, setzte leicht geduckt zaghaft eine Pfote vor die andere und streckte seine Schnauze vor, um Olivias Duft aufzunehmen. Er schien ihm zu gefallen, da er nun ganz an ihr Knie herantrat und sachte mit dem Schwanz zu wedeln begann. Olivia hielt ihm ihre Hand zum Beriechen entgegen. Nachdem er diese ausgiebig beschnüffelt hatte, leckte er zweimal kurz an ihren Fingern und ließ sich von ihr am Ohr kraulen. Ohne, dass sie es darauf angelegt hätte, war der Funke zwischen ihnen übergesprungen.

„Na, da hast du dir aber den Misstrauischsten rausgesucht." Olivia hatte nicht bemerkt, dass Margret neben sie an den Zaun getreten war. „Alle Achtung, der lässt sonst niemanden an sich ran", fügte Margret bewundernd hinzu.

„Dabei ist er ein so lieber Kerl. Wie heißt er denn?", fragte Olivia.

„Darf ich vorstellen: Das ist Rudolf, ein dreijähriger Prachtjunge aus einer missratenen Halterfamilie", erklärte Margret.

Olivia prustete los. "*Rudolf!* Was für ein witziger Name. Wer kommt denn auf so was? ... Ich glaube, wir sind schon Freunde geworden."

„Das spricht für dich, Olivia, denn er sucht sich seine Freunde gut aus. Abgesehen von seinem vorsichtigen Verhalten, welches ich gut verstehen kann, ist er ein lebendiger aufgeweckter Rüde. Im Übrigen nicht kastriert, was es manchmal zum Problem werden lässt, wenn eine Hündin läufig ist. Da muss er dann auf den anderen Auslauf. Aber ich hab's einfach nicht übers Herz gebracht. Vielleicht darf er ja doch noch mal für Nachkommen sorgen, sofern er zu einem guten Halter kommt. ... Du scheinst ein gutes Händchen für Tiere zu haben!", fügte Margret abschließend hinzu.

„Scheint so", murmelte Olivia glücklich und kraulte zufrieden die beiden Hunde.

4

Am Nachmittag fuhr sie ins Krankenhaus. Sofie würde bestimmt schon auf sie warten. Die Arbeit am Vormittag hatte ihr gut getan und sie fühlte sich trotz der harten, körperlichen Aufgaben gestärkt. Im Flur vor Sofies Zimmer begegnete sie dem Chefarzt. Bei ihrem ersten Besuch hatte sie sich ihm kurz vorgestellt und sich nach dem medizinischen Zustand ihrer Mutter erkundigt. Er hatte ihr wenig Hoffnung gelassen – um genau zu sein, gar keine! Sie müssten täglich mit ihrem Ableben rechnen, hatte er ihr erklärt.

„Hallo, Professor Sonntag. Wie geht es meiner Mutter?“, fragte sie ängstlich.

„Gut, dass Sie da sind. Ich habe schon versucht, Sie zu erreichen, aber bei Ihnen zu Hause ging niemand ans Telefon und auf ihrem Handy lief die Mailbox“, fast klang es wie ein Vorwurf, den er an sie richtete.

Seit sie von der Hütte zurück war, hatte sie ihr Handy nicht mehr bei sich getragen. Sie fand es überflüssig. Nun bedauerte sie diese Entscheidung.

„Es tut mir schrecklich leid. Ich habe es daheim liegen lassen, bevor ich zur Arbeit ging. Gibt es eine Veränderung bei ihr?“

„Ja, das kann man wohl sagen. Heute sieht sie gar nicht gut aus. Sie kommt kaum noch zu sich. Mir scheint, als würde sie ihren Abschied vorbereiten. Tut mir leid, dass ich keine bessere Nachricht für Sie habe, aber ich will offen zu Ihnen sein: Es geht wohl zu Ende mit ihr.“ Bedauernd sah er sie an.

Olivias Bestürzung stand ihr ins Gesicht geschrieben. Stumm nickte sie ihm zu und betrat leise Sofies Zimmer.

Blass und eingefallen lag sie in ihrem Bett. Sie wirkte verloren in den dicken Kissen. Zögernd näherte sich Olivia ihrer Mutter, die offensichtlich nicht bemerkte, dass jemand eingetreten war. Ihre Augen waren geschlossen und ihre Mundwinkel hingen schlaff herab. Ihr Atem ging schwer und ihr Brustkorb hob und senkte sich in unregelmäßigem Rhythmus. Vorsichtig streichelte Olivia über die Stirn der Sterbenden.

„Mama, …hörst du mich?“, flüsterte sie ihr ins Ohr. Sie wollte sie nicht erschrecken.

Ihre Lider zuckten und als sei es eine übermenschliche Anstrengung öffnete sie ihre Augen und blickte auf ihre Tochter. Sie brachte nur ein schwaches Murmeln über ihre Lippen. Olivia versuchte, zu verstehen, was sie sagen wollte. Es war ihr nicht möglich.

„Streng dich nicht an, Mama. … Ich bin da. … Du musst nichts sagen. Entspann dich und lass dich ein wenig von mir streicheln“. Entschlossen lächelte sie ihrer Mutter zu.

Sofies Versuch zurückzulächeln, scheiterte; dafür zwinkerte sie ihrer Tochter dankbar zu. Olivia verstand. Es war alles gesagt.

Sie hielt ihre Hand, streichelte ihre Wange und betete. Sie bat ihre Ahnen, ihre Mutter an der Schwelle, an der diese nun stand, abzuholen, sie bat für sie um einen leichten Übergang vom Diesseits ins Jenseits.

Sie sah ihren Vater hinter ihren geschlossenen Augen. Klar und deutlich stand er vor ihr und lächelte sie gütig an. In ihren Gedanken erschienen die Worte: *Sorg dich nicht, meine liebe Tochter. Ich und all die anderen ihrer Familie holen sie ab. Sie ist gut aufgehoben bei uns.* Olivia zitterte leicht vor Rührung. Verstohlen schlich sich eine Träne über ihre Wange. *Danke, Papa. Wenn sie bei euch ist, gib mir bitte ein Zeichen. … Ich freu mich so, dass ihr beide bald wieder zusammen seid. Ich liebe Euch.* Als sie ihn nochmals ansah, erblickte sie eine muntere Leni an seiner Hand. Ihr wurde heiß vor Dankbarkeit und Wehmut.

Eine Weile blieb sie noch unbeweglich sitzen. Dann öffnete sie langsam die Augen. Sofies Atem ging plötzlich schneller. Erstaunt beobachtete Olivia, was mit ihrer Mutter vor sich ging. Sofie hatte die Augen weit geöffnet, aber nicht starr und erschrocken, sondern voller Freude und Glück. Sie strahlte regelrecht! Voller Liebe blickte sie ihre Tochter an, drückte mit erstaunlicher Kraft deren Hand und atmete ein letztes Mal tief und erleichtert ein … und sehr lange wieder aus. Ihre Lider senkten sich, ihr Körper erschlaffte und mit einem Ausdruck absoluten Friedens im Gesicht war sie bei ihrem Alfredo angekommen.

Fasziniert spürte Olivia, wie es im Zimmer augenblicklich ein wenig heller und wärmer wurde. Ein überwältigendes Gefühl von Liebe durchströmte sie. Völlig ruhig schaute sie sich im Zimmer um, als suche sie jemanden. Auch wenn keiner zu sehen war, so wusste sie in ihrem Herzen, dass dies ein letzter Gruß ihrer Lieben an sie war. Bewegt grüßte sie zurück „Macht's gut. … Und wenn's für mich an der Zeit ist, komm ich nach.“

Im weitläufigen Park des Krankenhauses setzte sie sich auf eine Bank am Ententeich. Es waren kaum andere Spaziergänger unterwegs. Die Dämmerung hatte eingesetzt und es war kühl. Dennoch störte es Olivia nicht im Geringsten. Das Wetter machte ihr schon längst nichts mehr aus. Sie genoss die Idylle und den Frieden der Natur. Nachdenklich ließ sie ihren Blick über den Weiher schweifen.

Ganz sachte schob sich Annis Bild in ihre Gedanken. Freundlich schaute die Alte auf sie und ihr war, als würde sie deren Hand anerkennend auf ihrer Schulter spüren. *Hast du gut gemacht, Kindchen*, hörte sie Anni sagen. Dankbar über diesen Zuspruch antwortete Olivia: *Danke, Anni. Ohne dich wäre das nicht möglich gewesen. Gut, dass du mich heimgeschickt hast, sonst wäre ich zu spät gekommen. … Als hättest du es wieder mal gewusst!* Bei diesem Gedanken musste sie unwillkürlich schmunzeln.

Olivia machte sich noch am selben Abend auf den Weg zu Tante Luise. Sie musste ihr unbedingt persönlich die Nachricht von Sofies Tod überbringen. Obwohl sie die Kraft ihrer Ahnen in sich spürte, war es keine leichte Aufgabe, die sie vor sich hatte. Sie wusste, wie sehr Luise an ihrer kleinen Schwester hing. Olivia bat den Geist ihrer Mutter, schon mal ein paar helfende Boten vorauszuschicken, damit es für sie nicht ganz so schwer werden würde.

Tatsächlich war Luise wesentlich gefasster, als erwartet.

„Weißt du, Olivia, du magst mich für verrückt erklären, aber letzte Nacht war mir, als wäre Sofie schon einmal kurz bei mir gewesen und hätte mich auf den Abschied vorbereiten wollen. Ich war traurig und hab geweint, aber ich wusste, dass es ihr gut geht dabei. Und so wollte ich ihr nicht mit meinem Schmerz im Weg stehen. … Ich weiß, dass sie jetzt frei ist, … aber es tut trotzdem schrecklich weh!“ Luise wollte stark sein, aber nun drängten dennoch die Tränen aus ihr heraus.

„Ja, Tante, mir wird sie auch fehlen, wo ich sie doch gerade erst gefunden habe. Aber ich glaube, sie ist mir jetzt noch näher, als je zuvor.“ Olivia war überzeugt, von dem, was sie sagte.

Eine Zeitlang saßen sie auf dem weichen Sofa in Luises Stube beieinander und hielten sich an der Hand. Immer wieder schluchzte die Tante kurz auf, beruhigte sich jedoch gleich darauf wieder. Olivia bot ihr an, die Nacht über bei ihr zu bleiben, falls sie nicht allein sein wolle.

„Lieb von dir, aber das ist nicht nötig. … Im Übrigen fühl ich mich gar nicht alleine. Verstehst du das?“ Luise blickte sie mit ihren feuchten Augen an. Trotz der Trauer darin, sah Olivia dort auch Stärke und Zuversicht.

„Ja, das versteh ich. So geht’s mir auch.“

Bevor Olivia sich verabschiedete, besprachen sie noch kurz die notwendigen Erledigungen der nächsten Tage. Keine von beiden fühlte sich damit überfordert. Es war eben einfach so. Am folgenden Vormittag würde sie mit Luise zu Sofies Häuschen fahren, um die Papiere zu ordnen und die Auflösung ihres Hab und Guts zu veranlassen. Sie musste unbedingt heute Abend noch Margret anrufen, um sich für die nächsten drei Tage zu entschuldigen. Die Zeit bis zur Beerdigung wollte sie mit Luise und Manuel verbringen.

Oh Gott, Manuel, schoss es ihr plötzlich durch den Kopf. *Der macht sich bestimmt schon Sorgen, wo ich bleibe. Er weiß ja noch nichts.* Fast hatte sie ein schlechtes Gewissen, dass es ihr den ganzen Tag über nicht in den Sinn gekommen war, ihn wenigstens anzurufen. Nervös startete sie ihren Wagen und fuhr nach Hause.

5

Manuel hatte ihre Heimkehr schon unruhig erwartet. Er hatte keine Ahnung, wo Olivia den ganzen Nachmittag und Abend gewesen war. Nachdem er sie weder auf dem Gnadenhof noch auf ihrem Handy erreichte, hatte er sich große Sorgen gemacht.

Als sie dann am späten Abend die Wohnung betrat, war er sich nicht sicher, ob er nun wütend oder erleichtert sein sollte. Da bemerkte er ihren entrückten Ausdruck im Gesicht. Es musste etwas vorgefallen sein. Sofort war er bei ihr.

„Schatz, was ist denn passiert? …Du siehst erschöpft aus. Setz dich erst mal. …Soll ich dir einen Tee bringen oder was zu Essen?“, bestürmte er sie.

Olivia hob abwehrend die Hände. „Nein, ist schon okay, danke. Ich will mich einfach nur setzen und die Beine hochlegen. Es war ein langer Tag. … Ich muss dir was Wichtiges sagen … meine Mutter ist heute gestorben! …“, und so erzählte sie von Sofies Tod und wie bewegend all das für sie war.

Manuel machte einen irritierten Eindruck. Beinahe ängstlich musterte er seine Frau, als suche er nach Anzeichen eines Zusammenbruchs oder seelischer Erschöpfung. Offensichtlich waren die Erinnerungen an Lenis

Tod und die anschließende Leidenszeit noch zu lebendig in ihm.

Vorsichtig tastete er sich vor und erkundigte sich nach ihrem Befinden.

Erschöpft und müde lehnte sich Olivia im Sessel zurück. Nachdenklich blickte sie ihn an. „Mir geht's gut, Manuel. Du musst dich nicht sorgen um mich. Es war wunderschön, wie friedlich Mama von dieser Welt gehen durfte. Ich bin sehr dankbar dafür."

Manuel schüttelte ungläubig den Kopf. „Also mit dieser Gefasstheit hätte ich bei dir nicht gerechnet. Du erstaunst mich täglich aufs Neue, Olivia. Langsam machst du mir beinahe Angst."

„Wieso das denn?", fragte sie verwundert.

„Ich weiß nicht, wie ich es sagen soll, aber seit du von diesem Berg zurück bist, gehst du mit den Dingen so gelassen und stark um. Das kenn ich an dir gar nicht. Ich warte eigentlich immer noch darauf, dass du Schwäche zeigst und Trost bei mir suchst – so wie früher." Seine Stimme klang wehleidig.

Überrascht hob Olivia den Kopf. „Aber früher wolltest du doch immer, dass ich selbstbewusster werde und mehr Verantwortung übernehme in meinem Leben!", rief sie aus.

Er zögerte die Antwort hinaus. Der Verlauf des Gesprächs war ihm unangenehm. „Ja, … schon. Aber … wie du all das trägst! Neuer Job, neuer Lebensmut und nun auch noch der Tod deiner Mutter! – Das ist beinahe schon übermenschlich!", versuchte er seine Unsicherheit zu verbergen.

Er rückt nicht mit der Sprache raus!, überlegte Olivia. Sie beschlich die Ahnung, dass es ihm um etwas ganz anderes ging. Prüfend schaute sie ihn an, bevor er verlegen die Augen senkte. Unvermittelt verstand sie, was in ihrem Mann vor sich ging. Er fühlte sich plötzlich schwach neben ihr! *Ja, das ist es. Solange ich schwächer war, konnte er sich stark und männlich fühlen. Er konnte sich um mich kümmern und fühlte sich gut dabei. Solange musste er nicht auf seine eigenen Schwächen schauen.* Sie wusste nicht, ob sie ihn bedauern sollte oder wachrütteln.

„Aber Manuel, du müsstest doch froh darüber sein, dass ich diese Stärke in mir entdeckt habe. Jetzt hast du endlich die Frau an deiner Seite, die du dir immer gewünscht hast – jedenfalls hast du früher davon gesprochen. Du wolltest eine Partnerin, die ebenbürtig und selbstbewusst mit dir durchs Leben geht. Ich verstehe nicht, wo nun das Problem ist. … Hast du etwa Angst, ich könnte dir über den Kopf wachsen und plötzlich Seiten an dir entdecken, die mir früher nicht aufgefallen sind?" Bewusst forderte sie ihn heraus.

Eigentlich hatte sie keine Lust, nach diesem schicksalhaften Tag mit ihm über so etwas zu diskutierten. Aber möglicherweise war genau jetzt der Zeitpunkt dafür.

Manuel blickte betreten drein. Er fühlte sich ertappt und das war ganz und gar nicht das, was er heute gebrauchen konnte. Er hatte derzeit genug Unannehmlichkeiten am Hals. Aber davon wusste sie nichts! Also winkte er einfach das Gespräch ab, bevor es noch mehr ans Eingemachte gehen würde. „Lassen wir das, Schatz. Du hast heute schon genug hinter dir, als dass du dir noch über derartige Banalitäten den Kopf zerbrechen solltest. … Bei mir ist alles in Ordnung. Im Gegenteil: Ich freue mich, dass du so tapfer und lebensfest geworden bist. … Sag mir lieber, ob ich dir bei irgendetwas helfen kann. Der Tod deiner Mutter bringt doch eine Menge an Organisatorischem mit sich."

Sie wurde aus ihm nicht schlau. Zuerst machte er so ein Aufhebens um ihre innere Veränderung und jetzt lenkte er einfach ab. Aber er hatte recht: Es gab im Moment Wichtigeres zu besprechen. Und so gingen sie an diesem Abend die nötigen Abläufe für die Beerdigung und Wohnungsauflösung durch. Er versprach, sich um die Versicherungen und den anderen amtlichen Schreibkram zu kümmern, worüber sie sehr erleichtert war. Sie würde sowieso am nächsten Tag mit Tante Luise in Sofies Häuschen fahren, um die Papiere zu ordnen und sich Gedanken über den ganzen Hausstand und einen eventuellen Hausverkauf zu machen.

Da fiel Manuel noch eine Bemerkung ein. „Du bist doch sicherlich Alleinerbin oder hat Sofie ein Testament gemacht?"

Über ein Testament hatte sie noch gar nicht nachgedacht. Außer ihr und Luise gab es keine weiteren Verwandten ihrer Mutter. Das Haus, in dem Sofie lebte, hatte sie von ihrem verstorbenen Ehemann Hermann geerbt und soweit sie wusste, war auch ein kleines Vermögen damals an sie übergegangen.

„Um ehrlich zu sein, hab ich keine Ahnung, ob Mama was niedergeschrieben hat. Aber ich sprech morgen mit Tantchen darüber. Du könntest ja auch Mutters Anwalt anrufen. Unter Kollegen gibt er dir sicher Auskunft, ob sie mit ihm Vereinbarungen getroffen hat."

Er nickte zustimmend. Somit war für den Moment alles besprochen.

Sie gingen früh zu Bett. Olivia hatte Schlaf dringend nötig. Erst als sie dick eingemummelt unter der Bettdecke lag, spürte sie die Erschöpfung. Lange sprach sie noch in ihren Gedanken mit ihrer Mutter. Auch ihr Vater und Leni tauchten vor ihrem inneren Auge wieder auf. Kurz bevor sie einschlief, fühlte sie sich von allen fest umarmt und gedrückt. Es war alles gut, wie es war.

In dieser Nacht träumte sie intensiv. Anni war bei ihr und teilte ihr mit, dass eine große Zeit des Umbruchs für sie bevorstand. Sie saßen beim Abendessen in der Hütte und Olivia spürte deutlich, dass die Alte wichtige Nachrichten für sie hatte. Anni zauberte aus dem Nichts eine Filmleinwand über den Tisch und zeigte auf die Bilder, die darauf zu sehen waren. Sie sah das Haus ihrer Mutter und sie selbst ging wie selbstverständlich dort ein und aus. Es hatte sich nicht viel verändert, außer dass ihr Namensschild an der Haustür klebte und der Garten mit Kräutern und Gemüse bepflanzt war. Dann wechselte schlagartig die Szenerie und sie sah ein Baby in einem Kinderwagen. Manuel kam dazu und zeigte auf das Kind. Sie konnte nicht erkennen, ob er glücklich dabei war. Allerdings stand Anni neben ihr und nahm sie bei der Hand. Sie empfand es als Trost, wusste jedoch nicht, wofür er nötig war. Schon war auch diese Szene vorüber und sie befand sich auf einer großen Reise, wohin, wusste sie nicht. Nur, dass sie am Ende eine Geige in Händen hielt.

6

Manuel war weg, als sie am nächsten Morgen erwachte. Kein Wunder, es war bereits acht Uhr – später als ihr lieb war. Sie hatte sich für neun mit Luise an Mutters Haus verabredet.

Noch bevor sie die Decke zurückschlug, fiel ihr der Traum von vergangener Nacht wieder ein. Hauptsächlich das Baby war ihr deutlich in Erinnerung geblieben. Sie war sich sicher, dass es sich um einen Jungen handelte und er sah Manuel sehr ähnlich. Würden sie etwa nochmals ein Kind bekommen? Sie spürte, wie dieser Gedanke sie elektrisierte. Ein leichtes Zittern lief durch ihren Körper und sie war erstaunt über die gemischten Gefühle, die es in ihr hinterließ. Zweifelsohne war eine Schwangerschaft nicht ausgeschlossen. Sie hatten die letzten Tage nicht verhütet. Wozu auch? Schließlich waren sie verheiratet.

Die Zeit drängte und sie musste sich beeilen, um noch zu duschen und ein kurzes Frühstück zu sich zu nehmen.

Kurz nach neun schloss Luise das Haus ihrer verstorbenen Schwester auf. Sie hatte sich bewusst nicht schwarz gekleidet. „Das hätte Sofie nicht gefallen", meinte sie. Olivias Herz klopfte heftig, als sie die drei Stufen zur Haustür hinaufschritt. Es kam ihr vor, als würden sie in die Vergangenheit führen. Vor wie vielen Jahren war sie das letzte Mal hier gewesen? Sie konnte sich nicht erinnern. Allerdings wusste sie noch genau, wie alles eingerichtet war und wo Mutter ihren Schreibtisch stehen hatte. Auch das andere Mobiliar stand am selben Platz, an dem es schon immer stand. Sofie hatte nie etwas verändert.

Ein merkwürdiges Gefühl beschlich Olivia, als sie die Treppe hoch zu ihrem Kinder- und Jugendzimmer stieg. Was Sofie dort wohl eingerichtet hatte, nachdem Olivia damals ausgezogen war? Langsam öffnete sie die Tür und stand fassungslos auf der Schwelle zu ihrem früheren Reich. Es sah aus, als wäre sie gerade nur kurz aus dem Haus gegangen. Alles war genau so, wie sie es damals zurückgelassen hatte. Ihr Jugendstilbett, die mit Comicbildern beklebte Kommode, ihr Kleiderschrank, der viel kleiner wirkte, als damals, und vor allem ihren Spiegeltisch, auf dem sie ihre ersten Kosmetika verteilt hatte. Selbst die Poster ihrer Lieblingsstars hingen noch an der Wand!

Olivia hatte nicht bemerkt, dass Luise hinter sie getreten war und ebenso betreten in das Zimmer blickte wie sie selbst.

„Oh, das habe selbst ich nicht gewusst", rief Luise erstaunt aus. „All die Jahre hat sie nie jemanden in dein Zimmer gelassen. Ich habe mich oft gefragt, weshalb."

Olivia bekam eine Gänsehaut, nachdem sie die oberste Schublade ihrer Kommode geöffnet hatte. Dort lagen die Briefe, die ihr Vater Alfredo an sie geschrieben hatte; fein säuberlich sortiert und mit einem roten Band zusammengebunden. Ihre Mutter musste sie dort deponiert haben, in der Hoffnung, Olivia würde sie eines Tages finden. Zaghaft nahm sie die leicht vergilbten Umschläge auf und las die klare Handschrift ihres Vaters. Alle Briefe waren an sie persönlich adressiert und auf jedem war sein Absender deutlich zu lesen, so als hoffe er, Antwort von ihr zu bekommen. Ihre Augen füllten sich mit Tränen und ein scharfer Stich schmerzte in ihrer Brust.

Tröstend umfasste Luise sie von hinten. „Mein Liebes, lies sie in Ruhe. Ich werde solange unten im Schreibtisch Ordnung schaffen. Einverstanden?"

Olivia nickte still.

In den nächsten zwei Stunden las sie alles über das Leben ihres Vaters.

Ausführlich berichtete er über all die Jahre, nachdem er in die Staaten zurückgekehrt war. In sauberer Handschrift schrieb er über seine Familie, seine zahlreichen Berufswechsel, die er offensichtlich öfter hatte, als seiner Mutter lieb war, darüber, wie er ständig versuchte, Fuß zu fassen, aber es nicht so recht gelingen wollte, seine Liebe zu Tieren, die er tatsächlich in späteren Jahren zu seinem Beruf machte: Er wurde Tiertrainer in einem kleinen Filmstudio! Olivia kribbelte es bei diesen Worten den Rücken hinab. *Von dir hab ich das also!*, dachte sie glücklich. Auch erzählte er von der Zeit, die er mit Sofie verbrachte und dass sie die große Liebe seines Lebens war und blieb. Er hatte ihr längst verziehen, dass sie ihm damals nicht gefolgt war. Er konnte ihre Angst vor ihrem Vater gut verstehen. Er machte sogar sich selbst den Vorwurf, dass er sie nicht einfach zu sich geholt hatte – es fehlte ihm an Mut.

Bei seinen letzten Briefen schien er überglücklich gewesen zu sein. „Wie froh bin ich, dass du einen guten Ehemann gefunden hast und wie mir deine Mutter erzählte, erwartet ihr euer erstes Kind. … Ich werde also Opa! Wie wunderschön! … Ich bin so stolz auf dich, meine süße Kleine, wie es ein Vater nur sein kann. Wie gerne wär ich jetzt bei dir …“

Während der ganzen Zeit wechselte Olivias Stimmung zwischen Weinen und Lachen. Die Briefe lagen verstreut auf dem Bett. Langsam begann sie, Blatt für Blatt wieder ordentlich zu falten und in das jeweilige Kuvert zu stecken. Zum Schluss band sie die rote Schleife wieder um den kleinen Stapel und drückte ihn wie einen wertvollen Schatz an ihre Brust. Es war ihr, als säße ihr Vater neben ihr und hätte ihr all die Worte aus seinen Briefen soeben ins Ohr geflüstert. Wunden, die ein Leben lang in ihr blutend schmerzten, waren auf einen Schlag heil. Die Wärme und Liebe seiner Zeilen hatten dieses Wunder in kürzester Zeit vollbracht.

Wie in Trance verließ sie mit der schriftlichen Kostbarkeit ihr altes Zimmer und ging hinab zu Tante Luise.

Sie fand sie an Sofies Schreibtisch. Auch Luise war gedankenverloren in das Lesen einiger Schriftstücke vertieft. Als Olivia zu ihr trat, zuckte sie kurz zusammen und lächelte ergriffen.

„Na, Liebes, hast du Antworten auf deine Fragen gefunden?“ Als Olivia glücklich nickte, fuhr sie fort: „Auch mir hat deine Mutter einige Überraschungen hinterlassen. Sie hat Tagebuch geführt. Darin hat sie öfter als ich es je vermutet hätte über mich und unser geschwisterliches Verhältnis geschrieben. Stell dir vor: Jede Situation, in der ich ihr mal geholfen habe, hat sie darin aufgeführt. Und stets hat sie betont, dass sie nicht wüsste, was sie ohne mich all die Jahre gemacht hätte! Mir war nie bewusst, wie sehr sie mich tatsächlich geliebt hat. Ist das nicht wundervoll?" Luise kämpfte mit ihrer Fassung. Da griff sie nach einem Videoband, welches neben einem Stapel Schriftstücke auf dem Schreibtisch lag. „Schau, das ist für dich."

Unsicher nahm Olivia das Band entgegen. Darauf stand: *Von Alfredo für Olivia.* Der von Sofie erwähnte Film über die Familienfeier ihres Vaters! „Wie schön! Danke!", flüsterte sie ergriffen.

Im Laufe des Tages fanden sie noch manch wertvolles Stück aus dem Besitz ihrer Mutter. Bei jedem einzelnen besprachen Luise und Olivia, was damit geschehen sollte. Letztlich blieben noch die Möbel und das Haus.

Luise hatte plötzlich einen spitzbübischen Ausdruck im Gesicht. „Wieso zieht ihr beiden denn nicht einfach hier ein? Dieses Haus gehört doch sowieso dir – davon gehe ich jedenfalls aus."

Olivia stand mitten in der Küche. Sie war gerade dabei, sich eine Tasse Tee einzuschenken, als ihr beinahe die Kanne aus der Hand gerutscht wäre. Was hatte ihre Tante da soeben vorgeschlagen? *Manuel und ich sollen hier einziehen? Wieso bin ich da nicht selbst schon draufgekommen?*

„Meine Güte, das ist *die* Idee! Hier hätte ich alles, was ich mir immer gewünscht habe: Einen Garten, meine eigenen vier Wände und Ruhe. Gleich heute Abend spreche ich mit Manuel darüber." Sie war voller Enthusiasmus und zweifelte keine Sekunde daran, dass dies auch für ihn ein guter Vorschlag wäre.

Manuel teilte ihr am Abend mit, dass Sofie kein Testament bei ihrem Anwalt hinterlegt hatte und sie somit Alleinerbin sei. Im Gegenzug erzählte sie ihm von Luises Idee.

„Wäre es nicht wunderschön, dort zu leben? Außerdem wäre es doch ein perfekter Ort, um ein Kind großzuziehen, meinst du nicht?“ Sie staunte selbst über ihren Vorschlag. Seit Lenis Tod hatte sie keine Sekunde an ein weiteres Kind gedacht, erst ihr Traum hatte eine Veränderung bewirkt. Nun schien plötzlich nichts mehr dagegenzusprechen – im Gegenteil: Sie war überzeugt, dass dies genau der richtige Schritt sei.

Irritiert blickte Manuel seine Frau an. Hinter seiner Stirn schien es mächtig zu arbeiten. *Wieso schaut er denn so verwirrt? Ist es wegen dem Haus oder wegen des Kindes?*, überlegte Olivia. „Was? ... Was ist denn?“, hakte sie nach.

„Äh, ... nichts. Ich bin nur überrascht, von dir diesen Vorschlag zu hören. Ich wusste gar nicht, dass du über ein Kind nachdenkst“, gab er zu.

„Stimmt, hab ich auch noch nicht so lange. Aber ich hatte kürzlich diesen Traum von dem Baby und da hab ich mir gedacht, ... vielleicht war es ein Zeichen.“ Unsicher lächelte sie ihn an.

Er schwieg und schien nachzudenken. Etwas schien ihn zu beschäftigen. Ihr war, als wolle er eine Erklärung abgeben, überlegte es sich aber wohl anders und nickte schließlich zögernd.

„Wieso eigentlich nicht, Schatz. Sofies Haus ist gut in Schuss. Ein paar Kleinigkeiten müssten wir noch modernisieren, aber im Großen und Ganzen... und mit dem Gedanken an ein Kind könnte ich auch leben.“ Während er sprach, hellte sich seine Miene ein wenig auf und er grinste zuversichtlich.

Erleichtert sprang sie ihm an den Hals. „Danke! Wie schön! Jetzt fangen wir ganz neu an, ja?“

Für sie war seine Entscheidung ein Beweis dafür, dass ihre Ehe gerettet war. Sie hatten einen neuen, gemeinsamen Weg gefunden. Sie war dabei in ihrem Leben Fuß zu fassen und trotz ihrer Trauer über Sofies Tod blickte sie optimistisch in die Zukunft.

Das leise Flüstern dieser warnenden Stimme in ihrem Innern überhörte sie.

7

Der Tag der Beerdigung war schwerer, als Olivia erwartet hätte. Am Grab stehend kamen alte Erinnerungen zurück. Den Zeiten, in denen sie ihre Mutter verachtet hatte, standen Dankbarkeit und Verständnis gegenüber. Sie hatte die Beweggründe für Sofies Handlungen in der Vergangenheit verstehen gelernt. Mitgefühl für Sofies Schwächen und Liebe für deren Stärken erfüllten sie. Sie fühlte sich im Einklang mit der mütterlichen Seite in sich und der Kampf in ihr hatte sein glückliches Ende gefunden. Um so trauriger machte sie die Erkenntnis, dass sie gerade jetzt, wo sie sich ihr so nahe fühlte, nichts mehr mit ihr gemeinsam unternehmen konnte. Zwar sprach sie täglich in Gedanken mit ihr, dennoch fehlten ihr die persönlichen Kontakte. Gerne hätte sie die verlorene Zeit nachgeholt.

Nun, da die Turbulenzen und Aktivitäten der letzten Tage ihren Abschluss fanden, kam sie innerlich zur Ruhe und bemerkte, wie sehr Sofies Tod sie schmerzte. Trotz allem war sich Olivia sicher, dass sie ihrer Trauer Raum und Zeit würde geben können, ohne sich dabei wieder zu verlieren. Diese Gewissheit schenkte ihr Trost.

Ebenso tröstend empfand sie die Tatsache, dass überraschend viele Bekannte und Nachbarn auf Sofies letztem Weg erschienen waren. Olivia hatte keine Ahnung, dass ihre Mutter so viele Kontakte gepflegt hatte. Erstaunlicherweise standen auch Olivias frühere Freundinnen und Bekannte am Grab. Manch eine hatte sich während der Trauerzeit um Leni von ihr zurückgezogen. Nun waren sie jedoch hier und begleiteten sie geschlossen zur kleinen Kapelle, um Olivia dort ihr Beileid auszusprechen. Dankbar nahm sie die Kondolenzen entgegen. Zu manch einer Freundin empfand sie jedoch eine seltsame Distanz, als hätten die Ereignisse sie einander entfremdet. Insgeheim beschloss sie, die ein oder andere in nächster Zeit anzurufen und den Kontakt wieder aufzubauen.

Schon zu den Renovierungsarbeiten und später dann zum Umzug kamen Freunde vorbei, um Hilfe anzubieten. So gingen die Arbeiten schneller voran, als Manuel und Olivia erwartet hätten. Die Stimmung untereinander war ausgelassen und fröhlich und zum Abschlussfest war jeder stolz über die gelungene Leistung, die sie gemeinsam vollbracht hatten. Das Häuschen erstrahlte in neuem Glanz. Selbst die Hauswand hatte einen frischen Anstrich erhalten. Das Frühjahr neigte sich dem Ende. In den wärmenden Sonnenstrahlen erledigten sie die letzten Maler- und Umzugsarbeiten.

Auf der Terrasse hatte Olivia bereits ihre ersten Setzlinge für den Garten deponiert. Im Kopf hatte sie eine genaue Vorstellung davon, wo sie das Gemüsebeet und den Kräutergarten angelegen würde. Schon in den kommenden Tagen musste sie mit den Anpflanzungen beginnen, damit es nicht zu spät wäre. Außerdem kämen unbedingt Tulpen ums Haus herum. Ihre Lieblingsblumen! In der Zeit der Tulpenblüte hatten sich in der Vergangenheit die größten Wendepunkte in ihrem Leben ereignet. Bald wäre es wieder soweit und insgeheim fragte sich Olivia, was wohl dieses Jahr an Überraschungen bringen würde. Es konnte nur Gutes sein. Vielleicht die gewünschte Schwangerschaft? Sie hatte ihrem Leben eine neue Richtung gegeben und die, darüber war sie sich gewiss, zeigte ins Positive.

In den letzten Wochen meditierte sie immer seltener. Es gab einfach zu viel zu tun, als dass sie sich die tägliche halbe Stunde dafür hätte nehmen können. Und wenn sie zwischendurch Zeit hatte, geriet ihre innere Zwiesprache meist in Vergessenheit. Auch mit Anni suchte sie kaum den geistigen Kontakt. Sobald es ruhiger werden würde, wollte sie wieder mit ihren Übungen und Annis Lektionen beginnen – das nahm sie sich fest vor.

Sie bemerkte nicht, wie ihre bei der Alten erworbene Achtsamkeit und Sensibilität langsam aber sicher wieder abstumpften. Sie nahm auch ihren vordem so intensiven Spürsinn und ihre Intuition kaum mehr wahr. Das alles geschah schleichend und unauffällig. Der Alltag nahm sie abermals so sehr in Beschlag, dass ihr die Rückschritte in ihr früheres Verhalten nicht bewusst wurden. Nach all den anstrengenden Wochen wollte sie einfach nur ihr Leben genießen und den Schwung in eine neue Richtung voll und ganz nutzen. Ihre Zukunft sah rosarot aus – alles lief bestens.

Hin und wieder, wenn sie sich einen Moment zurücklehnen konnte, vermisste sie die Zeiten des Rückzugs und der Besinnung, die ihr Klarheit und Ruhe beschert hatten. Dann versuchte sie sich schnell einzureden, dass auch dazu bald wieder Zeit genug wäre.

Sie vergaß sogar, was Anni ihr eindringlich nahegelegt hatte: *Egal wie viel zu tun ist, nimm dir täglich Zeit für die Stille. Ohne die innere Zwiesprache und das Üben deiner geistigen Lektionen bist du schneller wieder dort, wo du angefangen hast. Und glaube mir, dieses Zurückfallen in alte Gewohnheiten und Muster schmerzt dich dann mehr, als je zuvor. Denn dir wird klar sein, dass du nicht mangelnden Wissens wieder auf der Nase gelandet bist, sondern mangelnder Disziplin. Du kannst dann nicht mehr behaupten, du hättest es nicht besser gewusst!*

Diese und all die anderen Lektionen waren wegen der vielen Erledigungen in letzter Zeit in Vergessenheit geraten. Olivia war der Überzeugung, dass die stabile Basis in ihr stark genug sei, um eine vorübergehende Übungspause gut zu verkraften. Außerdem gab es ja derzeit keine Probleme, die sie lösen müsste. Wozu dann üben, wenn doch alles so gut lief? Dass Anni sie auch in diesem Punkt anderes gelehrt hatte, blendete sie einfach aus.

Dies hätte sie besser nicht getan, dann wären ihr die heranziehenden dunklen Wolken an ihrem rosaroten Himmel sicherlich schon früher aufgefallen.

8

In den folgenden Tagen ging sie halbtags ihrer Arbeit auf dem Gnadenhof nach und die restliche Zeit kümmerte sie sich um ihren Garten. Zwischen ihr und Margret war eine innige Freundschaft entstanden. Täglich erstattete Olivia ihr Bericht, welche Kräuter und Gemüsesorten sie anpflanzte. Auch Margret kannte sich offensichtlich gut mit der Kräuterheilkunde aus und so fachsimpelten sie regelmäßig über ihr Wissen.

Eines Abends saßen sie nach der Arbeit noch ein Weilchen in der Abendsonne auf einer Holzbank im Hof. Olivia hatte ausnahmsweise länger gearbeitet. Es war ihnen schon zur Gewohnheit geworden, sich gegenseitig Abschnitte aus ihrem Leben zu erzählen. Unter anderem berichtete Olivia auch ausführlich über die Monate im Wald bei Anni und was sie alles bei ihr lernen durfte; zunächst hauptsächlich die Kräuterlehre. Erst nachdem das Vertrauen zu Margret gewachsen war, sprach sie auch von der geistigen Schule, die sie bei Anni durchlaufen hatte. Die Freundin hörte ihr aufmerksam zu. Schweigsam betrachtete sie Olivia, während diese über ihre Erlebnisse und Erfahrungen sprach.

Etwa eine Stunde später endete Olivia mit ihrem jetzigen Neubeginn in ihrem Leben und betonte, wie glücklich sie jetzt sei. Nachdenklich blickte Margret auf die große Eiche, die mitten im Hof übermächtig ihre frisch grünenden Äste in den Himmel streckte. Olivia beobachtete sie dabei von der Seite. Zum ersten Mal, seit ihrer ersten Begegnung mit Margret, fiel ihr auf, wie ähnlich ihre neue Freundin ihrer Lehrerin war. Sicherlich nicht im äußeren Erscheinungsbild, denn Margret war im Gegensatz zu Anni groß und stämmig. Nein, es war die aufmerksame Art und Weise, mit der sie ihre Arbeit und alles andere vollbrachte, die Ruhe und innere Stärke, die sie ausstrahlte. Olivia fühlte sich immer mehr zu ihr hingezogen. Da war etwas Besonderes, was sie miteinander verband. Eine Art Seelenverwandtschaft.

Neugierig wartete Olivia darauf, dass Margret ihr ihre Gedanken mitteilte. Diese ließ sich Zeit, bevor sie zu sprechen begann. *Genau wie Anni,* dachte Olivia.

„Ich danke dir, Olivia, dass du mir so großes Vertrauen entgegenbringst. Ich habe schon lange niemanden mehr wie dich kennengelernt. Sicher, da gibt es einen kleinen

Freundeskreis, mit dem ich gerne meine Freizeit verbringe, aber ebenso genieße ich die Stille hier auf dem Hof mit meinen Tieren. Das Wundervolle ist, dass mein Freundeskreis meine Art zu leben und zu denken akzeptiert, auch wenn sie aus unterschiedlichsten Schichten kommen. Aber was uns alle miteinander verbindet, ist der feste Glaube an eine größere Kraft und die Überzeugung, dass jeder von uns eine ganz besondere, individuelle Aufgabe in seinem Leben hat. Nicht, dass wir Hobbyesoteriker wären", Margret lachte herzhaft bei dieser Vorstellung. Auch Olivia musste schmunzeln. „Nein, wir suchen einfach nur unseren Weg. Nichts Besonderes also." Gelassen zuckte sie mit den Schultern. „Nun ja, jeder muss seinen eigenen Weg finden und gehen, nicht wahr? Das Leben führt dich immer nur zu dir selbst. Und das kann ganz schön wehtun."

Olivia hatte ihr aufmerksam zugehört. Während Margret sprach, begann ihr Herz laut zu klopfen, ohne dass sie den Grund dafür erkennen konnte. War es, dass ihr hier, auf diesem Hof, an völlig unerwarteter Stelle, schon wieder ein Mensch begegnete, der dieselben Überzeugungen lebte, die sie von Anni gelernt hatte? Oder war es, dass diese Begegnung sie wieder an sie selbst erinnern wollte, an ihre eigentliche Aufgabe, von der sie sich in letzter Zeit entfernt hatte, die Aufgabe, nach ihrem Lebensinhalt zu suchen?

„Was hat dich denn zu diesen Erkenntnissen und dieser Art zu leben gebracht, Margret?", fragte sie interessiert.

„Oh, das ist mit kurzen Worten beschrieben. Ich war früher an der Firmenspitze eines großen Unternehmens. Das Leben einer Managerin gab mir alles, wonach ich suchte: Anerkennung, Geld, Karriere, Abwechslung und permanente Herausforderungen, die ich lösen wollte. Daneben war ich noch verheiratet mit einem ebenso erfolgreichen Mann und ließ unsere beiden Kinder von einer Nanny erziehen. Das Geld dazu hatten wir ja. Eines Tages warf es mich völlig überraschend aus der Bahn – Nervenzusammenbruch. Der kam für mich aus heiterem Himmel. Ich war schließlich Stress gewohnt und bemerkte nicht, wie er mich auffraß." Für einen kurzen Augenblick hielt sie inne, wohl um sich die Bilder wieder in Erinnerung zu rufen. „Kurz darauf stellten die Ärzte einen Hirntumor bei mir fest. Kurz und gut, in den darauffolgenden Monaten, zwischen Krankenhaus und Therapiezentren, hatte ich viel Zeit, über mich und mein Leben nachzudenken. Mir wurde klar, dass ich komplett an mir vorbeilebte. Schockiert über mich selbst musste ich feststellen, dass ich weder meine Kinder, noch meinen Mann richtig kannte. Als ich geheilt und wieder zu Hause war, warf ich alles um. Ich übernahm die Erziehung meiner beiden Kleinen wieder selbst, besuchte einen Meditations- und Yogakurs und las Bücher über Selbstfindung und Spiritualität. Meinem Mann wurde das irgendwann zu mystisch und er verschwand mit seiner Sekretärin. Kurze Zeit später lernte ich den Besitzer dieses Hofes kennen und lieben und so begann mein Leben hier mit den Tieren. Bernd hab ich ein Jahr später geheiratet. Das ist nun über zwanzig Jahre her und ich habe es nie bereut. Den Frieden, den ich hier fand, habe ich immer gesucht – ich wusste es nur nicht. Meine Kinder sind inzwischen erwachsen und leben ihr eigenes Leben. Aber nach wie vor kommen sie mich gerne besuchen und auch der Kontakt zu ihrem Vater ist Gott sei Dank nie abgebrochen. Mein zweiter Mann, Bernd, ist leider vor zwei Jahren gestorben. Aber sein Geist wirkt nach wie vor hier auf dem Hof." Margret erzählte all das gelassen. Sie war mit ihrem Leben im Reinen und dieser Eindruck löste eine tiefe Sehnsucht in Olivia aus.

Obwohl sie in den letzten Wochen der Überzeugung war, dass sie ihren Platz im Leben gefunden hatte, kamen ihr nun leise Zweifel. Irgendetwas fehlte noch. Da tauchte plötzlich erneut dieses leise warnende Gefühl in ihr auf. Was stimmte noch nicht in ihrem Alltag und ihrem neugefundenen Glück?

„Margret, es tut mir unendlich gut, dir zuzuhören. Ich glaube, ich habe mich in letzter Zeit ein wenig aus den Augen verloren. Ab und zu befällt mich ein unbestimmtes Gefühl, als wolle es mich auf etwas Wichtiges hinweisen oder gar vor etwas warnen. Ich muss zugeben, dass ich schon länger nicht mehr den Kontakt zu meiner Mitte gesucht habe", gab Olivia beschämt zu.

„Dann stell ihn wieder her. Du hast gelernt, wie man das macht. Ich versichere dir, du wirst recht zeitnah erfahren, woher diese Unruhe kommt. Und dann musst du nur noch Ordnung schaffen." Margrets Pragmatismus verschlug Olivia die Sprache.

Es schien, als würde Anni aus Margret sprechen.

Nachdenklich fuhr sie am späten Abend nach Hause. Manuel kam heute erst später heim; er hatte wohl noch einen Geschäftstermin mit einem Klienten. Sie nahm sich fest vor, noch heute ihre Übungen wieder aufzunehmen.

Erkenntnisse

1

Zu Hause angekommen, wartete bereits eine Freundin vor ihrer Tür. Doro hatte sich spontan entschlossen, Olivia mal wieder zu besuchen.

„Hi, Olivia. Na, das passt ja super. Ich bin soeben erst hergefahren und wollte klingeln, als ich dich kommen sah. Lust auf ein Gläschen Wein und einen Tratsch über alte Zeiten?“, fragte Doro unternehmungslustig.

Sie kannten sich seit der Schulzeit und heckten damals manche Dummheiten miteinander aus. Lange hatten sie sich aus den Augen verloren, da Doro für einige Jahre nach Spanien zog. Dort lernte sie ihre große Liebe kennen und schon nach vier Wochen waren sie verheiratet. Doro war schon immer recht abenteuerlustig. Als die Ehe schließlich scheiterte, was Olivia schon bei deren Hochzeit befürchtet hatte, kam Doro kurzerhand wieder zurück in ihre Heimatstadt. Seitdem standen sie wieder in engerem Kontakt und ließen ihre alte Freundschaft wieder aufleben.

„Hallo, du Sturmbraut! Schön, dich zu sehen“, begrüßte Olivia sie fröhlich. „Bei dir hat man immer das Gefühl, dass dort, wo du auftauchst, gleich irgendetwas passieren wird. Wo nimmst du bloß diese Power her?“

„Ach, du weißt doch, bei mir muss immer was los sein, sonst komme ich vor Langeweile nur auf dumme Gedanken“, entgegnete Doro und warf dabei schwungvoll ihre rote Löwenmähne nach hinten.

„Das kommst du auch dann, wenn du gerade mal keine Langeweile hast. … Lass uns erst mal reingehen. Sollen wir was Leckeres kochen? Ich hab noch nichts Warmes gegessen heute und hab mächtigen Hunger."

„Ich habe gehofft, dass du so was in der Art vorschlägst. Hast du Spagetti und Tomaten? Das würde mich jetzt total anmachen." Doros dralle Figur offenbarte einen genussvollen Menschen. Mit ihrem selbstironischen Humor pflegte sie zu sagen: *Ich muss essen, um mein Gewicht zu halten*! Kalorienzählen war ganz und gar nichts für sie. Das machte sie für viele zu einem gern gesehenen Gast. Ihre überschwängliche Genießernatur war sehr ansteckend.

„Hab ich, meine Süße." Für einen kurzen Augenblick überlegte Olivia, wann sie eigentlich das letzte Mal gesund gekocht hatte, so, wie in der Hütte. Auch dazu blieb kaum noch Zeit. Olivia schloss die Haustür auf und warf ihre Sachen über den Stuhl an der Gardarobe.

Während Doro sich um das Essen kümmerte, verschwand sie kurz unter der Dusche. Die Arbeit auf dem Hof machte dies dringend nötig. Der warme Wasserstrahl entspannte ihre Muskeln. *Wird wohl nun doch nichts mit Ruhe und innerer Einkehr. Na ja, auf einen Tag mehr oder weniger kommt es jetzt auch nicht mehr an.* Obwohl sie sich schon auf ihre Meditation und einen stillen Abend gefreut hatte, war es ihr nicht einmal so unrecht, dass Doro so überraschend bei ihr auftauchte. Ihre Gesellschaft war stets eine witzige Abwechslung und man erfuhr das Neueste vom Neuesten. Und gerade darin war Olivia überhaupt nicht mehr auf dem Laufenden.

Mit vollem Mund berichtete Doro beim Essen, wer mit wem gerade ein Verhältnis führte und wo es in die Brüche ging. Die Detailgenauigkeit, mit der sie über die jeweiligen Situationen Bescheid wusste, ließen Olivia vermuten, dass ihre Freundin überall ihre Spione hatte. Bei diesem Gedanken musste sie schmunzeln. Doch da kam ihr eine

Idee: Doro wüsste bestimmt auch das ein oder andere über Manuel aus der Zeit ihrer Abwesenheit zu erzählen! Als sie die genüsslich kauende Freundin vorsichtig darauf ansprach, wurde Doro sehr zurückhaltend.

„Hm, Manuel?“, murmelte sie vor sich hin, als wolle sie Zeit gewinnen. „Och, weißt du, den hab ich in der Zeit auch nicht sehr oft gesehen. Du kennst ihn doch, der ist ständig mit seiner Arbeit beschäftigt“, erklärte sie schnell.

Olivia hatte das unbestimmte Gefühl, dass Doro ihr ein paar Details verschwieg. Ihr war sehr wohl der zurückhaltende Tonfall bei ihrer Freundin aufgefallen, als die Sprache auf Manuel kam. Mit gerunzelter Stirn musterte Olivia nun deren Gesicht. Sie suchte nach verräterischen Spuren darin.

Schneller, als sie hätte nachhaken können, wechselte Doro das Thema und quasselte nun munter über ihre neueste männliche Errungenschaft. Olivia hörte ihr nur noch mit halbem Ohr zu; mit ihren Gedanken war sie woanders.

Zu später Stunde und mit einem leichten Schwips vom üppig genossenen Rotwein, verabschiedeten sie sich voneinander. Alles in allem war es ein lustiger Abend gewesen.

Als sie schließlich im Bett lag, war sie viel zu müde, um sich noch irgendwelchen Grübeleien hinzugeben. Sie wollte nur noch schlafen. Schon fast im Land der Träume, fiel ihr erst jetzt das leere Bett neben ihr auf. Manuel war immer noch nicht zu Hause.

Die ganze Nacht über wälzte sie sich unruhig hin und her. Sie schwitzte im Schlaf und träumte von dunklen Gassen und verschlossenen Zimmern. Irgendwann tauchten Anni und ihre Mutter Hand in Hand im Traumgeschehen auf, doch was genau sie taten, konnte Olivia am nächsten

Morgen nicht mehr erinnern. Sie wusste nur noch, dass Manuel irgendwann leise ins Bett gekrochen kam und ihr die herabgerutschte Decke wieder über den Körper zog.

Am folgenden Morgen saßen sie gemeinsam am Frühstückstisch. Es war Samstag und sie freuten sich beide auf ein erholsames Wochenende.

„Was war denn los mit dir heut Nacht, Schatz. Du hast fürchterlich schlecht geschlafen und permanent geredet. Ich dachte schon, ich müsse dich wecken", begann Manuel die morgendliche Unterhaltung.

„Ist mir auch aufgefallen, da ich ab und zu sogar von meinem Gequassel aufgewacht bin. Was hab ich denn gesagt?", wollte Olivia müde wissen.

„Du hast immerzu geschimpft und warst wohl sehr wütend. Mit wem, weiß ich nicht. Und dann hast du auch noch angefangen zu weinen. Ich hab dich in den Arm genommen und daraufhin bist du ruhiger geworden. Gegen Morgen hast du nach Anni und deiner Mutter gerufen."

„Hm, ja, an die beiden kann ich mich noch erinnern, aber keine Ahnung, in welchem Zusammenhang. … Komisch." Sie fühlte sich wie gerädert. So schlecht hatte sie schon lange nicht mehr geschlafen. Was war nur los mit ihr? Was plagte sie so sehr, dass sie Anni und ihre Mutter um Hilfe rief? *Ich muss mir unbedingt dieses Wochenende Zeit nehmen, um in mich reinzuhorchen. Dringend nötig!*

Sie war so geistesabwesend, dass ihr nicht einmal auffiel, wie müde und abgespannt auch Manuel aussah. Seine Nacht war noch kürzer und unruhiger gewesen. Er selbst hatte kaum ein Auge zu getan. Der gestrige Abend war aber auch zu unangenehm gewesen. Um genau zu sein, er war eine Katastrophe! Er wusste, dass er unbedingt mit Olivia reden musste. Allerdings hatte er keine Ahnung, wie er das anstellen sollte – und eigentlich war er noch zu feige dazu. Er würde das Wochenende abwarten und sehen, ob sich eine gute Gelegenheit ergab. Da es Olivia heute Morgen nicht so gut ging, war jetzt sicherlich nicht der richtige Moment für ein offenes Gespräch, redete er sich ein. Außerdem liebte er sie viel zu sehr, und wollte sie nicht verletzten. Jetzt, da ihre Ehe wieder aufwärts ging, wollte er keinen Fehler machen. Zudem wurde Olivia langsam wieder zu der Frau, die sie früher war. Das anfängliche geistige Geschwafel nach ihrem Alpentrip hatte zum Glück stark nachgelassen. So war sie ihm wesentlich lieber.

2

Nach dem Frühstück nutzte Olivia das schöne Wetter, um in ihrem Garten ein wenig herumzuwerkeln bevor es zu warm wäre. Das beruhigte und die frische Morgenluft klärte ihren Geist. Anschließend wollte sie endlich meditieren. Sie hatte Manuel zum Wochenendeinkauf geschickt. Er sollte sich mal wieder nützlich machen. Immer nur im Büro und im Gerichtssaal rumzusitzen tat ihm nicht sonderlich gut. Zur Zubereitung ihrer selbst gemachten Pasta benötigte sie noch frische Zutaten und Kräuter, die er vom Markt mitbringen sollte. Endlich würde sie wieder richtig kochen.

Zum Mittagessen hatte sie Tante Luise eingeladen. Es gab etwas zu feiern, denn Tantchen hatte auf einem Seniorentanz einen älteren Herrn kennengelernt. Als sie Olivia davon am Telefon erzählte, war sie völlig aufgelöst und ihre Stimme klang, wie bei einer verliebten Fünfzehnjährigen. Lange war sie schon Witwe und ihre Schwester lebte nun auch nicht mehr. Da kam ein neuer Partner genau zur richtigen Zeit in ihr Leben. Eben diesen Herrn wollte sie nun ihrer Nichte und Manuel vorstellen und daraufhin hatte Olivia spontan die Einladung zum Mittagessen ausgesprochen. Sie freute sich schon sehr auf die beiden.

Gegen neun Uhr schnappte sich Manuel den Einkaufskorb, die Lebensmittelliste und seine Autoschlüssel.

Er warf noch einen Blick auf die Liste und fragte erstaunt: „Wozu brauchst du denn die ganzen Öle und Fette? Und du hast jede Menge Kräuter aufgeschrieben? Brauchen wir das alles zum Kochen?“

„Nein, nein“, rief Olivia lachend aus. „Du hast doch bestimmt schon mitbekommen, dass ich diverse Pflegecremes und Kräutertees in letzter Zeit selbst hergestellt habe. Ein paar Mädels haben Versuchskaninchen gespielt. Die waren doch glatt so begeistert, dass sie gleich Bestellungen bei mir aufgegeben haben und inzwischen hab ich sogar schon Anfragen von Fremden bekommen. Ich könnte mir vorstellen, damit eine kleine Nebentätigkeit aufzubauen. Wäre doch gar nicht so schlecht, oder?“ Sie war stolz darauf, dass ihre selbst erzeugten Produkte so großen Zuspruch fanden. Dass sich daraus auch noch ein Geschäft machen ließe, fand sie umso spannender. Wie hatte Anni einmal zu ihr gesagt? *Wenn du das tust, was dir Freude und Erfüllung bereitet, musst du zwangsläufig früher oder später damit erfolgreich sein!* Sie schien tatsächlich recht zu behalten.

Manuel nickte anerkennend. „Hört sich interessant an! Warum nicht? Wer weiß, was man daraus noch alles machen kann? Das wäre sogar ausbaufähig!“ Olivia sah ihm an, dass er schon über die Vermarktung und Preiskategorien nachdachte und schmunzelte still vor sich hin. *Er ist und bleibt ein Geschäftsmann.* Sie war felsenfest davon überzeugt, dass er bei seiner Rückkehr vom Einkaufen schon den einen oder anderen Geschäftsplan in petto hatte. *Toll, dann haben wir etwas, worum wir uns gemeinsam kümmern können!*, freute sie sich.

Bereits an einigen Ideen tüftelnd, verließ Manuel das Haus.

Olivia war gerade dabei, die frische Blumenerde in den Gartenboden unterzuheben, als hinter ihr jemand ihren Namen rief. Am Gartentor stand eine junge blonde Frau. Olivia legte ihre Hacke nieder und wischte ihre erdigen Hände an den alten Jeans ab. *Was die wohl von mir will? Vielleicht hat sie ja von meinen selbst gemachten Cremes gehört und möchte eine kaufen? Na prima, das Geschäft läuft ja gut an. … Wenn ich nur wüsste, wieso sie mir so bekannt vorkommt?* Während sie vor sich hingrübelte, ging sie zuversichtlich auf die junge Frau zu.

„Hallo, was kann ich denn für dich tun?" Olivia ging spontan zur vertraulichen Anrede über.

„Äh, … entschuldige, dass ich störe. … Ich bin Jutta und … äh … ich müsste mal mit dir reden, wenn du Zeit hättest." Augenscheinlich handelte es sich nicht um eine neue Kundin, denn die Fremde stotterte unsicher.

Olivia zog erstaunt ihre Augenbrauen hoch, dabei legte sich ihre sonst so glatte Stirn in Falten. „Na, dann komm doch rein, Jutta. Lass uns auf die Terrasse sitzen. Möchtest du einen Kaffee oder was Kühles?"

„Nein, danke, … sehr lieb von dir. Es genügt, wenn ich mich kurz setzen kann, mir tut nämlich der Rücken weh", dabei drückte sie sich mit der Faust in den Lendenwirbelbereich und streckte den Bauch nach vorne. Jetzt erst konnte Olivia die fortgeschrittene Schwangerschaft unter der weiten Bluse erkennen.

„Oh", rief sie freudig aus. „Du erwartest ein Baby. Wie schön! Komm, setz dich. Hier hast du noch ein Kissen. Wann ist es denn so weit?"

„In ungefähr drei, vier Wochen. Ich bin froh, wenn ich es hinter mir habe. So langsam strengt es mich ganz schön an.“ Jutta atmete schwer, als sie es sich im Korbsessel auf der Terrasse bequem machte.

Für ein, zwei Sekunden blickten sich die beiden Frauen tief in die Augen. Keine hatte diese Blicke geplant, sie geschahen einfach so, als hätte sie sich unbewusst gesucht und in diesem seltsamen Moment gefunden. Olivia verspürte plötzlich eine Schwere in sich, die sie regelrecht niederdrückte. Ein dumpfer Druck lastete auf ihren Schultern, so als wüsste sie bereits, was jetzt auf sie zukommen würde. In eben diesem buchstäblichen *Augen-Blick* fiel ihr ein, wo sie Jutta bereits schon einmal gesehen hatte: Sie war diejenige, mit der Manuel so hitzig vor einigen Wochen vor seiner Kanzlei diskutiert hatte! Olivia wurde es übel. Entgeistert starrte sie auf Juttas Bauch – sie wusste, was sie jetzt erfahren würde!

„Jutta, sprich es aus. Ich will es hören!“ Ihre Stimme klang eisig und emotionslos.

Die junge Frau erschrak. Sie sah, wie Olivia auf die dicke Wölbung unter ihrer Bluse stierte und hatte plötzlich Angst vor ihr.

„Olivia, es tut mir so leid. Ich dachte, er hätte es dir bereits gesagt. Seit Monaten verspricht er mir, dass er mit dir reden würde, dass er die Sache klären will. Erst gestern Abend hat er behauptet, er hätte dich schon ein wenig darauf vorbereitet. … Wie man jemanden auf so was *ein wenig vorbereiten* könne, habe ich ihn gefragt. Das solle ich gefälligst ihm überlassen, meinte er. … Jetzt hab ich's nicht mehr ausgehalten. Ich will, dass mein Kind in einer geordneten Situation auf die Welt kommt. … Bitte, Olivia, sieh mich nicht so kalt an! … Es ist einfach passiert, … damals, als du doch so lange weg warst und Manuel nicht wusste, wo du bist und wann du zurückkommen würdest." Jutta schrie die flehenden Worte beinahe heraus. Sie war völlig außer Atem, als hätte sie soeben einen Berg bestiegen. „Er sagte, eure Ehe sei vorbei – und wenn du zurückkämst, würde er reinen Tisch machen. Aber das hat er bis heute wohl nicht getan. Im Gegenteil: kürzlich sagte er sogar, es sei aus mit uns! Da bin ich dann ausgetickt und hätte fast eine Frühgeburt gehabt. Er beruhigte mich schließlich, er hätte es nicht so gemeint." Nun schluchzte sie laut ihren Kummer heraus.

Die Kälte, die Olivia eben noch in sich spürte, löste sich in Nichts auf. Der Anblick dieses verwirrten jungen Mädchens rührte sie und veranlasste sie sogar, tröstend ihre Hand auf Juttas Arm zu legen. Diese war kaum in der Lage, sich zu beruhigen. Inzwischen schüttelte sich ihr ganzer Leib stoßweise mit jedem lauten Wehklagen.

Und da war es plötzlich in ihr, einfach so, ohne, dass sie sich konzentriert oder es gerufen hätte: dieses gleißend helle Licht, welches sich in ihrem Brustkorb ausdehnte, sie innerlich erwärmte und scheinbar aus ihr herausströmte. Olivia spürte, wie es die werdende Mutter umhüllte und sie beide darin einschloss. Tiefe Ruhe machte sich in ihnen beiden breit.

Entgeistert starrte Jutta auf ihre Rivalin. „Deine Augen leuchten ja so komisch!", rief sie fassungslos aus.

Auch Olivia bemerkte, wie plötzlich alles um sie herum heller erschien. Sie nahm Juttas Hand und drückte sie sanft. „Es wird wohl gerade ein Sonnenstrahl auf sie gefallen sein", versuchte sie das staunende Mädchen zu beruhigen. „Hör mal, Jutta. Es war sehr mutig von dir, hierher zu kommen und mit mir zu reden. Und ich bin froh, dass du es getan hast! Ich hatte schon lange den Eindruck, dass irgendetwas nicht stimmt und du hast mir soeben diese Ungewissheit genommen. Ich danke dir dafür." Sie hielt kurz inne, um sich zu sammeln. *Tief ein- und wieder ausatmen.* „Wie alt bist du? Mitte Zwanzig? Ich glaube dir, dass du es nicht besser wusstest. Manuel ist ein erwachsener, gutaussehender Mann. Ich kann gut verstehen, dass du dich in ihn verliebt hast. Und es stimmt: Unsere Situation war im vergangenen Jahr tatsächlich sehr unsicher. Auch ich war während meiner Reise am Zweifeln, ob unsere Ehe noch eine Chance hat. Aber um ehrlich zu sein, habe ich in den vergangenen Wochen geglaubt, es sei alles wieder in Ordnung zwischen meinem Mann und mir. Gib mir Zeit, diese Nachricht zu verdauen. Ich muss zuerst mit Manuel sprechen. Immerhin wird er demnächst Vater und er muss entscheiden, was er zu tun gedenkt. … Jeder von uns muss nun seine ganz persönliche Entscheidung treffen“, setzte sie nachdenklich hinzu.

Erleichtert über so viel Verständnis, nickte Jutta zustimmend. Schwerfällig hievte sie sich aus dem bequemen Sessel und verabschiedete sich eilig mit einem schüchternen Lächeln.

Olivia stand am Gartentor und schaute ihr gedankenverloren hinterher. Eine merkwürdige Ruhe hatte sich ihrer bemächtigt. Langsam ging sie zum Beet zurück, nahm die Hacke auf und begann dort, wo sie vor etwa einer halben Stunde aufgehört hatte, weiterzuarbeiten. Doch zwischen dem letzten Hieb und dem jetzigen schienen Jahre zu liegen.

All die Unruhe, die sie in letzter Zeit umtrieb, war schlagartig vorüber. Die Ungewissheit hatte ein Ende. Jetzt, da die ungehörte Ahnung ausgesprochen war, fand sie innere Ruhe. Das erste Gefühl, das sich in diesen Frieden einschlich, war Erleichterung. Endlich! Endlich hatte sich das Nicht-Wissen-Wollen den eben gehörten Tatsachen beugen müssen. *Wäre ich nicht zu feige gewesen, hätte ich ihn schon viel eher fragen können. Ich habe doch gesehen und gespürt, dass was nicht stimmt! Genau wie früher habe ich die Augen verschlossen und nicht hinsehen wollen. Dabei gab es diesmal Tausende Hinweise – und was noch viel schlimmer ist: ich weiß um meine geistigen Möglichkeiten und hab sie nicht genutzt. Anni, es tut mir leid!* Sie schämte sich weniger für sich selbst, denn sie konnte die Verantwortung für ihr Versagen gut annehmen. Vielmehr schämte sie sich vor Anni.

Ganz sacht und leise schlich sich eine vertraute Stimme in ihre Gedanken. *Schäm dich nicht vor mir, Kindchen. Gut, dass du jetzt bereit bist, auf dich zu schauen. Verurteile dich nicht für deine Angst vor schmerzlichen Erkenntnissen. Es ist nie zu spät. Mach das Beste daraus und finde zurück zu deinem Weg.* In Gedanken umarmte sie die Alte und spürte deren Wärme.

Sie ging ins Haus, legte sich saubere Kleidung zurecht und stieg in die Duschkabine. Sie würde das Essen mit Tante Luise und ihrem Begleiter nicht absagen. Sie spürte Kraft in sich; Kraft und Entschlossenheit. Während das Wasser über ihre Haut perlte, wunderte sie sich, dass sie keinerlei Wut auf Manuel empfand. Sie suchte danach, aber sie fand tatsächlich nichts, was gegen ihren Mann gerichtet gewesen wäre. *Ist er mir etwa schon so gleichgültig geworden, dass mir diese ganze Sache nichts ausmacht?*, fragte sie sich überrascht. Sie suchte weiter, horchte in sich hinein, als würde sie graben und wühlen, um eine Lüge vor sich selbst zu entlarven. Nichts! Da war keine Gleichgültigkeit. Sie wusste, dass die Liebe zu ihm einen festen Platz in ihrem Herzen hatte. Und diese Liebe durfte bleiben, auch wenn ihr Weg nicht mehr gemeinsam weitergehen würde. Diese Liebe würde kein Leid mehr in ihr verursachen, keine Schmerzen bereiten und nichts erwarten. Sie hatte sich von der ehemals bedürftigen und abhängigen Liebe zu etwas viel Größerem gewandelt. *Merkwürdig. Sie fühlt sich so leicht an!* Bei jeder neuen Erkenntnis staunte sie mehr. Sie durfte Manuel weiterhin lieben, ohne, dass sie ihm oder sich selbst damit wehtun würde. In dieser Empfindung lag all die Freiheit, von der schon die alten Philosophen erzählten.

Olivia überlegte, wie sie noch vor einem Jahr auf eine derartige Nachricht reagiert hätte. Bei den ersten erschreckenden Bildern stoppte sie sofort mit ihren Gedanken. Sie wollte nicht die alten, destruktiven Energien und Muster in sich reaktivieren. Sie dürften sich weiter auflösen, bis kein einziger Rest mehr von den früheren, schmerzhaften Gewohnheiten übrig blieb. Beinahe hätte sie sich wieder darin verloren. Nie wieder, *nie wieder* würde sie dies zulassen. Von nun an würde sie achtsamer mit sich umgehen. Und dieses Versprechen nahm sie ernst.

Sie trocknete ihre Haut mit einem großen Handtuch, föhnte ihre langen, dunklen Locken, zog frische Kleider über und machte sich an die Vorbereitungen für das gemeinsame Mittagessen.

3

Manuel kam fröhlich mit einem vollen Einkaufskorb und mehreren zusätzlichen Tüten in die Küche spaziert.

„Meine Güte, Schatz, da hast du mir aber einen Großauftrag erteilt. Ich dachte schon, ich werde nie fertig mit der Einkaufsliste!“ Er küsste sie auf die Wange, während sie den Teig für die Nudeln anrührte.

„Schön, dass du alles gefunden hast. Dann kann ich mich ja an die Arbeit machen.“ Olivias Stimme klang wie immer, dennoch stutzte Manuel für eine Sekunde. War da was? Eine klitzekleine Veränderung? Ein kurzes Schütteln mit dem Kopf, ein Zucken mit den Schultern und schon war die Irritation in ihm vergessen.

„Hm, ich muss sagen, deine Kochkünste haben wirklich eine enorme Steigerung erlangt." Anerkennend blickte er ihr über die Schulter, während sie gleichmäßig in der Schüssel mit der hellen Masse rührte.

„Du brauchst dich gar nicht so einzuschleimen", lachte sie ihn an. „Du darfst mir nämlich gleich beim Kochen helfen."

Das Mittagessen verlief entspannt. Olivia war nicht ganz so fröhlich, wie sie gerne gewesen wäre, doch nahm sie Teil an den anregenden Gesprächen der anderen. Luises Begleiter war ein adretter Herr der alten Schule. Seine zuvorkommende Art beeindruckte nicht nur Luise. Diese himmelte ihn regelrecht an und suchte immerzu nach einem anerkennenden Blick ihrer Nichte. Olivia nickte ihr lächelnd zu und gab ihr damit zu verstehen, dass ihre Wahl eine gute sei.

Am frühen Nachmittag, nach einer Tasse Espresso, verabschiedeten sich die Turteltauben und ließen Olivia und Manuel in ihrem Häuschen zurück.

Gerade war Olivia dabei, die Küche aufzuräumen, als Manuel leise zu ihr trat. Vorsichtig stellte er den Stapel schmutziger Teller auf die Arbeitsplatte und öffnete die Spülmaschine. *Ahnt er etwas? Er ist so still geworden. Sein Instinkt müsste ihm eigentlich schon längst sagen, dass was in der Luft ist,* sinnierte Olivia. Die ganze Zeit über hatte sie versucht, sich den Beginn des bevorstehenden Gesprächs zurechtzulegen. Es peinigte sie mehr, als erwartet. Das, was nun kommen sollte, würde ihnen beiden sehr wehtun, darüber war sie sich im Klaren. Es half nichts, irgendwann musste es ausgesprochen werden.

„Manuel, lass uns das noch kurz wegräumen und dann setzen wir uns. Wir müssen reden." Der Klang ihrer Stimme ließ ihn aufhorchen. Den ganzen Mittag hatte er einen Druck im Bauch und konnte sich nicht erklären, woher. Nun verstärkte sich das Gefühl und ihm wurde leicht übel.

Kurz darauf saßen sie sich bei einer Tasse Tee am Küchentisch gegenüber. Manuel wartete, dass Olivia mit der Sprache rausrückte.

Diese musterte ihn lange, bevor sie mit einer Frage das Gespräch begann: „Möchtest du mir vielleicht etwas sagen? Etwas, das ich wissen sollte?", fragte sie ihn sanft. Sie wollte ihm die Chance geben, doch noch selbst den ersten Schritt zu tun.

Spätestens jetzt hätte er merken müssen, worauf sie hinauswollte; spätestens jetzt hätte er offen zu ihr sein müssen.

„Hm, ich weiß nicht was du meinst. Sag doch einfach, was los ist!" Er wurde ungehalten. Er hasste es, wenn er Unsicherheit in sich aufkommen fühlte – und sie machte ihn unsicher!

Olivia nickte bedauernd. „Okay, dann mach ich es kurz: Ich hatte heute Besuch von Jutta."

...

Stille. Manuel wirkte versteinert. Nur langsam schien er zu begreifen, welche Bedeutung Olivias Worte hatten. Und man konnte deutlich erkennen, wie es hinter seiner Stirn zu arbeiten begann. Schmerz trat in seine Augen, und Verzweiflung.

Olivia ließ ihm Zeit – solange er brauchen würde, um ihre Mitteilung zu verarbeiten und fähig war, zu sprechen. Es dauerte länger, als sie dachte.

In Zeitlupe löste sich seine Erstarrung, seine Schultern sackten ab. Dann schlug er die Hände vors Gesicht.

Olivia saß ruhig da und wartete ab. Er tat ihr leid. Am liebsten wäre sie um den Tisch herumgekommen und hätte ihn tröstend in die Arme geschlossen. Sie unterdrückte den Impuls; er wäre unpassend gewesen.

„Oh Gott, … Olivia, … ich weiß nicht, was ich sagen soll! … Verdammte Scheiße, hätte ich doch nur …", schluchzend brach er ab.

Voller Verzweiflung blickte er sie an, inbrünstig auf ihr Erbarmen hoffend. Mitfühlend zwar, aber stoisch schaute sie zurück. Er spürte intuitiv, dass sein Schmerz sie nicht erweichen würde und so straffte er seine Schultern, richtete sich auf und klärte seinen Blick.

„Es tut mir so unendlich leid, Olivia. Was hab ich dir da angetan? Ich wollte es dir schon die ganze Zeit sagen, aber ich hatte Angst. Angst, dass du mich verlässt, gerade jetzt, wo es mit uns doch wieder aufwärtsging. Ich will dich nicht verlieren und das mit dem Kind bekomm ich schon geregelt – vorausgesetzt, es ist tatsächlich von mir!"

Er sprach schnell, zu schnell, als dass seine Worte die nötige Tiefe erreicht hätten. Sein Bedauern schien überzeugend zu sein, aber es kam bei Olivia nicht an. Mit den letzten Worten verriet er sich selbst: Wenn es eine Möglichkeit für ihn gäbe, so würde er sich vor der Verantwortung drücken!

Olivia war erschüttert. Das hatte sie nicht von ihm erwartet. Für sie gab es keinen Zweifel an der Integrität Juttas. Sie schien ihr offen und ehrlich und nicht wie eine, die einem Mann aus Selbstsucht ein Kind anhängen wollte.

„Wie kannst du an deiner Vaterschaft zweifeln? Ich habe Jutta zwar nur kurz kennengelernt, aber sie war überzeugend. Ich bin sicher, dass du der Vater ihres Kindes bist!", erwiderte sie enttäuscht. „Nicht nur, dass du einem jungen, verliebten Ding ein Kind gemacht hast, nein, du drückst dich auch noch vor der Verantwortung. Wie erbärmlich!", rief sie ihm wütend entgegen. Mit diesem Verlauf des Gesprächs hatte sie nicht gerechnet. Zorn blitze in ihren Augen auf. „Die beiden brauchen dich jetzt dringend, ist dir das eigentlich klar? … Dafür, dass du doch angeblich so nötig einen Rückzug brauchtest, hast du es offensichtlich nicht sehr lange mit dir alleine ausgehalten!"

Diesen Vorwurf ließ er nicht auf sich sitzen: „Was willst du? Du hast mir doch selbst erzählt, dass du dich diesem Ruben an den Hals geschmissen hast!", schrie er zurück.

„Ich habe mich ihm nicht …", sie unterbrach sich und wurde nachdenklich. „Stimmt, ich habe mich ihm *an den Hals geschmissen*. Und Gott sei Dank war er vernünftiger als ich." Noch einmal hielt sie kurz inne, bevor sie etwas ruhiger weitersprach: „Manuel, ich kann dir nicht vorwerfen, dass du schwach geworden bist. Aber womit ich nicht klarkomme, ist, dass du nicht ehrlich zu mir warst. Dachtest du, es käme nicht heraus? Hast du wirklich geglaubt, du könntest dich aus dieser Nummer schleichen, einfach so, und die Verantwortung bei dem Mädchen lassen? Wenn du früher mit mir darüber gesprochen hättest, wäre vielleicht eine vernünftige Lösung für uns alle möglich gewesen. Sicherlich wäre ich dir auch dann nicht gerade um den Hals gefallen, aber ich hätte es noch verstehen können. So kann ich es nicht mehr."

„Was soll das heißen? Willst du mich verlassen? Ist es das, was du willst? … Ich will nichts von Jutta. Ich liebe *dich*! Ich werde für das Kind aufkommen, keine Frage. … Hast nicht *du* mir vor über einem Jahr vorgeworfen, ich würde dich einfach so sitzenlassen? Damals hast du mich lautstark an unser Versprechen erinnert: *In guten, wie in schlechten Tagen, bis dass der Tod uns scheidet!* Was ist jetzt damit?" Manuel wurde fast schon panisch, er war völlig außer Atem.

„Ja, das habe ich gesagt." Die Erinnerung an damals schmerzte. „Und seitdem ist die alte Olivia tatsächlich gestorben. Gut, dass es so ist. Ich bin sehr froh, dass du uns damals die Möglichkeit gegeben hast, erst einmal Abstand voneinander zu nehmen. Dadurch hab ich zu mir selbst gefunden. … Manuel, ich bin dir unendlich dankbar für alles, was du mir im Laufe der Jahre von dir gegeben hast. Ich bereue keinen einzigen Tag. … Aber ich glaube, dass unser gemeinsamer Weg hier endet. Wir haben uns in zu unterschiedliche Richtungen entwickelt. Es war nicht vorhersehbar – das ist es selten. Aber das Leben schreibt seine eigenen Geschichten. Mit diesem Kind hast du eine neue Familie gegründet. Wie wolltest du diesen Vertrauensbruch jemals ausgleichen? Du würdest dich ein Leben lang mir gegenüber schuldig fühlen. Und ich würde dir immer das Gefühl geben wollen, dass es doch nicht so schlimm wäre und ich dir in meiner unendlichen Güte vergeben hätte. Das wäre furchtbar, verstehst du das? Es wäre immer eine unsichtbare Schieflage zwischen uns. Die Ebenbürtigkeit, die uns verband, wäre verschwunden." Traurig, aber entschlossen schaute sie ihm in die Augen.

Er wich ihr aus, wandte sich ab, stand ruckartig auf und lief unruhig in der Küche umher. „Und was soll nun geschehen?", fragte er hilflos. „Jetzt, wo wir gerade unser gemeinsames Nest eingerichtet haben? Keine Sorge, ich will dein Haus nicht. Ums Geld geht es mir sicherlich nicht. Ich denke, für jeden von uns ist gut gesorgt. … Aber all das andere, die Pläne, die wir hatten, die vielen gemeinsamen Jahre und Erinnerungen?"

„Es werden immer unsere gemeinsamen Jahre und Erinnerungen bleiben, Manuel. Die kann uns niemand nehmen. Sei dir sicher, dass ich sie in Ehren in meinem Herzen bewahre. … Und Pläne muss man mehr als einmal im Leben loslassen, wenn sie nicht mehr sinnvoll sind.“ Sie ließ ihm einen Moment Zeit, bevor sie ihm ihren Vorschlag unterbreitete.

Immer wieder schüttelte er verzweifelt den Kopf und fuhr sich nervös mit den Händen durch sein volles, dunkles Haar.

„Ich habe einen Vorschlag für dich. Hör ihn dir zuerst an und dann denk darüber nach: Ich wollte doch sowieso in nächster Zeit zur Familie meines Vaters in die Staaten reisen. Ich will sie unbedingt alle kennenlernen. Was hältst du davon, wenn ich das in den nächsten Tagen in Angriff nehme und für drei Wochen verschwinde. Bis dahin ist vielleicht schon dein Kind auf der Welt, aber auf jeden Fall hast du Zeit, dir Gedanken über deine nächsten Schritte zu machen. Ich will dich hier nicht rauswerfen, schließlich hast du ebenso an unserem Heim mitgewirkt wie ich. Aber zusammen wohnen können wir auch nicht mehr, wenn ich zurückkomme.“

Er schien sich mit dem Unabwendbaren abzufinden. Er sah ein, dass sie nicht mehr von ihrem Entschluss abzubringen war. Jetzt ging es nicht mehr darum, die Ehe zu retten, sondern einen vernünftigen Schlussstrich zu ziehen. Manuel wollte ebenso wenig eine Schlammschlacht wie Olivia, und so stimmte er müde ihrem Vorschlag zu. Er würde nun tatsächlich Zeit brauchen, um mit dieser schmerzhaften Wende in seinem Leben klarzukommen – auch wenn sie nicht wirklich überraschend kam. Denn wenn er ganz tief in sich hineinhorchte, war es genau das, was er befürchtete, wenn alles ans Licht käme. Aus diesem Grund hatte er so lange geschwiegen. Zu lange, wie sich soeben herausgestellt hat.

4

In den folgenden Tagen nahm Olivia die Vorbereitungen für ihre Reise nach Übersee in Angriff. Zunächst rief sie ihre Tante in den Staaten an. Nervös wählte sie die Nummer, die sie in Sofies Unterlagen gefunden hatte. Und tatsächlich meldete sich die Schwester ihres Vaters am anderen Ende der Leitung. Völlig unvorbereitet auf diese Überraschung, brach diese in Tränen aus. Unendliche Erleichterung war in ihren Worten zu hören, darüber, dass sie mit der Tochter ihres Bruders sprechen durfte. Olivias Englisch war gut genug, um ein ausführliches und sehr emotionales Gespräch mit ihr zu führen. Sie kündigte ihren Besuch für die nächsten Wochen an, würde aber noch rechtzeitig den genauen Termin mitteilen. Ihre Tante hieß sie herzlich willkommen und würde zu diesem besonderen Ereignis die ganze Familie zusammentrommeln. Dankbar und voller Vorfreude verabschiedeten sie sich nach etwa zwei Stunden ausführlichen Telefonats voneinander.

Im Gegensatz zu Manuel, blickte sie in ihrem Leben nach vorn. Sie hatte zeitnahe Ziele, die sie verfolgte. Dies gab ihr Kraft und Zuversicht. Jetzt erst spürte sie, dass sie sich schon lange weit mehr von ihm entfernt hatte, als ihr bewusst war. Sie wollte es bis zum Besuch seiner jungen Geliebten nur noch nicht wahrhaben. Zu lange hatte sie davor die Augen verschlossen und sich ihren Hoffnungen und Träumen über eine Zukunft mit ihrem Mann hingegeben.

Manuel zeigte Größe, indem er die rechtlichen Angelegenheiten, die eine Scheidung mit sich brachte, anständig abwickelte. Als Anwalt wusste er, was zu tun war. Olivia hingegen erledigte weiterhin wie selbstverständlich den Haushalt. Sie kochte und wusch für ihn, legte sogar gemeinsam mit ihm eine Liste der Gegenstände an, die jeder nach der Trennung behalten sollte. Sie begegneten sich respektvoll, aber dennoch auch ein wenig distanziert. Zuviel Nähe tat ihnen nicht gut. Das würde nur Gefühle verletzen und Hoffnungen in Manuel schüren. So hatte sich Olivia vorsichtshalber ins Gästezimmer zurückgezogen.

Tante Luise war von den Entwicklungen in Manuels und Olivias Ehe nicht sonderlich begeistert, vor allem da sie selbst gerade in Hochzeitsplänen schwelgte. Ihr Verehrer hatte ihr doch tatsächlich einen Heiratsantrag gemacht – den sie natürlich ohne zu Zögern angenommen hatte! Aber sie konnte Olivias Entscheidung verstehen und bot ihr ihren Beistand an, falls sie diesen benötigen sollte.

Auch Margret wurde von Olivia ins Vertrauen gezogen. Sie waren inzwischen so eng befreundet, dass es keine Geheimnisse mehr zwischen ihnen gab. Es kam im Leben nicht oft vor, dass man auf jemanden traf, mit dem einen eine derartige Seelenverwandtschaft verband. Konzentriert hatte sie Olivias Bericht über die Entwicklung mit Manuel gelauscht. Ohne weiter darauf einzugehen, einen Ratschlag oder Hinweis zu geben, hatte sie Olivia zum Schluss einfach nur zugenickt und deren Entscheidung bezüglich der Trennung von Manuel respektiert. Wozu noch etwas hinzufügen? Olivia schien ihr innerlich stabil und sicher genug, dass sie wusste, was sie tat. Würde sie Hilfe brauchen, könnte sie jederzeit zu ihr kommen.

Nur von den Urlaubsplänen Olivias war sie nicht sehr begeistert. „Oh weh, da muss ich dann also mindestens drei Wochen lang auf meine beste Kraft verzichten. Wie soll ich das bloß schaffen?“, rief sie ein wenig theatralisch aus.

Olivia schmunzelte. „So, wie du es auch geschafft hast, bevor ich gekommen bin. Aber natürlich schmeichelt es mir sehr, dass dir meine Mitarbeit so wertvoll ist. Es würde mich doch sehr stutzig machen, wenn du nicht einmal merken würdest, dass ich weg bin! … Im Übrigen hab ich eine gute Nachricht für dich: Es gäbe da einen Ersatz, den ich dir für meine Abwesenheit vorschlagen könnte: Eine Freundin von mir ist Tierarzthelferin und unglücklich in ihrem Job. Sie sucht schon seit Längerem etwas in der Art wie deinen Hof. Sie hat mich erst letztens wieder gefragt, ob ich sie nicht mal mit zu dir nehmen würde, um sich vorzustellen. Wie wäre das?"

Margret schien hocherfreut und ließ sich gerne auf diese Begegnung ein. So war für alle gesorgt und jeder fühlte sich gut dabei.

Olivia war mit ihren Anliegen noch nicht fertig. „Aber eines will ich gleich vorneweg klarmachen: Wenn ich zurückkomme, dann nehm ich Rudolf zu mir. Er ist mir so ans Herz gewachsen, dass ich ihn an meiner Seite haben will. Ich hoffe, du bist damit einverstanden." Der Münsterländer-Rüde hatte sich in ihr Herz geschmeichelt und sie war überzeugt davon, dass er sich bei ihr wohlfühlen würde. Mit einem gewinnenden Lächeln schaute sie Margret erwartungsvoll an.

„Na denn, wenn du das schon beschlossen hast, wie sollte ich mich dagegen wehren?" Und verschmitzt grinsend setzte Margret noch hinzu: „Er hätte es schlechter treffen können."

Olivia puffte sie spielerisch in die Seite.

Amerika ich komme!, jubelte Olivia erleichtert.

Zwei Tage später, Olivia saß gerade an ihrem PC und suchte nach einer passenden Flugverbindung, klingelte das Telefon neben ihr auf dem Schreibtisch. Unwillig nahm sie den Hörer in die Hand. Sie meldete sich wohl etwas unwirsch, denn der Gesprächspartner in der Leitung schwieg einen Moment überrascht.

„Äh, entschuldige Olivia, dass ich dich störe. …“, weiter kam der Anrufer nicht, denn Olivia stieß einen spitzen Freudenschrei aus.

„*Ruben*! … Was für eine tolle Überraschung!“

Ruben lachte erleichtert auf. Offensichtlich war er nicht sicher gewesen, ob sein Anruf auch erwünscht war. Immerhin hatten sie seit einigen Monaten nichts voneinander gehört.

„Schön, dass du dich freust, Olivia. Ich hab oft an dich gedacht. Wie geht's dir denn so?“, fragte er ehrlich interessiert.

„Ach, eigentlich ganz gut“, antwortete sie aufgeregt. „Es gab einige Umbrüche in meinem Leben, aber das überrascht dich sicherlich nicht, wo doch deine Mutter maßgeblich daran beteiligt war. … Zum Glück, muss ich hinzufügen! … Aber du rufst doch bestimmt nicht an, um dich nach mir zu erkundigen. Ist was passiert?“ Schlagartig hatte sie ein komisches Gefühl in der Magengegend.

„Oh, natürlich interessiert es mich, wie es dir geht und du musst mir demnächst ausführlich darüber berichten. Aber du hast recht, es gibt einen Grund für meinen Anruf.“ Er legte eine für Olivia unerträglich lange Pause ein. Er schien sich zu sammeln und nach den richtigen Worten zu suchen. „Olivia, … Anni will dich sehen.“

Jetzt brauchte Olivia eine Pause. … Diese vier Worte hatten ihr prompt die Sprache verschlagen. Ihr Herz raste und ihr Atem ging schneller. Mit abgehackten Worten fragte sie Ruben nach dem Grund für Annis Wunsch.

„Ich weiß es nicht. Mama trug mir nur auf, dich zu bitten, herzukommen. Sie will mit dir sprechen, … persönlich!“ Er klang aufrichtig.

Die Gänsehaut auf Olivias Körper hatte sich nun in einen kalten Schauer verwandelt. Sie biss sich auf die Unterlippe. „Aber Ruben. …Da stimmt doch was nicht? … Ist sie krank oder hatte sie einen Unfall?“, stammelte sie erregt.

„Nein, nichts dergleichen. Auf mich macht sie einen sehr munteren Eindruck. Sie wirkt sogar jünger denn je, und das, obwohl sie bereits weit über achtzig ist!“, betonte er anerkennend.

Erstmals erfuhr Olivia Annis ungefähres Alter. Sie hätte sie weit jünger geschätzt. Umso bemerkenswerter waren die körperlichen Leistungen, die sie nach wie vor vollbrachte.

Olivia machte Nägel mit Köpfen: „Ich werde nicht mit dem Auto kommen, das dauert mir zu lange. Ich kümmere mich gleich um einen Flug zu euch. Könntest du mich dann bitte vom Flughafen abholen? Ich gebe dir noch Bescheid, wann genau ich ankomme; rechne morgen oder übermorgen mit mir. Geht das?“

„Kein Problem, ich bin in meiner Werkstatt. Sobald du da bist, fahren wir gleich zur Hütte hoch. … Aber du solltest dir noch meine Telefonnummer aufschreiben, die hast du nämlich noch gar nicht“, erinnerte er sie.

„Oh, stimmt. Das hätte ich jetzt glatt vergessen. Ich brauch wohl nicht zu fragen, woher du meine Nummer bekommen hast?“, fragte sie keck. Ihr war klar, dass er bei Tante Luise offene Türen mit seiner Bitte eingerannt hatte. Insgeheim musste sie über ihr Tantchen schmunzeln.

Nach dem Telefonat war ihr Anflug von Humor verschwunden. Unvorbereitet durchlief sie ein starkes Zittern. Sie würde Anni wiedersehen! Die Aufregung, die diese Nachricht in ihr auslöste, glich einem Gefühlschaos. Plötzlich standen ihr Tränen in den Augen und sie konnte und wollte sie nicht zurückhalten. Ihr wurde bewusst, wie sehr sie ihre Lehrerin in all den Monaten vermisste.

Schnell suchte sie nun einen Flug heraus. Die USA mussten warten.

Am Abend informierte sie Manuel über ihre kurze Zwischenreise. Er war zwar überrascht über die plötzliche Wende in ihren Plänen, fragte jedoch nicht weiter nach. Es ging ihn schließlich nichts mehr an.

Schon am folgenden Nachmittag saß Olivia in der Maschine in Richtung Alpen. In Kürze würde sie Ruben wiedersehen.

Heimkommen

1

Erwartungsvoll trat sie von der Gepäckabfertigung in die Ankunftshalle. Der kleine, überschaubare Flughafen machte es ihr leicht, den Überblick zu behalten. Suchend blickte sie sich unter den wenigen Menschen um. Keine zehn Meter entfernt sah sie ihn winkend auf sich zukommen. Unter Tausenden hätte sie ihn wiedererkannt! Seine große, kräftige Statur, sein dunkles Haar und sein ausdrucksstarkes Gesicht verliehen ihm eine beeindruckende Erscheinung. Mit Herzrasen ging sie ihm entgegen – sie musste sich schwer zusammenreißen, um nicht auf ihn zuzurennen. Kaum zu fassen, dass er nach all den Monaten immer noch so eine Wirkung auf sie ausstrahlte. Dann stand er vor ihr. Sein gewinnendes Grinsen ließ sie alle Hemmungen verlieren und nun fiel sie ihm doch lachend um den Hals.

„Hi, du Fremder! … Schön, dich wiederzusehen!", rief sie fröhlich aus.

„Lass dich anschauen, du Liebe. Gut siehst du aus! Die Umbrüche in deinem Leben scheinen dir gut zu tun", neckte er sie.

„Sie halten mich auf jeden Fall fit, das kann ich dir sagen. … Aber lass uns doch gleich zum Auto gehen, dann können wir auf der Fahrt in Ruhe reden." Sie wollte so schnell wie möglich zu Anni.

Ruben schnappte sich locker ihre große Reisetasche und den Rucksack. Dabei hatte Olivia dieses Mal wesentlich mehr Gepäck mitgenommen als bei ihrem ersten Aufenthalt in der Hütte. Sie wusste schließlich nicht, wie lange sie hier sein würde.

Auf der Fahrt wollte Ruben nun endlich wissen, was sich bei Olivia alles ereignet hatte. Ausführlich erzählte sie ihm von ihrem Wiedersehen mit Manuel, von ihrer Versöhnung und langsamen Annäherung. Dabei beobachtete sie Ruben neugierig von der Seite, ob er irgendeine Reaktion bei diesem Thema erkennen ließ. Nichts! Sie war ein wenig enttäuscht, denn sie hatte gehofft, dass er wenigstens bedauernd die Augenbrauen hochziehen würde. Unbeirrt berichtete sie weiter. Von ihrem Berufswechsel in die Tierpflege, von ihrer Marketingidee mit den Kräutern und Cremes, von Sofies Tod und schließlich von ihrem renovierten Häuschen mit Garten. Zwischendurch legte sie eine kurze Pause ein, um einen Schluck aus ihrer Wasserflasche zu nehmen.

„Oha, da war aber einiges los bei dir!“, meinte Ruben staunend.

„Ich bin noch nicht fertig“, betonte sie mit wichtiger Miene und schon sprach sie weiter.

Als sie zu den jüngsten Ereignissen kam und von der Begegnung mit Jutta und der anschließenden Auseinandersetzung mit Manuel erzählte, bemerkte sie eine eigentümliche Stille bei Ruben. Es kam ihr vor, als würde er die Luft anhalten. Sie klärte ihn darüber auf, dass sie und Manuel einvernehmlich die Scheidung einreichen würden. Als sie zu dieser Passage kam, spürte sie für einen kurzen Augenblick Wehmut in ihrem Herzen. Es war immer noch merkwürdig, über das Ende ihrer Ehe zu sprechen.

Ruben legte seine rechte Hand auf ihren linken Arm. Nachdenklich schaute er zur Windschutzscheibe hinaus und fuhr die ihm bekannte Landstraße in Richtung Dorf entlang.

„Tut mir leid, Olivia, dass es nicht mehr zwischen euch geklappt hat.“ Olivia nahm ihm sein Bedauern ab. Er wirkte ehrlich und offen dabei, auch wenn sie meinte, einen Hauch von Erleichterung herausgehört zu haben. Aber womöglich bildete sie sich das nur ein.

„Es ist gut so. Mach dir keine Sorgen um mich. Ich gehe mit weit ausgestreckten Armen einer noch völlig unbekannten Zukunft entgegen – und ich kann dir sagen, ich freu mich riesig darauf. Mir ist klar, dass es in meinem Leben weiterhin Höhen und Tiefen geben wird, aber ich habe das Gefühl, dass ich gelernt habe, damit umzugehen und meinem Weg treu zu bleiben." Wie zur eigenen Bestätigung nickte Olivia vor sich hin.

Eine Weile fuhren sie schweigend dem mächtigen Gebirge entgegen. Olivia erschauerte jedes Mal aufs Neue beim Anblick dieser erhabenen Landschaft. Überall grünte und blühte die Natur. Oben auf den Berggipfeln lag noch Schnee, er reichte aber nicht mal mehr bis zur Baumgrenze hinab. Das Wetter war prächtig. Zwischen vereinzelten Schäfchenwolken zeigte sich ein stahlblauer Himmel. *Wie damals*, dachte sie. Ihre Seitenscheibe war zur Hälfte herabgekurbelt. Sie hielt ihr Gesicht in den Fahrtwind, schloss entspannt die Augen und zog tief die frische Bergluft ein.

„Fast ist es wie Heimkommen für mich! … Schon komisch, dass ich mich hier so sehr zu Hause fühle – mehr, als irgendwo sonst", sagte sie nachdenklich.

Ruben nickte verständnisvoll. Er wusste, wovon sie sprach.

Abrupt wandte sich Olivia ihm zu. Es war Zeit, dass auch er von sich erzählte. „Was hast du denn die letzten Monate gemacht? Gibt es auch Neuigkeiten?", fragte sie wissbegierig.

Sinnierend spitzte er die Lippen, als müsse er erst in seinen Erinnerungen kramen, um irgendetwas Interessantes ausfindig zu machen, was sich mitzuteilen lohnte.

„Im Gegensatz zu dir verläuft mein Leben derzeit recht ruhig. Allerdings war ich die letzten Wochen mit einem interessanten Auftrag voll ausgefüllt. Kurz nach deiner Abreise war ich einige Tage in Österreich bei einem großen Orchester. Dort konnte ich ein recht lukratives Geschäft an Land ziehen. So ist für meine kleine Werkstatt wieder eine Weile lang gesorgt. Ansonsten bin ich öfter bei meiner Mutter auf der Hütte und zwischendurch mit Freunden im Skiurlaub gewesen. Das war's."

Kein Wort über die junge Geigerin, mit der er bei ihrer Abfahrt verreist war. Olivia war enttäuscht, hatte sie doch gehofft, mehr zu erfahren. Sie hielt es jedoch für klüger, es dabei zu belassen. Sie wollte ihn nicht ausfragen. Wenn er was zu sagen hätte, würde er es tun, davon war sie überzeugt.

Den Rest der Fahrt konzentrierte sie sich auf die bevorstehende Begegnung mit Anni. Ihre Unruhe und Vorfreude wuchsen mit jedem Kilometer, den sie den Berg hinauffuhren. Bald würden sie in den Waldweg abbiegen, der zur Lichtung führt.

2

Wie losgelöst kam ihnen Knöpfchen freudig bellend auf dem schmalen Pfad entgegengestürmt. Die Hündin musste ihren Wagen gehört haben, den sie unten auf dem Waldweg abgestellt hatten. Olivia ging zur Begrüßung ihrer treuen, vierbeinigen Freundin in die Knie und wurde beinahe von ihr umgerannt. Mit hohen Fieplauten drückte sich Knöpfchen an Olivias Oberkörper und beleckte dabei ihr Ohr.

Olivia schrie fröhlich auf: „Halt, du Schlabberlappen, du machst mich ja kaputt! ... Meine Gute, ich hab dich so sehr vermisst." Sie kuschelte ihr Gesicht an den flauschigen Kopf und flüsterte der Hündin liebevolle Worte zu.

Nach eingehender Begrüßung schritten sie zu dritt die letzten Meter den Trampelpfad entlang und standen kurz darauf auf der Lichtung. In hellem Sonnenlicht lag vor ihnen die vertraute Hütte – und in diesem Moment trat auch schon Anni aus ihr heraus. Jetzt war es Olivia, die nicht mehr zu bremsen war. Mit ausgebreiteten Armen rannte sie auf die Alte zu und umarmte sie herzlich. Freudentränen liefen ihr über die Wangen und bei näherem Hinsehen erkannte sie, dass auch Anni feuchte Augen hatte.

„Endlich bist du wieder hier", stellte Anni erleichtert fest. Sie strahlte übers ganze Gesicht, wobei sich ihre ohnehin zahlreichen Lachfalten noch tiefer eingruben.

„Oh, Anni. Ich bin so glücklich, dich wohlbehalten vor mir zu sehen. Ich hatte schon befürchtet, wir würden uns in diesem Leben nicht mehr begegnen, nachdem du kurz vor meiner Abreise so merkwürdige Andeutungen gemacht hast."

Die Alte nickte warmherzig. „Ja, ich weiß. Aber ich hab es mir anders überlegt", schmunzelte sie.

„Na Gott sei Dank! Du musst mir unbedingt erzählen, weshalb du wolltest, dass ich herkomme. Ich war froh und erschrocken zugleich, als Ruben mich anrief. Dir geht's doch hoffentlich gut, oder?" Olivia konnte die Ungewissheit kaum noch ertragen.

„Tut es, mein Liebes. Aber kommt doch erst mal rein und lasst uns in Ruhe plauschen. Ich hab schon den Tee fertig – eine neue Mischung, die ich gerade am Ausprobieren bin. Ich hoffe, sie schmeckt euch." Und mit diesen Worten zog sie Olivia in die Hütte hinein. Ruben und Knöpfchen folgten ihnen auf dem Fuß.

Der Tee schmeckte wie erwartet vorzüglich. Stolz berichtete sie Anni über ihren bisherigen Erfolg mit ihren Naturpflegecremes und Kräutertees.

„Das hab ich alles von dir gelernt, Anni. Nie hätte ich erwartet, dass meine spielerischen Tüfteleien so eine Resonanz bei meinen Bekannten hervorrufen würden."

„Das wundert mich überhaupt nicht", entgegnete Anni wenig überrascht. „Ich hab dir doch gesagt, dass alles, was du mit Freude machst, früher oder später von Erfolg gekrönt sein wird. Und bei dir war es eben etwas früher!"

Als Anni schließlich von Olivia hören wollte, was sie alles seit ihrem Abschied erlebt hatte, stand Ruben mit einem nachsichtigen Schmunzeln auf. „Ihr wollt jetzt sicherlich alleine sein. Olivia hat mir auf der Herfahrt schon alles erzählt. Ich gehe solange Holzscheite aufstapeln. Aber lasst mich vor lauter Quasseln nicht verhungern und ruft mich, wenn das Abendessen fertig ist", setzte er mit gespielt strenger Miene hinzu.

„So, Olivia, nun schieß mal los", forderte Anni sie auf, als Ruben mit Knöpfchen draußen war.

Olivia holte tief Luft und begann erneut ihre Geschichte zu erzählen. Diesmal aber wesentlich ausführlicher, als sie es bisher getan hatte. Neben all den Ereignissen, berichtete sie auch von ihren Gefühlen und Erkenntnissen, die sie während der vergangenen Monate gewonnen hatte. Ausnahmsweise lauschte Anni mit geschlossenen Augen. Schweigend und beinahe andächtig nahm sie jedes Wort und jede Regung Olivias in sich auf, ja, prägte es regelrecht in sich ein. So hatte Olivia ihre Lehrerin noch nie erlebt und wunderte sich über ihr seltsames Verhalten.

„... ja, Anni, und so bin ich bald eine geschiedene Frau. Komischerweise fühlt sich alles gut und richtig an. Ich werfe ihm nichts vor. Eigentlich kann ich ihn sogar verstehen. Es ist noch gar nicht so lange her, als ich selbst noch so unachtsam mit meinem Leben umgegangen bin. Aber was ich nicht verstehe, ist, weshalb wir uns noch mal versöhnen mussten und warum uns das Schicksal nicht gleich nach meiner Rückkehr klargemacht hat, dass wir nicht mehr zusammengehören?" Diese Frage beschäftigte Olivia die letzten Tage ständig.

Anni hatte, während Olivia erzählte, nicht ein einziges Wort gesagt. Nun öffnete sie langsam ihre Lider und blickte mit Liebe und Dankbarkeit auf ihre Schülerin. In diesem Moment dankte sie ihrem Schöpfer im Stillen, dass der Samen, den sie in Olivia gelegt hatte, tatsächlich aufgegangen war. Ein großer Wunsch ging somit für sie in Erfüllung. All die vergangenen Jahrzehnte hatte sie gehofft, eine willige, gelehrsame Schülerin zu bekommen und nun saß sie vor ihr und wirkte reif und klar – trotz der ein oder anderen Unwissenheit, die diese noch in sich trug. Für die alte, weise Frau war es offensichtlich, dass Olivia auf einem Weg war, von dem sie nie wieder abkommen würde. Dafür war die Kraft der Weisheit schon zu weit in ihr gereift – auch wenn Olivia davon noch nichts wusste.

Sanft streichelte Anni über Olivias Kopf, wie es eine liebende Mutter bei ihrem kleinen Kind tat, wenn sie ihm sagen wollte: Alles ist gut!

Olivia blickte Anni verwirrt entgegen. *Was ist denn mit ihr? Was hab ich denn gesagt, dass sie so still und liebevoll ist? Sie ist ja fast schon sentimental … und ihre silbergrauen Augen haben wieder dieses Leuchten* …. Sie konnte nicht anders, als in diesen faszinierenden Augen zu versinken.

Anni lehnte sich entspannt zurück und holte die Olivia vertrauten zwei Atemzüge Luft, bevor sie sprach: „Wundere dich nicht, Olivia, dass ich so ergriffen bin. Alles, was du mir erzählt hast, hat mich tief berührt. Vor allem, wie du den Tod deiner Mutter erlebt und gemeistert hast, und dass du deinen Vater nun doch noch *kennenlernen* durftest, auch wenn er dir nicht mehr persönlich begegnen kann. Ich spüre, dass du Frieden in dir gefunden hast und dieser bemächtigt dich, deinen Weg mit all der Verantwortung und Reife zu gehen, die du früher vermisst hast. … Um auf deine Frage zurückzukommen, weshalb das Schicksal nicht schon früher eine Trennung zwischen euch zugelassen hat: Ich weiß es nicht! Vielleicht hattet ihr noch eine wichtige Herausforderung gemeinsam zu meistern, wer weiß? Wenn ich mir überlege, dass du möglicherweise noch vor einem Jahr bei der Nachricht, dass dein Mann mit einer anderen ein Kind gezeugt hat, vor Leid zerbrochen wärst …“, sie sprach den Satz nicht zu Ende, nickte aber anerkennend. „Leid kann einen zerbrechen lassen. Aber du kannst es auch als eine Herausforderung betrachten. Es hat immer das Potenzial, dich auf eine höhere Ebene emporzuheben. In Wahrheit zerbricht Leid nur unsere Illusionen und Vorstellungen. Es *bricht* deine Oberflächlichkeit auf und gibt dir die Chance, tiefer in dich einzutauchen und die Herausforderung dahinter zu erkennen. Leid lässt dich wachsen, wenn du es zulässt.“

Olivia lauschte auf Annis Lehren. Es schien, als wäre sie nie fortgewesen. Die Vertrautheit ihres Beisammenseins ließ die Zeit dahinschmelzen, als spiele sie keine Rolle.

Anni fuhr eindringlich mit ihren Weisheiten fort und forderte Olivias ganze Aufmerksamkeit. „Es ist gut, dass du dich und dein Handeln immer wieder hinterfragst. Es ist gut, nach dem Sinn einer Situation zu fragen, sonst würden wir nicht wachsen. Aber es ist weniger gut, immer auf alles eine Erklärung haben zu müssen. Unser Ego erträgt es nicht, wenn es keine Erklärung für alles hat. Dann verliert es die Kontrolle und dreht regelrecht durch. Das kennen wir ja alle zur Genüge. Aber manches bleibt uns trotz allen Nachfragens unerklärlich, wie zum Beispiel der Tod eines Kindes, oder die schwere Erkrankung eines herzensguten Menschen. Hier wäre es unsinnig, zu hinterfragen. Hinter der Unerklärlichkeit steckt nämlich auch ein großes Geschenk." Die Alte hielt inne, um Olivia die Möglichkeit zu geben, ihr zu folgen. „Und dieses Geschenk nennt sich *Demut*! ... Demut bedeutet, mich vor einer größeren Instanz zu beugen. Mich einem Ereignis hinzugeben, auch wenn mir der Sinn dahinter verborgen bleibt."

Olivia wurde nachdenklich. „So hab ich das noch nie gesehen", murmelte sie vor sich hin. „Ich dachte, wir selbst wären die Ursache für alles, was in unserem eigenen Leben geschieht und für alles gäbe es eine Erklärung."

„Wir *sind* die Ursache für all unsere Erlebnisse, aber wir müssen *nicht* für alles eine Erklärung finden. Wie gesagt, hier wirkt eine höhere Instanz, die noch einen größeren Plan in Händen hält, als den für dein individuelles Leben. Genau da setzt die Demut ein. Ohne die wirst du niemals Weisheit erlangen!" Anni beugte sich Olivia entgegen und sah ihr tief in die Augen. *Sie brennt mir gerade eine wichtige Information in mein Gedächtnis*, dachte Olivia und dabei wusste sie, dass sie diese Lektion nie wieder vergessen könnte.

Still saßen sie einige Minuten beieinander und nahmen nur die Energie des anderen wahr. Entrückt von Zeit und Raum gab es nur das Jetzt.

Aus der Leere in Olivias Kopf stieg langsam eine weitere Frage auf, die sie seit Rubens Anruf nicht mehr losließ. „Anni, warum hast du mich hergerufen?"

„Weil ich bald gehen werde", antwortete die Alte knapp.

Olivia wurde stutzig. „Wohin denn?"

„Heim."

„Was meinst du mit *heim*?“ Obwohl sie es bereits ahnte, musste Olivia es aus ihrem Mund hören. Sie spürte bereits jetzt, wie sich ihr ganzer Leib verkrampfte.

„Was fragst du, Kindchen, du weißt es doch schon!“

„Aber Anni, woher willst du denn wissen, wann es Zeit ist zu Sterben? Du bist doch völlig gesund und siehst besser aus denn je.“ Olivia wollte nicht wahrhaben, was so drohend im Raum stand.

„Ich weiß es einfach. Und das hat nichts mit meinem Gesundheitszustand zu tun, sondern einfach mit einer Entscheidung. Es ist alles getan – fast. Deshalb habe ich dich hergerufen. Ich wollte dich noch mal fühlen und herausfinden, ob das, was ich die vergangenen Monate von dir wahrgenommen habe, auch wirklich so ist. Ich dummes Ding! Ich habe doch glatt an meiner eigenen Wahrnehmung gezweifelt. Verrückt, nicht? Da predige ich dir sämtliche Weisheiten und bin mir selbst manchmal nicht sicher.“ Sie kicherte leise in sich hinein. „Außerdem sollst du wissen, dass ich dir die Hütte samt angrenzendem Wald hinterlasse – und selbstverständlich auch Knöpfchen.“

Sprachlos starrte Olivia die Alte an. „Aber …“, stotternd rang sie um Fassung.

„Nichts *aber*. Ruben weiß Bescheid. Es ist alles geklärt.“ Anni duldete keinen Widerspruch. „Du musst ja nicht ständig hier leben, das erwarte ich nicht von dir. Aber komm hin und wieder her und bleibe ein Weilchen. Schaue nach dem Rechten und vor allem nach meinen Tierlein im Wald. Ich weiß, dass du die Richtige für diese Aufgabe bist.“

Olivia konnte nichts mehr sagen. Die Ehre, die Anni ihr mit diesem Erbe erwies, war kaum zu erfassen. In diesem Augenblick wusste sie, dass sie sich dieser würdig erweisen würde.

3

Das gemeinsame Abendessen war so ungezwungen wie eh und je. Es war Annis Wunsch, dass sie die verbleibende gemeinsame Zeit mit Freude verbringen sollten. Ihre Gespräche verliefen belanglos und entspannt. Olivia war klar, dass Ruben bereits über die Entwicklung informiert war. Es war sicherlich nicht leicht für ihn, am Telefon nichts über den wahren Grund für Annis Einladung zu sagen. Wie schwer musste es für ihn wohl sein, bereits jetzt zu wissen, dass seine Mutter sich bald für immer von ihm verabschieden würde? Ein schrecklicher Gedanke. Sie hatte das Bedürfnis, ihn zu trösten, wobei sie sich nicht mal sicher war, ob er Trost benötigte – denn schließlich war er Annis Sohn.

Gegen zweiundzwanzig Uhr wünschte Anni den beiden eine gute Nacht. Sie war müde und wollte sich in ihre Kammer zurückziehen. Die Betteneinteilung war wie gewohnt: Anni und Olivia schliefen in der Kammer und Ruben auf der Pritsche in der Stube.

Die Nacht war frisch und klar und die Luft duftete vom Grün der sprießenden Natur. Der Frühsommer war eine wunderschöne Jahreszeit – für Olivia eine der schönsten im ganzen Jahr. Sie saßen auf *ihrer Bank* vor der Hütte, betrachteten den Sternenhimmel und lauschten auf die Geräusche der Nacht. Lange Zeit sprachen sie nicht miteinander; sie konnten schweigend dasitzen und dennoch den anderen achten. Auch ohne viele Worte waren sie sich der Nähe zueinander bewusst.

„Ich bin froh, dass sie dir die Hütte vermacht hat. Sie ist bei dir in den richtigen Händen." Ruben sprach leise, als wolle er nicht die Nacht in ihrem Schlaf stören.

Olivia betrachtete ihn von der Seite. Sie glaubte ihm. „Sie bleibt in der Familie", flüsterte sie zurück.

Er wandte ihr sein Gesicht zu und kam ihr langsam näher. Sein Kuss war innig und zärtlich, als sei es das Normalste der Welt. Es war nicht der Zeitpunkt für heftige Leidenschaft, es war die Zeit der Verbindung zweier verwandter Seelen.

Die nächsten vier Tage verbrachten sie in völliger Harmonie. Hin und wieder suchte einer den Rückzug und Zeit zur inneren Einkehr, in anderen Momenten lachten sie ausgelassen und triezten sich frech. Spaziergänge zum Wasserfall, das Kontrollieren der Wildwechsel und Herumtollen mit Knöpfchen brachten genug Abwechslung mit sich. Keiner war dem anderen zuviel.

In den ruhigen Stunden, die Anni und Olivia zu zweit verbrachten, lehrte die Alte, was an Themen gerade so anstand. Meist ergaben sie sich durch Fragen Olivias. Beispielsweise wollte Olivia eines Morgens bei der Gartenarbeit von Anni wissen, welches ihrer Meinung nach denn die wahre Religion sei.

„Es gibt doch so viele davon. Woher soll man wissen, welche die richtige ist?"

In ihrer bildhaften Sprache erzählte die Alte, was sie über dieses Thema dachte: „Stell dir ein großes Haus mit vielen Fenstern vor. Vor jedem Fenster steht ein Gelehrter einer anderen Religion. Jeder dieser Gelehrten weiß, dass dies Gottes Haus ist und in ihm Gott wohnt. Nun ist aber jedes Zimmer anders eingerichtet als die anderen. Aber jeder dieser Gelehrten glaubt, er sähe das einzig wahre Zuhause Gottes durch sein Fenster und sie streiten sich darum, wessen Sicht in eines der vielen Zimmer die Richtige sei. … Letztendlich bleibt es doch aber immer dasselbe: Gottes Haus, mit vielen unterschiedlichen Zimmern und ebenso vielen Fenstern, durch die man zu ihm hineinblicken kann – aber nur einer einzigen Tür, durch die man zu ihm gelangt!“

Olivia staunte, wie so oft, über diese simple Erklärung. Sie konnte und wollte sich noch nicht mit dem Gedanken befassen, wie sie nach Annis Heimkehr zu all diesem Wissen gelangen sollte.

Anni spürte ihre Ängste. „Du brauchst mich künftig nicht mehr leibhaftig in deiner Nähe zu haben, um deine Antworten zu finden. Ich bin nur die Stimme deiner eigenen Weisheit – und war es von Anfang an. Begleiten werde ich dich dennoch, wenn auch auf andere Art. Aber du wirst sie zu deuten wissen“, tröstete sie Olivia.

Jedes Wort saugte Olivia auf wie ein trockener Schwamm. Sie konnte nicht genug davon hören, so dass Anni sie oft bremsen musste in ihrer Ungeduld. „Du hast noch ein ganzes Leben Zeit um zu lernen. Nutze sie, aber erzwinge nichts. Wer die Tür in seinem Herzen offen hält, dem fließt immer genau so viel zu, wie er erfassen und tragen kann.“

Bei einem ihrer Spaziergänge klärte Olivia die beiden anderen über ihre Pläne auf, die sie in der vergangenen Nacht gefasst hatte.

„Ich habe beschlossen, hierher ins Dorf zu ziehen und mein Häuschen im Norden zu vermieten oder zu verkaufen. Bevor ich herkomme, fliege ich aber noch für drei Wochen in die Staaten. Ich will endlich den noch fehlenden Teil meiner Wurzeln kennenlernen. Und ich freu mich schon riesig darauf.“

Ruben und Anni nickten sich zu und grinsten Olivia keck an. In diesem Moment dämmerte Olivia, dass die beiden ihr Vorhaben längst ahnten. „Na toll, wieso erzähl ich euch das eigentlich? Kann mir das mal einer sagen?“

Kopfschüttelnd lachte sie die beiden an und schnappte Rubens Hand, um den gemeinsamen Weg durch den Wald fortzusetzen.

Unvermittelt stoppte sie und diesmal war sie es, die ein geheimnisvolles Siegerlächeln aufsetzte. „Aber eines wisst ihr noch nicht: Ich komme nicht alleine!"

Wie erwartet, blickte sie in zwei erstaunte Gesichter.

„Ja, da staunt ihr, was? Ich bringe nämlich einen jungen, attraktiven Mann mit."

Ruben und Anni blickten sich überrascht an. Olivia konnte sich beim Anblick der beiden kaum noch beherrschen. Sie mühte sich einen möglichst ernsthaften Gesichtsausdruck ab und ließ die beiden noch ein wenig zappeln.

„Er heißt Rudolf, ist drei Jahre alt und wird Knöpfchens neuer Freund."

Die Wirkung war wie erwartet: Aus der Fassungslosigkeit erwacht, prusteten Mutter und Sohn gleichzeitig los.

Noch während des ganzen Spaziergangs musste immer wieder einer von ihnen über diesen Moment kichern und steckte sogleich die anderen damit an.

Sogar Knöpfchen schien zu verstehen, dass da etwas Besonderes im Busch war. Zumindest freute sie sich mit ihnen und sprang ausgelassen durch den Wald.

4

Am Sonntag, eine Woche nach Olivias Ankunft, hatte es den ganzen Tag über wie aus Kübeln geschüttet. Dazu verdammt, die Zeit sinnvoll zu verbringen, fing Anni an, die Hütte zu putzen. Sie schrubbte und scheuerte und schien ihre wahre Freude daran zu haben. Selbst als Olivia ihr helfend zur Hand gehen wollte, lehnte sie eifrig ab. Das sei ihre Arbeit, erklärte sie der hilflos danebenstehenden Olivia. Sie wolle ihren Dreck keinem anderen hinterlassen. Olivia ließ sie irritiert gewähren und verzog sich mit einem Buch in die Kammer. Ruben werkelte währenddessen wieder einmal im Schuppen herum. Offensichtlich war es eine seiner Lieblingsbeschäftigungen, mit Hammer und Nägeln um die Hütte zu laufen und hie und da auszubessern oder Neues zu erschaffen.

Auch Knöpfchen hielt es für die beste Idee, all dem Trubel aus dem Weg zu gehen und legte sich auf Olivias Bett zu ihren Füßen. Dort schlief sie den Schlaf der Gerechten.

Erst am späten Abend hörte der Regen auf und tatsächlich zeigte sich kurz darauf ein klarer Nachthimmel. Anni schlug vor, dass sie alle gemeinsam die frische und gereinigte Nachtluft genießen sollten, nachdem sie den ganzen Tag in der Hütte eingepfercht waren. „Dann schläft es sich besser", fügte sie hinzu. Sie war regelrecht aufgekratzt und im Gegensatz zu sonst, noch zu später Stunde recht munter. Üblicherweise war Annis Schlafenszeit gegen zweiundzwanzig Uhr. Doch heute schien sie ihr Bett nicht zu vermissen. Olivia schob diesen Umstand auf die Aktivitäten, die Anni bis in die Abendstunden hinein auf Trab hielten und genoss es einfach, noch ein Weilchen mit ihr, Ruben und Knöpfchen vor der Hütte auf der Bank zu sitzen.

„Ich kann gar nicht sagen, Kinder, wie glücklich ich darüber bin, dass das Schicksal euch beide zusammengebracht hat. Ich hätte es nicht besser machen können", Anni kicherte ausgelassen über ihre Feststellung. „Ihr seid für mich das größte Geschenk, was es mir noch auf meine alten Tage hin bereitet hat. Das vergess ich ihm nie!"

Eine seltsame Stimmung lag in der Luft. Alle drei schlossen ihre Augen und wünschten sich, dieser friedvolle Augenblick würde nie enden.

Die Alte blickte sehnsüchtig zu den Sternen hinauf. „Ich will wissen, wie es da oben ist und wohin mich die Unendlichkeit dort draußen entführen wird. Ist das nicht spannend? ... Oh, ich bin neugierig wie ein kleines Kind!“ Sie saß zwischen ihren Lieben und drückte voller Vorfreude auf das Unbekannte deren Hände. Knöpfchen legte den Kopf auf die Knie ihres Frauchens und himmelte sie sehnsuchtsvoll an. Die Alte nahm behutsam Knöpfchens Kopf zwischen ihre Hände und sprach zärtlich flüsternd auf sie ein. Ein leises Fiepen der Hündin war die Antwort darauf.

Olivia schaute zum Garten hinüber. Dank des Vollmondes hatte sie eine klare Sicht zu den Blumen. „Oh, schaut mal, die Tulpen blühen. Wie schön!“, rief sie verzückt aus. „Für mich ist das immer ein Zeichen des Neubeginns.“

Ruben schob seinen Arm hinter Annis Nacken zu Olivia hin und legte ihr liebevoll die Hand auf die Schulter. Seine Mutter lehnte ihren Kopf zurück und genoss die entspannte Haltung. Verträumt lächelnd blickte sie in den unendlich weiten Nachthimmel hinauf und schloss friedlich die Augen. Ein letzter tiefer Atemzug strömte zwischen ihren immer noch lächelnden Lippen heraus, wie ein sanftes, glückliches Stöhnen.

Knöpfchen heulte seiner Herrin ein wehmütiges Lied auf ihrer Heimreise hinterher.

Dass in dieser Nacht ein helles Leuchten über der Lichtung erschien, wunderte niemanden, der es sehen konnte.

Elke Ulrike Hagel wurde 1965 in Biberach an der Riss als jüngstes von vier Kindern geboren. Bis zu ihrem 30. Lebensjahr absolvierte sie mehrere Ausbildungen im Verwaltungs- und Finanzbereich. Nach einer Lebenskrise entschied sie sich zu einer kompletten Wende. Sie ließ sich ausbilden zum Couch und Lebensberater, arbeitete nebenbei als freie Journalistin und veröffentliche mit 40 Jahren erfolgreich ihr erstes Buch „Sturm in der Seele“. Heute arbeitet sie in ihrer eigenen Praxis als Psychotherapeutin HP, spezialisiert auf med. Hypnose (zertif.) und Familiensystemik.

Kontakt: www.elkehagel.de